基金项目：河南省软科学研究计划项目（项目编号
市重点研发与推广专项（项目编号：2019-256）；河南省
培养计划（项目编号：2020GGJS233）

物联网环境下应急物流管理体系
与信息系统构建研究

雷杰　万志鹏　师路路　著

中国原子能出版社
China Atomic Energy Press

图书在版编目（CIP）数据

物联网环境下应急物流管理体系与信息系统构建研究 /
雷杰，万志鹏，师路路著 . —— 北京：中国原子能出版社，
2021.12
ISBN 978-7-5221-1669-3

Ⅰ . ①物… Ⅱ . ①雷… ②万… ③师… Ⅲ . ①物联网
– 应用 – 突发事件 – 物流管理 – 管理信息系统 – 研究
Ⅳ . ① F252.1

中国版本图书馆 CIP 数据核字 (2021) 第 225578 号

内容简介

本书属于应急物流管理学方面的著作，由前言、物联网的认知与解读、应急物流的理论综述、全面认识应急物流管理、物联网环境下应急物流管理体系的框架、应急物流系统的整体构建与中心选址规划、物联网环境下应急物流信息平台关键技术、物联网环境下应急物流信息系统整体架构以及物流产业健康发展路径等不分组成，全书以物联网技术为背景，分析物联网对应急物流管理的影响，并提出相关管理体系以及信息系统构建要点。对应急物流管理方向相关研究者和从业人员具有学习与参考价值。

物联网环境下应急物流管理体系与信息系统构建研究

出版发行　中国原子能出版社（北京市海淀区阜成路 43 号　100048）
责任编辑　王齐飞
装帧设计　河北优盛文化传播有限公司
责任校对　宋　巍
责任印制　赵　明
印　　刷　三河市华晨印务有限公司
开　　本　710 mm×1000 mm　1/16
印　　张　18
字　　数　323 千字
版　　次　2021 年 12 月第 1 版　2021 年 12 月第 1 次印刷
书　　号　ISBN 978-7-5221-1669-3
定　　价　89.00 元

前　言

　　近半个世纪以来，我国自然灾害和重大公共卫生事件不断，如 SARS、地震、暴洪、COVID-19 等，面对种类日益繁多的突发事件，如何及时调集人员、财政以及各方面力量进行救援，保障人民身心和财产免受重创，如何搭建一个高效、完整的应急物流管理体系与信息系统，在突发事件中保证救灾物资被科学、合理地调集、管理与配送，成为关系我国社会安全稳定的重要课题。

　　在各类突发事件防范和应对过程中，应急物流管理体系从中发挥着重要的保障和支撑作用。2003 年"非典"疫情、2008 年中国南方雪灾、5·12 汶川地震等一系列灾害不仅是对我国应急物流管理能力的一次次考验，更让我国应急物流管理系统在应对各类突发事件方面的各种能力弱点展露无遗。不同于普通物流，突发事件的应急物流具有较强的特殊性，无论是在救灾物资筹集、调配、装载、运输、物资供需的协调方面，还是在物流信息的实效性、真实性、有效性方面都有着较高要求。为确保突发事件发生时能够迅速做出应对反应，应急物流管理体系的构建显得尤为重要。同时，应急物流管理体系的建立成为检验地方政府应急物流管理能力和效率的重要指标。

　　纵观整个物流系统，信息系统作为其中一个分支，在整个结构中扮演着神经中枢的角色。我国现行应急物流体系在创建初期完全脱离了信息技术。新时代背景下，需要借助物联网平台进行全新的应急物流信息系统的构建。物联网环境下的应急物流信息系统的整体构建可尝试运用各种物联网技术对应急物流信息系统进行系统开发和建设，以满足应急条件下的各类救灾要求。应急物流信息系统包括应急物资需求统计分析，应急物资采购、仓储、运输、配送、分发以及应急物流监控、优化调度、优化配置等不同环节的应急物流信息的实时传递、信息共享和辅助决策、优化调度等，其可提高应急救灾的科学化水平和效率，减少灾害带来的损失。物联网是在突发事件、企业合作、智能化控制以及消费者便利性等需求不断增长的前提下进化而成的一种特殊产物，可有效满足基于智能物体处理与互联的网络需求。目前，抢抓物联网时代发展机遇并不是重点，而是要对物联网市场需求进行积极的引导和创新，敢于在医药、军事等一些高端领域开展物联网技术实践，为物联网在经济、技术、管理领域的普遍实施奠定理论基础和提供丰富经验。

在这种背景下，本书主要探讨了如何在物联网环境下构建应急物流管理体系与信息系统，在对物联网、应急物流、应急物流管理等理论性内容进行逐一介绍后，运用物联网思维对应急物流管理体系的框架、中心选址规划、信息平台关键技术、信息系统整体架构等方面进行论述。本书理论与实践相结合，并引入了大量应急物流管理和信息系统构建实例，希望能够为相关领域的研究者和从业者提供一定的理论支持和实践指导。

目　录

第一章　物联网的认知与解读 1

　　第一节　物联网的基本概念 3
　　第二节　物联网的技术形态 14
　　第三节　物联网及类似概念 22
　　第四节　物联网市场分析与应用前景 29

第二章　应急物流的理论综述 37

　　第一节　应急物流的含义、分类与特点 39
　　第二节　应急物流的产生与发展 56
　　第三节　应急物流系统的结构与职能 64
　　第四节　应急物流技术体系建设 69

第三章　全面认识应急物流管理 75

　　第一节　应急物流管理组织机制 77
　　第二节　应急物流中的物资管理 84
　　第三节　各类突发公共事件中的应急物流管理 91

第四章　物联网环境下应急物流管理体系的框架 115

　　第一节　应急物流组织体系的构建 117
　　第二节　应急物流管理体系的构建 123
　　第三节　应急物流反应机制的构建 136
　　第四节　应急物流保障体系的构建 143

第五章　应急物流系统的整体构建与中心选址规划 149

　　第一节　应急物流系统与中心选址概述 151
　　第二节　应急物流系统设计与供应链构建 157
　　第三节　应急物流中心选址决策方法 168
　　第四节　应急物流中心选址模型 179

第六章　物联网环境下应急物流信息平台关键技术   **185**

    第一节　应急物流信息平台建设   187

    第二节　应急物流联合体信息平台架构   199

    第三节　平台应用标准及规范   205

    第四节　应急物流信息云平台   206

第七章　物联网环境下应急物流信息系统整体架构   **219**

    第一节　物联网环境下应急物流信息系统的规划   221

    第二节　物联网环境下应急物流信息系统的分析   226

    第三节　物联网环境下应急物流信息系统的构建   234

    第四节　应急物流信息系统整体实施保障与评价   250

第八章　形式创新：物流产业健康发展的必由之路   **257**

    第一节　第四方物流   259

    第二节　绿色物流   263

    第三节　电子商务物流   269

    第四节　"互联网＋物流"   276

参考文献   **279**

第一章　物联网的认知与解读

第一节 物联网的基本概念

所谓物联网，实质上是"虚拟"世界跨越鸿沟迈向"现实"世界的过程，是留存于人脑想象区域模块向行动模块的飞跃。物联网作为一种现代信息技术，可有效补足物理世界与虚拟世界在信息领域的断层，其主要目的在于填补虚拟和现实两个世界之间的鸿沟，建立信息桥梁，使信息能有效地融合虚拟世界与物理世界，将意愿转化为"物"的自主行动的产物。物联网将使"实"的世界具有智慧，实现对物品的全面感知，建构人和物、物和物之间信息自由交换、智慧行动的网络系统。它一经出现，便在经济领域和科技领域掀起了新一轮竞争浪潮，加快了深化物联网产业的步伐，不断推动当前经济发展方式的转型升级，在某种程度上有助于促进经济发展、社会进步。

一、物联网的基本定义

（一）Auto-ID 研究中心的定义

物联网的早期定义由麻省理工学院 Auto-ID 研究中心提出。该研究中心认为，物联网是将所有物品通过射频识别等信息传感设备与互联网连接起来，实现智能化识别和管理的网络。

（二）国际电信联盟的定义

"物联网"正式称为"The Internet of Things"是由国际电信联盟（ITU）提出的，其在相关互联网发展报告中正式宣告，人类社会已经迈入"物联网"通信时代，世界万物均可通过互联网平台进行信息交互。不仅如此，国际电信联盟还在原来物联网概念的基础上进行了一系列补充和拓展，突出了物联网的跨时空性、跨地点性及跨物品性特点。报告中还介绍了物联网的特征、相关的技术、未来面临的挑战和市场机遇等。

物与物、人与物、人与人之间的互联皆可由物联网实现。这是国际电信联盟对物联网的概括性总结和定义。

（三）欧洲智能系统集成技术平台的定义

2008 年，欧洲智能系统集成技术平台（the European Technology Platform on Smart Systems Integration，EPOSS）发布了"Internet of Things in 2020"报告。对于物联网的未来整体发展机遇和走向，该报告中有十分明确的分析与表述，认为未来物联网的发展离不开射频识别技术或者可能出现的目前尚未实现的未来化识别技术的支持，简言之，技术是物联网发展的"压舱石"，但从整体来看，射频识别及相关识别技术的有效应用以及物体的智能化是物联网的未来重点发展方向。对于物联网的定义，该报告也有独特的介绍，认为物联网实质上是一种由多个元素组成的庞大的网络结构，其中包括标识元素、虚拟物体元素以及虚拟对象元素等。正是由于上述各类元素信息的存在，以智慧结构与用户、社会、环境进行通信的智能空间才得以构建。

（四）欧盟第七框架下 RFID 和物联网研究项目组的定义

欧盟第七框架下 RFID 和物联网研究项目组开展一系列研究活动的主要目的在于为欧洲内部射频识别和物联网项目组网提供极大的便利，实现对基于射频识别的物联网研究活动及专业技术两者之间平衡性的有效协调，确保研究效果的最优化，将协同机制贯穿于各个项目。

2009 年 9 月，该项目组在其发布的研究报告中提出了物联网的定义：在未来整个互联网领域内，物联网是其中最为基础的构成要素之一，从某种意义上说，可以将物联网定义为一种通信协议，协议内包含两项标准：一是与相关标准相一致；二是互相之间可进行相互操作，并且物联网构建起的网络架构具有自配性和动态性。处于物联网中的"物"均具有十分鲜明的个性，如标识性、物理性及实质性，并且"物"能够在一定程度上，在无任何痕迹的前提下衔接智能接口与信息网络。物联网形成特性如图 1-1 所示。

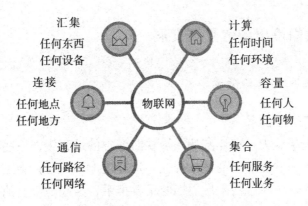

图 1-1　物联网的形成特性

（五）中国政府部门工作报告的定义

通过翻阅 2010 年政府相关部门公布的相关报告，其中一条注释对物联网进行了如下说明："所谓物联网，就是在遵循相关协议的基础上，将整个庞杂且多样的网络借助传感设备进行有效链接，连接后所形成的物联网系统。除可实现基本的通信功能和信息交互功能之外，还可以采用智能化方式对目标进行有效识别、精确定位、密切跟踪、实时监控以及综合管理。"

当前阶段，各界对物联网的理解逐渐趋于一致化，普遍认为物联网就是各类先进技术系统和设备系统，如射频识别技术、全球定位系统、红外感应装置以及激光扫描器等，与互联网所编织的一张巨大的"网"。通过安置在各类物体上的电子标签、传感器、二维码等经过接口与无线网络相连，将智能特性附加于物体，为人与物、物与物的对话架起桥梁[1]。

物联网与其他技术的关系如图 1-2 所示。

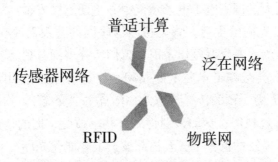

图 1-2　物联网与其他相关技术的关系图

---

[1]　缪兴锋，别文群 . 物联网技术应用实务 [M].武汉：华中科技大学出版社，2014：3-8.

二、物联网提出的背景与发展

（一）物联网提出的背景

1. 经济危机下的推手

经济长波理论认为，在经济从高峰跌向低谷的过程中，一些新技术不断涌现，此时所产生和发展起来的技术可在一定程度上形成对社会工业和产业的创新指引，是进入新一轮经济发展周期的重要推手，为经济市场消费水平的增长以及产业规模的扩大化提供了动力。

互联网技术历经数十年的优化与改进，在应用和实践领域取得了突破式进步。由于全球经济尚未在上一轮危机中完全复苏，因此仍需要进行艰难的发展，这样，当全球经济进入下一个经济增长阶段的关键时期，物联网技术就脱颖而出。

2. 传感技术的成熟

近年来，新型电子技术领域掀起了一股"微"浪潮，催熟了散落于经济市场的各类传感器，如电子标签、射频识别装置以及无线传感器等，在人类生产生活的各个领域都有其身影。

3. 网络接入和信息处理能力大幅度提高

当前，网络接入已逐步摆脱单一方式的，开始不断朝多样化方向发展，各种 IP 也被赋予宽带化特性，计算机软件技术发展迅猛，这些技术层面的发展与进步在很大程度上提升了互联网收集信息、整理信息以及处理信息的能力。

（二）物联网的发展

南京航空航天大学国家电工电子示范中心主任赵国安说："物联网拥有十分广阔的发展前景，人们的生活方式也将因物联网的普及而改变。"还有部分业内相关研究人员认为，在物联网体系内，人们所开展的各项活动都被赋予"人"的色彩，万物与人类跨越了本质上的隔阂。在其所创造的世界体系中物物相连，"物"可在无人为干预的情况下像人一样自主"交流"。物联网通过对射频自动识别技术的有效利用，自动识别物品，共享彼此掌握的信息。从某种程度上讲，在物联网所描绘的世界中，万物都披上了智能化光环。

在第三次世界信息产业浪潮中，"物联网"发挥了"中流砥柱"的作用，相较计算机，物联网除可降低成本投入，保障基础的经济收益之外，还能够兼顾技术效能，为全球经济复苏提供动力支撑。

1. 美国

2008 年，时任美国总统奥巴马以"智慧地球"为主体向 IBM 进行了详细咨询，深入研究了经济建设过程中智能基础设施的完善起到的决定性和促进性作用。双方经综合考虑，一致认为智能基础设施可保持美国在全球的长期竞争优势。

2009 年，美国经济刺激法案投票通过并正式生效。该法案提出，要在卫生医疗信息技术和智能电网领域共投资 300 亿美元。至此，"智慧地球"发展成为一项美国基本发展战略。

2. 欧盟

为能够在新型物联网管制框架构建过程中充分发挥自身在世界范围内的主导作用，欧盟委员会于 2009 年提出了《欧盟物联网行动计划》。这一计划得到了欧盟相关机构的认可，先后对物联网发展计划做出了多项调整。例如，以 4 亿欧元支持 ICT 研发计划；为提升网络智能化水平，启动研发项目高达 90 多个；为拓宽研发范围，2018—2020 年每年投入研究领域 2 亿欧元的研发资金；为鼓励物联网相关项目建设，拨付专项资金近 3 亿欧元。

3. 日本

2004 年，为加快泛在网及其相关产业的发展，日本政府推出了一项新计划——"u–Japan"。该计划的提出在日本掀起了信息科技革命浪潮，并且日本政府期望借助该计划中催生的各类新一代信息科技实现"无所不在的日本"。2009 年，日本在"u-Japan"的基础上推陈出新，提出了"i-Japan"战略，"智慧泛在"构想便出自该战略，并计划在日本未来发展道路上将以传感网的建设作为重点，建设集个性化、现代化的物联网智能服务体系，通过该体系的构建形成对日本传统电子信息企业强有力的刺激，以此保证日本退出全球信息科技第一阵营。此外，日本政府对物联网的另一个期望就是通过物联网产业规模的扩大化和应用技术的城市化，减轻日本老龄化社会所带来的医疗负担和养老负担。

4. 韩国

2007 年，国际标准化组织将韩国的移动 RFID 技术作为国际标准加以采纳。2009 年，《物联网基础设施构建基本规划》在韩国正式通过，该规划中明确了要进一步扩大物联网产业规模的要求。该规划提出后，韩国通信委员会将"通过构建世界最先进的物联网基础设施，打造未来广播通信融合领域超一流的ICT 强国"作为发展目标，并围绕四大领域（物联网基础设施、服务、技术以及环境）进行了详细规划和讨论。

5. 国内政策

2010 年 6 月 7 日，胡锦涛在中国科学院第十五次院士大会、中国工程院第十次院士大会上的讲话："当前，要重点在推动以下科技发展上作出努力，争取尽快取得突破性进展……第三，大力发展信息网络科学技术。要抓住新一代信息网络技术发展的机遇，创新信息产业技术，以信息化带动工业化，发展和普及互联网技术，加快发展物联网技术，重视网络计算和信息存储技术开发，加快相关基础设施建设，积极研发和建设新一代互联网，改变我国信息资源行业分隔、核心技术受制于人的局面，促进信息共享，保障信息安全。要积极发展智能宽带无线网络、先进传感和显示、先进可靠软件技术，建设由传感网络、通信设施、网络超算、智能软件构成的智能基础设施，按照可靠，低成本信息化的要求，构建泛在的信息网络体系，使基于数据和知识的产业成为重要新兴支柱产业，推进国民经济和社会信息化……"物联网是国家重点发展的一项战略性新兴产业。温家宝在十一届全国人大三次会议上作《政府工作报告》时明确提出："加快物联网的研发应用。加大对战略性新兴产业的投入和政策支持。"温家宝在《让科技引领中国可持续发展》讲话中明确指出"要着力突破传感网、物联网关键技术，及早部署后 IP 时代相关技术研发，使信息网络产业成为推动产业升级、迈向信息社会的'发动机'。"

《2009—2010 年中国物联网年度发展报告》(以下简称《报告》)是业内相关人士在中国国际物联网博览会上发布的一项报告。《报告》对 2009 年中国物联网产业市场规模进行了总结，规模总量基本已达到 1 700 亿元，市场规模超过百亿元的行业较多，包括智能交通、健康监测、公共安全、环境保护等在内的领域均达到了百亿市场规模标准。2020 年，我国物联网整体市场规模已经超过 1.8 万亿元。

为推动物联网产业的发展，各地纷纷制定了相应的发展规划，其中几个行业应用领域被列为重点示范项目。第一，经济领域。该领域物联网示范工程的建设主要集中在工业、农业、物流以及电网的智能化方面。第二，公共服务管理领域。不同于经济领域，公共服务管理领域对物联网重点工程的示范聚焦在公共安全、环保、交通、灾害防控等领域，致力提升这些领域的智能化水平。第三，公共服务领域。该领域重点建设智能家居、智能养老、智能卫生以及智能教育等。

三、物联网的架构

对物联网有一个了解之后，我们再来了解一下物联网的基本框架。目前，国外已提出很多标准，如 EPCGlobal 的 ONS/PML 标准体系、Telematics 行业推出的 NGTP 标准协议及其软件体系架构，以及 EDDL、M2MXML、BITXML、oBIX 等。传感层的数据格式和模型有 TransducerML、SensorML、IRIG、CBRN、EXDL、TEDS 等。这里主要介绍三层架构模式和四层架构模式。

（一）三层架构模式

从特点层面看，物联网可以借助系统化的感知能力、智能化的判断能力以及全面性的影响能对世界进行管控。物联网的这些特点与物联网结构中的感知层、网络层以及应用层相对应。

1. 感知层

所谓感知层，是结合指助物联网的特点，以各类先进技术（如传感器技术、二维码、RFID 技术、GPS 等）为辅助条件，全面感知信息，对信息所处位置定位，并完成对信息的有效识别和判断。如果将物联网比作人体，那么感知层可对应人体中的神经末梢系统，如眼、耳、口鼻等感觉器官。感知层不仅可以实现对物联网中物体的有效识别，还可以对信息的源头进行追溯。目前，支撑该层运行的相关技术主要以自动识别技术、传感技术以及定位技术等具有感知性能的技术为主[1]。

（1）自动识别技术

自动识别技术就像人类一样，每个物体都有自己特定的身份证，它们自己独有的信息被存储在身份证中。当人们寻找这个物品时，物体自己会亮出身份证，告诉寻找的装置"它是谁，它有什么功能"。自动识别技术就是通过物体本身的特征，如条形码、声音等，对物体进行辨别。通过对特定识别装置的应用可以实现对被识别对象信息的自动获取。该装置所运用的原理是识别装置接近被识别物品后，将识别到的物品信息上传至相应的计算机处理系统，由系统完成后续的识别工作和处理任务，是一种实用性极强的技术。

（2）传感技术

传感技术是一种模拟转换数字的技术，整个技术过程的主要目的是赋予信

---

① 黄逸昆、王继梅."智能＋网联"背景下物流业发展问题与优化方案[J].商业经济研究，2021（5）：98-100.

息量化特性。一般情况下，传感器在信息采集过程中采集到内容多为物理量、生物量以及化学量等。此类处于物理世界的信号识别度不高，若要确保其能够被快速、精准地识别，需要将其转化为易被识别和处理的数字信号，如温度、压力、流量、位移、速度等。也就是说，当我们感觉寒冷的时候，传感技术会明确地告诉我们当前的温度，而不只是人体上的感觉。

（3）定位技术

定位技术就像花朵释放花香，吸引蝴蝶、蜜蜂传播花粉一样。如果物品自身能释放信息，那么通过定位技术就可以准确地判断物体的位置。这已被广泛地应用于失物的寻找和贵重物品的追踪。定位技术主要分为卫星定位、无线电波定位、传感定位等。

2. 网络层

从层级结构组成看，网络层中包含的结构众多，如互联网、有线通信网、无线通信网、私有网络、云计算平台以及网络管理系统等，这些结构的目标一致，均负责对整个感知层所获取信息进行有效的传递和处理。网络层在两个端系统之间架起了一座无形的"桥梁"，可实现系统彼此间无障碍的沟通、快速安全的信息传送等。

3. 应用层

应用层中含有的接口可实现用户与物联网的互接互联，行业中渗透应用层可以获取由应用层衍生出的子层结构，如应用服务以及支撑平台。应用层的组成融合了各行各业的多种应用，如智能医学、智能交通等，实现了在行业、应用以及系统之间的无障碍跨越，为信息的协同、交互、共享创造了有利环境，使物联网中的应用符合真正意义上的智能化。

（二）四层架构模式

一些单位或者机构将物联网结构定义为四层，即感知层、网络层、支撑层、应用层，如图1-3所示。和三层架构的模式相似，在支撑层中，主要为一些物联网的核心技术。本书将在物联网的四层构架基础上，对物联网进行详细分析。

图 1-3 物联网四层架构

四、物联网的属性及特征

（一）物联网的属性

现阶段，国内各研究学界和领域对物联网的定义说法各异尚未得到统一。但笔者在研究物联网属性的过程中发现，这些"丰富多样"的定义为系统研究提供了新的视角。从描述性层面看，各界对物联网的一个共同认知就是，物联网是一种以融合传感器、互联网、计算机等先进技术为基础，完成对集人、信息化物品、计算机以及环境等于一体的系统构建。目前，物联网在国内的发展处于早期萌芽阶段，尚未展现出自身在成长与本质上的矛盾，研究过程中可通过对属性的把握进行更深层次探讨。当前，健康发展已经成为物联网发展的核心要义，通过全方位的研究物联网对其内在要求进行不断深化，可对物联网研究症候精准"下药"，确保物联网基本属性与内在本质的趋同性和一致性。

从马克思主义哲学角度看，如果说本质是事物的内在表现，那么外在表现是事物的属性。属性与特征在内涵上基本相同。通常人们在认识某一事物过程中，在意识到该项事物本质之前，最先接触和了解的是事物的属性。事物所对应的属性相对较为多样化，如果以其与事物本质的关联性进行划分，大致可以分为两种：一是本质属性；二是非本质属性。当我们对事物本质属性有一个系统全面的认知，并在认知基础上构建起科学的概念时，才能实现对事物本质的真正了解和掌握。因此，可以尝试基于方法对物联网属性进行更加全面的认识和了解。

1. 技术属性

从技术构成看，物联网技术主要分为全面感知、可靠传递以及智能处理三种。其中，全面感知的实现主要依托各种先进技术，如传感器、GPS 技术以及 RFID 技术等；可靠传递的支撑要素主要包括有线网络、无线网络以及三网融合；智能处理功能的实现则主要基于各种应用软件以及云计算。这三种技术构成一个完整化系统化的网络信息系统。以上述三个层面作为出发点，使智能化物体与互联网相连接，以自主形式实现互通互联；以互联网技术为前提条件完成对信息的交互与感知，以全新的信息处理方式服务物物互联。目前，国内无论是技术层面的研究，还是理论层面的研究，均取得了良好进展，甚至某些领域可以在世界之林占据一席之地。对于物联网发展而言，不断创新和推出新技术尤为关键，因此可以判断物联网最为基础的属性就是技术属性。

2. 社会属性

作为当前阶段相对较为新颖的技术类型，物联网同样对社会生产生活产生了一定影响，且随着其应用和普及的广泛性，将被引入其他领域，如政治领域、经济领域以及文化领域等，使人类社会的生产生活方式发生了翻天覆地的变化。物联网整个发展过程具有连续性和持续性特点，社会各形态在整个过程中的变化并不是一蹴而就的，而是经过了渐变式的变化，这种改变方式的缺点在于其具有十分明显的滞后性。基于此背景，如何确保社会形态不断朝着正确方向改革与创新，并以此形成社会发展的重要推动力成为当前必须直面的问题。因而，保证社会形态在互联网时代始终以健康、稳定的态势发展，不仅是物联网的重点研究方向，还是推动社会不断变革的前提条件。

3. 全息属性

物联网与互联网最大的区别就是前者具有十分鲜明的全息属性，具体表现如下。

（1）连接的全息性

物联网有效连接了存在于网络中的各项基础性功能。早期，互联网主要是通过计算机与人产生联系，后来互联网的连接对象和范围逐步拓宽，各种服务成为其连接对象。如今，物联网的连接内容除了人与服务之外，还实现了与物体的连接，从计算机、互联网再到物联网其连接的变化构建了一个清晰的发展脉络，为局域与泛在、虚拟与现实的飞跃创造了有利环境。

（2）平台的一体性和公共性

在物联网建设和应用日趋成熟的今天，传统芯片、宽带、电缆、无线网络等单一个体在物联网的整合之下，均被归为基础设施，社会建立起了一个相对较为统一的平台，该平台主要负责社会以及个人生活的日常运转，意味着物联网正式进入公共领域，社会中的每一个人均享有使用公共网络资源的权利，这一目标的实现在一定程度上提高了人们的生活质量。

（3）信息流动的全程性

在物联网领域内，无论是虚拟的，还是现实的，每一个"物"都具有一定特性，并有明确的"身份"，将其通过智能接口上传至整个信息网路系统中，这一物质及相应的信息网络便可实现对信息的自我管理。各种在物联网系统中，信息经过一定的流程形成了一个相对较为完整的系统，该系统有效整合了计算机网路、服务网络以及媒介网络，实现了资源共享。在这样的网络环境下，任何创新与改革对物联网系统而言都具有积极的推动作用。

（4）互动方式的全面性和智能性

互联网中人与人之间的沟通在物联网中被拓展为人与物、物与物、人与环境之间的沟通，这种沟通范围的扩大和方式上的改变对人、自然、社会三者之间的关系有着良好的优化和改善作用，有助于加快新的社会公共空间的有效构建，提高公共领域的理性思维，且为打造人与自然和谐相处的社会环境创造了良好机遇。

（二）物联网的特征

（1）物联网之所以能够被广泛应用，主要是因为它集中了各种感知技术。在物联网中，传感器主要扮演着信息源角色，并且数量和类型十分丰富如果传感器类型不同，所捕捉获取到的信息，无论是在内容上，还是在格式上，都不相同。一般情况下，对数据的获取均为传感器实时捕捉，并且在对信息捕捉和采集的过程中，严格依照相关频率和周期，完成对各项数据的不断更新。

（2）作为一种泛在网络，物联网的建立离不开互联网在其中起到的作用。物联网技术依托互联网有效融合了有线网络和无线网络，以更精准、有效、及时地传递物体信息。一般情况下，传感器采集到的信息需要借助网络实现传输和共享，由于信息的规模化与数量化，进而形成了海量信息。为避免数据在传输过程中被恶意篡改或丢失，需要适应各种异构网络和协议。

（3）除连接传感器之外，物联网还可通过自身智能化处理能力的有效发挥，对物体进行智能化控制。

物联网智能处理功能，通过对各种智能技术（如模式识别技术、云计算技术等）的灵活应用，在一定程度上拓宽了物联网的实际应用领域。筛选传感器所获信息中的有效信息，对其进行分析、加工、处理，确保其与实际用户的相适应性，并且在此过程中对物联网应用模式进行开发，以进一步扩大其应用领域。

从实践看，无论哪一种技术在物联网系统内均可作为信息采集技术加以使用。除此之外，那些能够进行自动识别的技术以及物物通信的技术（如红外技术、扫描技术、GPS 技术、识别技术等）同样可以归入信息采集技术领域。在物联网中，无论传感器网还是 RFID 网，均是其中一项基础性应用，并不能代表整个物联网。还有一种错误的说法是，"物联网由互联网衍生而来"，认为相较互联网，物联网只是在原来的基础上增加了开放性、互联性以及共享性的特点。但从实际来看，物联网可以按照常规意义，即互联网向物的延伸，也可以在与现实需要及产业应用相结合的基础上，进行局域网和专业网的组建。物联网是一种无所不在的网络，这种网络可以实现物与物之间的有效连接，因而将物联网视为"空中楼阁"本身便存在错误。物联网并不是虚拟的，目前，人们已经享受到了部分初级物联网提供的服务。物联网所阐述的理念主要是基于现实应用进行不断创新，重新概括物联网的内涵，突出其网络化、智能化以及自动化水平，为人们认识它提供了新的方向和思路。此外，将物联网的应用简单地认为是产品的互动和通信（如单纯地将传感器嵌入家电便成为智能家电，将 RFID 标签贴于产品便成为智能标签等）均存在某种认知上的错误。

第二节　物联网的技术形态

一、感知与识别技术

在物联网中，感知与识别技术正如其名，能够有效感知和识别物体。从性质上看，无论感知还是识别，均可被归入自动识别技术，简言之，就是通过对相关识别装置的有效应用，通过识别装置接近被识别物品，以自动化方式实现对被识别物品相关信息的有效获取，并将信息提供给计算机处理系统，辅助其完成之后的处理工作。

识别技术能够对所存在的物体本身进行有效识别，不但可对物体的位置进行精准定位，而且能够随时随地了解物体在一定范围内的移动情况，目前，包括红外感应技术、射频识别技术、生物特征识别技术、GPS 定位技术等在内的技术类型均属于应用频率较高的识别技术。

感知技术是将各种传感器嵌入物体或物体周围，对物体及其周围环境中存在的各种化学变化和物理变化进行全面感知。

下面主要介绍射频识别技术和传感器技术。

（一）射频识别技术

射频识别（RFID）技术在对某种信息进行识别的过程中，无须接触物体本身，可结合空间传输特性，通过对相关射频信号的有效应用，以自动方式有效识别处于静态或动态中的物体。

除了非接触性特点之外，射频识别技术还具有其他优势，如全天候、较强的穿透识别能力以及自动识别多个物品的能力等。将这一技术应用到物联网领域，使其与互联网、通信技术相结合，可实现全球范围内物品的跟踪与信息的共享。与此同时，射频识别技术还可作为产品电子代码的主要载体，其在物联网中的应用对整个技术的发展起到了推动作用。

目前，射频识别技术在市场上的应用已经趋于成熟，但该技术在功能上仍存在一定的欠缺，如缺乏数据采集功能。当前，国内相关领域已经开始广泛应用射频识别技术，物流管理、电子收费等应用中均可看到其踪影。

（二）传感器技术

传感器技术所涵盖学科范围广，化学、材料科学、物理学、电子学、通信与网络技术等均属于其所涉及学科内容。传感器属于测量装置，可完成对外界物理量、生物量、化学量以及自然参量的有效探测和感知。

传感器是获取信息的关键装置，物联网就是利用传感器对周围的环境或物体进行监测，以达到对外"感知"的目的。

物联网中的传感器除了要在各种恶劣环境中准确地进行感知外，其低能耗和微小体积也是必然的要求。最近发展很快的微电子机械系统技术（micro-electro-mechanical systems，MEMS）是解决传感器微型化问题的一种关键技术，其发展趋势是将传感器、控制电路、通信接口和电源等部件组成一体化的微型器件系统，从而大幅度地提高系统的自动化、智能化水平。

另外，传感技术开始逐渐融入现代无线网络技术中，实现了纳米技术、无线通信技术、传感技术以及分布式信息处理技术的相互融合，使微型传感器无论被嵌入哪一种物体，都可以相互协调与相互合作，对所负责检测区域的信息实施检测和采集，构建起一个系统化、完整化的终端末梢网络。

图 1-4 是一种终端末梢网络的结构示意图，其左侧显示了末梢网络的主要组成（RFID 读写器、控制器、传感器等）。终端末梢网络不仅可以有效采集和精准处理相关数据信息，还能够在一定程度上通过对各类数据的有效融合赋予其新生命。

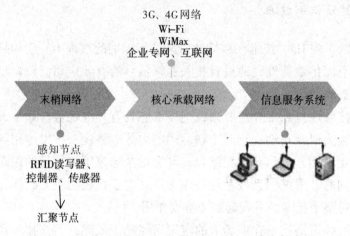

图 1-4　终端末梢网络的结构示意图

对于散落在各个部位的节点而言，通过网关等形式有针对性地对各局部节点进行有效汇聚，然后通过各种网络介质与信息服务系统相连接，这些介质可以是 4G 和 5G 网络、Wi-Fi、互联网或企业专网等，在对虚拟网络空间范围不断拓宽的同时，将处理后的数据应用于相关服务领域。

二、通信与组网技术

物联网通信与组网技术旨在实现物与物的连接。从信息化的视角看，物联网本质上就是实现信息化的一种新的流动形式，其主要包括信息感知、信息收集、信息处理和信息应用。信息流动需要网络的存在，以便进行信息收集、信息处理和信息应用等。

从实质上看，物联网主要通过某种感知设备，把物体和互联网连接起来，以实现信息的交换、处理、流通。一般情况下，信息的流通分为两种形式：一是单向流通；二是双向流通。前者可以对某地区的污染情况进行全面检测，检测所得的污染信息最终通过网络可传输至信息终端；后者最为典型的例子是只能智能能交通控制，不但能够对当前交通情况进行系统监测，而且能够有效缓解当前交通拥堵压力，形成对城市交通的智能化疏导。网络不仅可以把信息传输到很远的地方，还可以把分散在不同区域的物体连接到一起，形成一个虚拟的智能物体。

从种类上看，物联网除了传统有线、无线网络和长、短距离网络之外，还包括企业专用、公用网络以及局域网和互联网等[①]。当物体进入物联网世界后，可通过不同网络形式将自己与其他事物相联系。比如，在飞机上可以通过有线网络将设置在不同范围内的传感器有效连接，除此之外，还可以以无线网络的形式实现有效联网。目前，这种无线联网方式以手机最为常见。无线传感器网络在组网方式上，同样可以采用无线形式。物联网的四大网络技术如图1-5所示。

图1-5 物联网的四大网络技术

无线网络对物联网来说是一个极其特殊的存在，主要体现在无线网络无须精心部署线路，并且在物体移动中具有十分突出的效果。

无线网络技术的类型丰富且具有多样化的特点，可根据距离上的差异，按照域网、局域网以及城域网等方式进行自由组网。其中，无线技术在近距离背景之下所组成的域网在物联网系统中极具活力。物联网是末梢网络，通信的距离没有十分明确的界限，一般介于几厘米到几百米之间，蓝牙、RFID、Wi-Fi、NFC近场通信等均属于其常用技术，这些技术各有所长，但低速率意味着低功耗、节点的低复杂度和更低的成本，可通过与实际相结合，对所需要的内容进行重点选取，无关内容则可以直接舍弃。RFID技术和ZigBee能够在物流领域和智能家居领域彰显自己的优势，并借助这种优势占据核心地位，这在很大程度上与其较低的成本特点相关。

在实际应用中，物联网内很多系统的运行需要借助远距离无线通信技术，如监测市政各种传输管道的监测点、野外各个分散化的监测点、汽车等移动物体的检测以及农业大棚的检测信息汇聚点等。目前，全球移动通信系统

① 蔡凤翔，李群，李英浩.物联网技术发展现状浅析[J].信息系统工程，2021（1）：25-26.

（GSM）、通用分组无线服务（GPRS），卫星通信技术等均属于远距离通信技术。从能源消耗水平看，相较短距离的无线通信，长距离无线通信对能源的消耗量更大。

近距离通信网络向远距离通信网络的跨越和转变难免会接触到互联网技术。通过对 IPv6 等新型网络技术的有效应用，可以实现对各物体 IP 地址的合理分配。这意味着得到 IP 地址的节点要额外产生较大的能耗。但很多情况下，可能不需要给每个物体分配一个 IP 地址，我们或许不关心每一个物体的情况，只关心多个物体所汇集的信息，一个区域的传感器节点可能仅需要一个网络接入点，如使用一个网关。

三、信息处理与服务技术

（一）云计算技术

云计算技术是处理大规模数据的一种技术。存储海量数据的计算机在物联网相关处理技术的作用下，以子程序形式被自动拆分，拆分后的子程序由汇集多个服务器的庞大系统进行收集与整合，通过一系列计算将所得结果以及处理方法直接反馈给用户。在该技术的支持下，海量信息数据可以在数秒内被精确处理。

目前，我们所熟知的云计算是由分布式处理、网格计算以及并行处理等衍生出来的新技术，也可以说是概念性的计算机科学的一种商业化表现。

一般情况下，云计算与物联网相伴而行，但实际上两者并不能相提并论。前者主要是一种采用分布式手法的数据处理技术；后者是依托云计算所提供的分布式数据的处理技术，将自身付诸实践。但从某种角度上看，两者相互影响、相互依存，关系十分密切。首先，物联网的感知层是大量数据的产生源头，因为物联网部署了数量惊人的传感器，如 RFID、视频监控等，其采集到的数据量很大。这些数据通过无线传感网、宽带互联网向某些存储和处理设施汇聚，将上述任务转由云计算进行处理，可在一定程度上达到节约成本的目的。其次，物联网在挖掘、分析以及处理数据的过程中对云计算具有强烈的依赖性，在拥有云计算辅助作用的基础上，不但能够提高物联网智能化管理水平，而且能够在一定程度上促使资源利用率和社会生产力水平的双重提升，有助于社会"智慧化"的全面实现。

因此，云计算凭借其强大的处理能力、存储能力和极高的性价比，成了物联网理想的支撑平台。反过来讲，物联网是云计算最大的用户，可以为云计算取得更大的商业成功奠定基石。

（二）智能化技术

智能化技术旨在将智能技术的研究成果应用到物联网中，实现物联网的智能化。物联网的目标是实现一个智慧化的世界，不仅能感知世界、影响世界，还能智能化地控制世界。物联网根据具体应用，结合人工智能等技术，可以实现智能控制和决策。

所谓人工智能（又称"机器智能"），就是用机器去实现所有目前必须借助人类智慧才能实现的任务。其主要研究内容为如何将人类的智能活动以计算机方式体现出来，运用计算机模拟人脑，赋予计算机"人的思维活动"，如学习、思考、推理以及规划等，有效解决以往需要人脑才能处理的问题，如管理决策或者医疗诊断等。

在计算机中，人工智能可以通过工程学方法和模拟法实现自身价值。

工程学方法在实际应用过程中需要严格遵守相关规定。目前，该方法已经被广泛应用于各种实践活动中。在各数据源所收集的大量数据中筛选出其中最具价值的数据，并且对数据进行二次滤除，以确保所获数据的可靠性及有效性，通过对数据的灵活转换和重新组织后，在数据仓库或者数据集市中进行集中存储，然后选择适宜的方式高效率地处理信息，并将信息转变为决策。

物联网中的专家系统是模拟法的主要应用领域。该系统以规则化的推理方法为基础，并创新引入了新的方法和技术，如人工神经网络。因所处理问题的不同，专家系统的类型也相对多样，一般主要包括教育型、调试型、解释型、维修型、预测型、设计型、规划型以及控制型等。

模拟法在物联网中的另一个应用领域为模式识别，即通过计算机用数学技术方法对模式的自动处理和判读进行研究。不同于其他识别技术，计算机识别具有准确性高、识别速度快、识别过程和学习过程拟人化等特点，可在一定程度上提升物联网在识别阶段的智能化水平，确保物联网上的物体都可以智能地完成一系列人类的动作和行为。

（三）安全与隐私保护技术

作为一种新型系统，物联网主要由虚拟网络与现实世界交互而得，随处可见的数据感知、以无限为基础的信息传输以及智能化的信息处理方式是物联网的主要特点。物联网不同于互联网，在处理信息的过程中需要逐一完成信息感知、信息采集、信息汇聚、信息融合、信息传输、信息决策以及信息控制等，该流程充分展示了物联网与互联网两者之间的差异化。

由于无线信道的开放性，信号容易被截取并破解干扰，加上物联网包含信息感知、信息采集、信息汇聚、信息融合、信息传输、信息处理、信息控制等多个复杂的环节，因此物联网的安全保护更加复杂。一旦物联网的安全得不到保障，就会给物联网的发展带来灾难。物联网也是一把双刃剑，人们在享受到其好处的同时，自己的隐私会由于物联网的安全性不够而泄露，从而严重影响人们的正常生活。物联网能实现对物体信息的监控，如位置信息、状态信息等，而这些信息都与人们自身密切相关。比如，当射频标签被嵌入人们的日常生活用品中时，这个物品可能会不受控制地被扫描、定位和追踪，这就涉及隐私问题，需要利用技术保障人们的安全与隐私。

如果人们的信息在任何一个读卡器上都能随意读出，或者人们的生活起居、信息都可以被全天候监视而暴露无遗，那么不仅需要应用技术以保障安全，还需要制定法律法规以保护物联网时代的人类安全与隐私。

因此，在发展物联网的同时，需要从安全角度出发对物联网进行优化和完善，使物联网不断健康发展。若要从真正意义上提升物联网安全，可将互联网相关安全防范制度作为参考条件，从感知层、网络层、应用层等入手进行相关安全防范体系的组织与设计。

1. 感知层的安全问题

在物联网的感知端，智能节点通过传感器提供感知信息，并且许多应用层的控制也在节点端实现。一旦节点被替换，感知的数据和控制的有效性就会成为问题。目前，日常生活中的一些高危工作、复杂工作以及危险工作均可以通过物联网完成，这一功能的实现主要是由于在许多无人监控场景中部署了大量感知节点，但是若各节点设备遭受外界恶性攻击和破坏，甚至将机器的软硬件进行更换，就会破坏物联网的正常应用。因此，需要在感知层加以防范。

2. 网络层的安全问题

处于网络末端节点的传输同感知层的问题一样，节点处功能相对单一，可供使用的能量极为有限，这也是其安全保护能力低于其他节点的主要原因。这种现象的存在在某种程度上对网络传输层安全保障工作产生了巨大的阻碍。

一般情况下，核心承载网络所拥有的安全保护能力相对较完整和连续，但是由于整个物联网中部署了大量的节点，且在部署方式上大多以集群化部署为主，因此如果在同一时间节点内发送相关数据信息，将增加网络载荷，造成网络拥堵。另外，当前绝大部分的通信网络在进行安全架构时均以人的日常通信习惯和行为作为出发点，但是物联网的主体是"物"，因此需要对相关传输与应用安全架构进行更新。

3.应用层的安全问题

物联网中应用层的形成在很大程度上与信息技术和行业应用息息相关。它是对物联网智能处理特点的集中展现，所涉及内容和结构包括中间件、业务管理、分布式系统、云计算、海量信息处理等。从某种层面上看，物联网应用层的安全因大规模、多平台以及多业务类型等因素的存在而面临着巨大的挑战。除此之外，出于对物联网所涉及行业和领域的思考，在处理庞大的数据信息以及制定相关控制策略时需要充分考虑安全性与可靠性。

从以上介绍可以看出，物联网的安全特征体现了感知信息、网络环境以及应用需求的多样性，所呈现的特点除网络规模大、数据处理量大之外，还包括决策控制复杂等，从而将物联网安全问题提升到了一个新高度。

物联网的信息安全建设是一个复杂的系统工程，需要从政策引导、标准制定、技术研发等多方面向前推进，提出切实的信息安全保障手段，以保障物联网健康、快速地发展。

（四）中间件技术

在后台应用软件和数据感知设施之间的应用系统就是中间件。中间件最为显著的特征有两个：一是可服务于相关系统应用；二是运行时需要与网络操作系统连接。在物联网应用过程中，中间件的主要功能是数据的计算和处理，主要任务是对感知系统采集到的各类数据进行精准捕获、有效过滤、详细计算、数据校对、灵活调节、传送数据、存储数据和任务管理等需要注意的是，在感知系统向应用系统进行数据量传送过程中，应适当减少其传送数量。除此之外，中间件还具有一定的交互功能，这种交互性主要针对各种支撑软件系统。

当前，由于受到硬件平台和不同网络技术的限制，物联网中间件研究主要集中底层感知和互联互通。另外，物联网的大规模应用需要中间件来支撑，但这面临诸多困难，如环境复杂多变、大规模部署、复杂事件处理等，导致目前尚无法实现对物联网的全面支持。

第三节 物联网及类似概念

物联网的发展方兴未艾，是如今网络技术的大热门。但是，人们对物联网的理解存在一些误区。有人把传感网或 RFID 网等同于物联网；有人认为物联网由互联网延伸而来，将物联网视为另一个互联网平台，且该平台所有物体完全开放、互联以及共享。那么，物联网与我们常见的互联网、传感网等有什么区别呢？本节将进行一个详细的比较。

一、物联网与互联网

（一）物联网与互联网的基本特性比较

1. 技术与标准方面

从网络结构上看，相较互联网，物联网的网络结构较为复杂。在物联网的感知层，除了设置有传感器网络之外，还有 RFID 终端。但在互联网中，服务器、台式机、笔记本和移动终端是其常见终端，类型相对较为统一。在物联网的传输层，含有多种接入技术，如 WCDMA、CDMA2000、TD-SCDMA、WiMAX、Zigbee、GPS 等，其中 TCP/IP 是整个传输层的核心位置。与此同时，当前物联网设置了相应的管理中心。不同于物联网，互联网有着较高的自治性，并未设立专门的管理平台与中心。

从技术角度看，物联网中所接入技术基本上涵盖了整个信息通信领域，如智能芯片技术、无线技术以及软件技术等。目前，物联网尚未在全球得到全面发展与普及，仍处于起步阶段。尽管如此，关于其技术标准的讨论与争依然异常激烈。为不断扩大物联网的应用规模，我们需要进一步研究相关核心内容和技术，如物联网安全理论和体系、无线技术、体系架构以及杆件算法等。物联网中存在大量关键性技术，不同技术所属门类也不尽相同，且无论哪一种技术，其的使用范围都相对较广，这导致相关标准体系的构建面临多种困难。当前，物联网的标准化聚焦在一些特定的区域、行业。物联网在实际体系架构过程中的构建标准尚未得到统一，而互联网有着统一的技术标准。

2. 产品与业务方面

现阶段，M2M 是物联网的主要应用，该应用的功能相对较为单一，主要依托现代网络技术控制终端，对"人"与"物"、"物"与"物"的交互目标尚无能力达成。此外，无论是从应用看，还是从业务看，M2M 只能够在特殊行业内应用。

通过对比物联网与互联网的一般应用和业务，发现它们之间的差异主要集中在两方面。

一方面，互联网中基本是虚拟的应用，物联网中的应用则为实物，这种应用性质的差异直接决定了两者的应用成本。为设置相应的服务器，互联网企业需要投入大量资金购买大批量的网络终端设施和技术。其中，硬盘驱动器和处理器成本最高，但是拥有两者便可为广大用户提供优质的网络服务。由于互联网消费规模较大，可由广大用户群体分摊各种固定成本和边际成本。经济学理论强调，在市场激烈的竞争环境下，价格的变化与边际成本呈正相关，如果边际成本下降，那么价格会随之下降。目前，互联网产业是众多产业中最具竞争力的产业类型。在这种情况下，互联网中数字信息的边际成本可以逐渐趋零。物联网的应用针对的内容为实际物体，需要将终端嵌入各个物体之上，其在成本方面的消耗远大于互联网，且短期之内这种高成本投入难以下降。

另一方面，在开发互联网应用过程中，无论企业、组织还是个人，均可参与其中，如此一来，便可丰富应用种类和形式，更加精准地把握用户需求。在开发物联网应用的过程中，参与者以企业为主，因参与者较为单一，导致很难把握用户需求，且所开发出的应用缺乏多样性。在互联网中，网络游戏、即时通信应用等的开发人员为企业和组织；社区等相关应用的开发人员多为个人，并可由其他人对应用进一步完善和升级。在开发物联网应用的过程中，由于过多技术的介入，开发者只能由企业或组织担任，这就导致物联网无法对用户需求进行有效把握，更无法实现应用的多样性。

（二）物联网与互联网产业生态系统比较

所谓产业生态系统，指的是相关产业组织在一定空间内，与环境展开的一场交换活动。交换的内容可以是物质、能量或者信息，并且在交换过程中彼此成为一个有机整体。参与产业活动的公司、团体被称为产业组织。从某种意义上说，产业组织简单组合的结果并不能称之为产业生态系统，而是有机系统，其与自然界中的生物系统有诸多相似之处。

从产业生态系统角度对物联网和互联网进行差异化研究和分析，可以将两者看作是多个要素组成的整体，即系统。系统中各要素之间关系密切，具有"一荣俱荣，一损俱损"的特点，并且各要素受到来自其他要素生存发展和环境顺逆境况的双重限制。如图1-6、图1-7所示。

RFID和传感器厂商:物联网的
"基石"之一,但是现在"发育"
程度不高

系统集成商:有可能掌控上游
供应商,物联网系统集成的
需求将远高于目前电信网和
互联网系统集成的需求

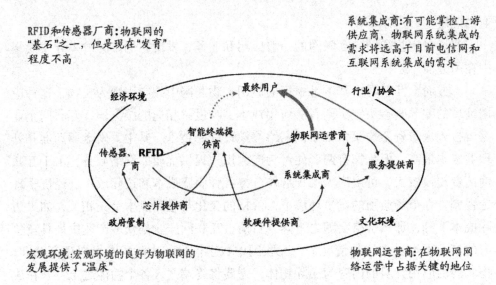

宏观环境:宏观环境的良好为物联网的
发展提供了"温床"

物联网运营商:在物联网网
络运营中占据关键的地位

图1-6　互联网产业生态系统构成示意图

网络设备提供商:在
产业生态系统中处
于"基石"角色

消费者群体:互联网
生态系统的核心

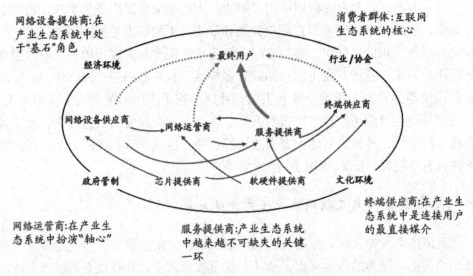

终端供应商:在产业生
态系统中是连接用户
的最直接媒介

网络运营商:在产业生
态系统中扮演"轴心"

服务提供商:产业生态系统
中越来越不可缺失的关键
一环

图1-7　物联网产业生态系统构成示意图

　　物联网与互联网主要由设备提供商、系统集成商、运营商以及用户构成。物联网主要是由RFID和传感器供应商临时加入至设备提供商之中,从用户的内部成员构成看,个体类型的客户为少数,绝大部分以政府和企业客户为主。物联网中的系统集成商可以分内容提供商和服务提供商。

　　在深入观察和分析各不同成员的功能特点后发现,在物联网和互联网的发展道路上,设备提供商是其中最强大的"压舱石",不但是技术进步过程中的领跑者，而且是市场需求和选择不断变化的重要影响因素。当前，物联网中无论RFID还是传感器，均未设立一个相对统一的标准，且由于前期成本投入较大，用户消费门槛随着成本投入量逐渐抬升，其中个人用户对产业的影响尤为突出。

　　不管是在物联网产业生态系统中，还是在互联网产业生态系统中，运营商始终扮演着十分重要的角色。对运营商而言，其在整个系统中可以是活动的组织者，也可以是活动的领导者，主要凭借自身力量对系统内各成员关系进行有效协调与整合，以实现共同进步与发展。在对物联网进一步了解后发现，物联网网络中数据系统的构建在很大程度上依赖数据感知管理及其相关处理技术，正是由于这些核心技术的存在，才能实现对传感网数据的查询、挖掘、分析、理解以及存储。除了能够将接入通道提供给相应用户之外，挖掘数据、处理数据以及分析数据是运营商最主要的任务。由此可以看出，运营商在物联网发展过程中担任着领导者、整合者以及组织者等多重角色。从系统集成商角度看，相较互联网，物联网中的系统集成商地位更加突出。造成这一区别的主要原因是物联网包含的技术类型较多，覆盖行业范围较广，无论技术还是行业层面，都有着极强的系统集成需求。

　　通过对物联网中各成员关系进行全面梳理后发现，现阶段整个物联网生态系统中，各成员相对较为独立，彼此之间无过多交叉，整体关系较为统一。目前，用户享受到的各种服务均由物联网运营商提供，物联网整体生态系统中存在一种以链状分布的价值流，对于日常问题的解决及其方案的制定则由设备提供商或系统集成商负责，双方在运营商这一中介下，为用户提供专项服务。纵观整个互联网生态系统不难发现，系统中的各成员共同构筑了一段错综复杂的关系，而价值流常以网状形式出现在生态系统，可以与用户面对面并提供"一对一"的服务。除终端厂商和网络运营商之外，物联网生态系统还包括内容与服务提供商。从这三者的关系来看，受生态系统影响同样呈现出一种网状形态。除此之外，用户在互联网中扮演的角色主要是内容的消费者或者服务的消费者，消费者在享受互联网提供的一系列服务的同时，可以将自己掌握的内容和信息通过特定的应用平台直接公布在互联网。在这种情况下，消费者又扮演着"生产者"的角色。从某种角度来看，互联网之所以能够"永葆生命力"，主要是因为自身生态系统中这种错综杂乱的关系和网状的价值流形态。因此，物联网要想实现突破性发展，需要重塑生态系统内各成员的关系，不断朝合理化方向发展，促进价值流日趋多元化。在保持各成员发展平稳性和健康性的同时，集中精力对用户潜力进行深度挖掘，引导用户积极参与物联网建设与发展。

二、物联网与三网融合

"三网"就是实现有线电视、电信以及计算机通信三者之间的融合，其目的是构建一个健全、高效的通信网络，从而满足社会发展的需求。三网融合对技术的应用实践有着较高的要求，在实际融合的过程中，还需要实现各个网络层的相互连通。三网融合应用的领域十分广泛，涉及政府工作、公共安全、环境保护以及智能交通等方面，聊天、看剧、购物、学习等均可在手机上完成。"三网"中的电信网、计算机网和有线电视网形成了彼此相互交融的格局。

中国物联网校企联盟最早提出认为"三网融合"集中反映了当下的某种社会现象，即科技和标准逐渐打破彼此之间的隔阂，开始出现融合迹象。"三网融合"（又称"三网合一"）主要指的是电信网、有线电视网、计算机网三者彼此兼容，相互贯通，通过相互拆开与整合，逐步壮大成为统一的信息通信网络。从某种角度看，"三网融合"中最为核心的部分当属互联网。

"三网融合"的出现使广电和电信在某些领域的垄断地位被动摇，如内容输送、宽带运营等，对计算机网络、电信网络、有线网络的进入标准进行了有效明确。比如，在与实际条件相适应的基础上，广电企业可开展增值电信业务，负责基础电信业务的比对工作，依托有线电视网，接入互联网业务等；在相关部门的监督下，国有电信企业可以制作各种广播电视节目（时政类节目除外）、传输互联网视听节目信号、时政类新闻转播等。

（一）技术基础

1. 数字通信技术

随着数字技术在各个领域的普及与应用，图像信号以及数据等。在数字网中成为统一的0/1比特流，实现了各种音频、视频以及数据的网络传输、交换和处理。目前，计算机网和电信网中数字通信技术的应用已经进入适应阶段，而数字通信技术在有线电视网中的应用尚处于萌芽阶段。

2. 宽带技术

在宽带技术中，光纤通信技术扮演着主体角色。网络之间深度融合的目的是通过统一不同的网络实现网络服务的统一化与标准化。从某种角度来看，要确保所提供业务的统一性，就必须有统一的网络平台，负责各种流媒体，如音频、视频等业务的有效传送。这些业务有一个共同的特点，即需求量巨大、数据庞杂，且对服务质量有着较高的要求，因此，需要大容量的宽带以支撑信息的传输。另外，出于对经济性的考虑，还应避免投入过高的成本。如此一来，具有可持续性、大容量的光纤通信技术便成为介质传输作业过程中的最佳选择。宽带技术尤其是其中低成本、高传输质量的光纤通信技术的快速发展为各种业务信息的传输提供了有利条件。计算机网、电信网、有线电视网具备较大容量的光纤传输作为物理载体，可以更好地进行信息传输和处理。"三网"中无论哪一种"网"基本都已经实现了大容量光纤通信技术的全面普及。

3.软件技术

在信息传播网络体系中，软件技术尤为关键。另外，快速发展的软件技术还催生出了各种特性、功能以及业务，进而从根本上满足了用户的各种需求。目前，现代各种基于现代通信设备生成的产品具备高度的智能化和软件化。

另外，软件技术的发展使"三网"及其终端在变更过程中均依托相关软件，并且软件技术可为用户的各种业务需求提供强有力的支持。

4.IP 技术

IP 技术的形成与发展可在一定程度上满足各物理介质与应用在映射层面的需求，可以有效集成和统一各种业务数据、通信协议等，实现对网络资源的灵活调度和全面管理，确保基于 IP 的各种业务即使网络环境不同，也可以实现互联互通。

全面采用标准化和统一化的 TCP/IP 协议，在不同网络中也可以使各种以 IP 为前提条件的相关业务相互连接。这也是计算机网、电信网以及有线电视网三者均能接受的第一个通信协议，为三网融合提供了强有力的技术支撑。

（二）融合优点

第一，传统形式相对单一化、固定化的信息服务逐渐呈现出综合化特点，所增加的业务内容主要包括视频、文字、语音、图像、数据等。

第二，不但可以有效降低在基础建设领域的成本投入，而且能够将网络管理模式和流程简单化，避免在维护阶段进行大量成本的无限制投入。

第三，使各自独立化的专业网络转变为综合性网络，提升了网络性能提高了整体资源的开发和利用水平。

第四，三网融合实际上是从业务角度出发进行的一次有效整合，融合后的三种网络不但对语音业务、数据业务以及视频业务有所保留，而且衍生出了图文电视、视频邮件、VOIP 以及网络游戏等增值业务，对原有业务范围进行了有效拓展。

第五，三网融合的实现在一定程度上粉碎了广电和电信两大运营商在食品传输领域的非良性竞争。在三网融合背景下，各大运营商被汇聚在一起，在一定程度上降低了相关成本。

目前，全国设立了多个三网融合试点，主要应用领域集中在教育云平台。依据"十二五"规划《素质教育云平台》中的相关要求，由亚洲教育网负责"三网合一智慧教育云平台"的研究与开发，有效融合电信、互联网以及广播电视，在完成对教育资源有效整合的基础上，实现教育资源在教育领域的共享发展。

三、物联网与无线传感器网络

无线传感器网络，可以看作一张渔网，每个节点所设装置均具有自动化特点，通过连接各节点后可构成一个完善的计算机网络，该网络便是无线传感器网络。整个网络中所分布的各个节点可实现对各区域温度、震动、压力、污染物以及运动等诸多物理环境及状况的点对点监控，同时彼此之间可以协同合作。从技术上说，无线传感器网络是由大量部署在作用区域内的微小传感器节点组成的分布智能化网络系统。微小传感器节点具备一定的计算能力和无限通信能力，能够在与环境相适应的前提下，自主完成系统所指定的任务。一般情况下，各个传感网络节点间隔相对较小，节点与节点之间的通信主要依托无线通信。此外，无线传感器网络的运行具有一定的独立性，但也可以在网关的协助之下与互联网直接连接，为用户提供远程访问服务。

从范围来看，无线传感器网络中所覆盖的内容主要为通信、感应以及计算。其中，无线数据库技术是其中极为关键的技术之一，如无线传感器网络查询过程中便常使用无限数据库技术。无线传感器网络中还包括多项先进技术，如分布式信息处理技术、嵌入式计算技术、无线通信技术以及现代网络技术等，在信息处理过程中一般采用嵌入式系统，并且通过对无线通信网络的随机组合与自由组合，通过多跳中继方式，向用户终端进行感知信息的传递，以确保"无处不在计算"理念的全面落实。

四、物联网与泛在网

泛在网就是广泛存在的网络，以无所不在、无所不包、无所不能为基本特征与物联网不同，泛在网可以不受任何时间、地点、人、事物的限制，实现通信的畅通无阻。

无论是传感器节点，还是射频标签，均可实现对事物的有效连接。全球网络可吸收来自世界各地的信息，并且能够在一定程度上实现信息在全球化网络中的传输与共享。

物联网中各种各样的感知技术不但能够体现和处理事物本身的信息，而且能够实现对各种与事物相关位置、环境等信息的探测、存储、整合以及处理，从而将这种关联性的信息服务拓宽至全球范围内。

当前社会，网络"无处不在"。与此同时，由网络衍生出的一系列应用和服务在各产业体系内的应用不但有助于各领域自动化水平的全面提升，而且所带来的变化极具革命性。

随着射频识别技术、通信技术以及信息技术的飞速发展与进步，当前社会出现了一系列新型技术，其中以泛在网络最具代表性。该网络可在一定程度上打破以往人与物、人与机器、物与物以及人与人之间长期存在的壁垒，并被人们广泛应用于日常生活、工作之中。

泛在网与三网融合最大的区别就是泛在网的概念所阐述的内容从范围上看更广。如今，各种网络技术基本已经实现了协同发展，如物联网、电信网、互联网、传感网等。在此背景下，泛在网应运而生。泛在网络凭借自身对不同环境和内容的感知，为社会乃至个人提供了各种各样的信息服务和应用。

要想运用物联网通信技术实现人和物体、物体和物体之间的沟通和对话，就需要统一的通信协议和技术、大量的 IP 地址，还需要自动控制、纳米技术、RFID、智能嵌入等技术作为支撑。这些协议和技术统称为泛在网络技术，也就是说可以把泛在网络描述为物联网技术的远景。由此，泛在网络技术成为物联网通信技术的核心。

第四节 物联网市场分析与应用前景

一、物联网产业发展的市场分析

（一）市场发展特征

纵观我国当前不同领域产业对市场经济与发展的需求，其中政府服务从中发挥着重要的引领作用。现阶段，我国物联网产业中以政府为核心的公共管理、安全以及服务等应用决定着产业整体市场收益效果。政府公共管理是物联网产业最为基础的一项需求，所占市场份额较大，但由于缺乏原生动力，导致市场上出现了"政府买单"的浪潮。政府通过各种能够凸显主导地位的方式，如颁布政策、制定规划以及提出倡议等，通过采用多种商业模型，如政府间接补偿、政府直接投资、政府建设、政府经营、政府转让以及多方联合投资等，进而从根本上实现了对物联网产业整体市场发展的有效推动。

在药品安全监管领域，根据国家相关部门对药品安全方面的要求，以统一编码方式对已经获得批准上市的相关医疗药物和医疗企业进行综合管理，所有药品品种都需要存储于电子监管系统，并针对各药品品种进行相关流通追溯体系的建设与完善；在食品安全领域，由商务部和财政部共同开展相关食品质量追溯管理平台的规划与建设，同时为确保民生食品安全，加大在物联网食品安全溯源领域的资金投入。另外，出于对生产安全的考虑，国家煤矿安全监察局对各煤矿生产单位提出了严格要求，即必须根据国家制定的相关标准完成对监测监控系统、定位系统的建设，确保整个生产过程的安全性与可靠性。

目前，以政府为依托的市场发展模式和消费模式尽管与物联网产业发展相适应，对物联网产业发展具有推动作用，但该模式与相关市场机制相脱离，导致物联网产业与其他产业均无法实现发展的可持续性。因此，若要实现物联网产业的可持续发展，需要遵循相关市场经济运行规律，抓住物联网产业市场发展的机遇，在确保与当前市场发展规律相契合的基础上探索相应的发展模式。

（二）市场技术驱动

全球互联以及"智能物联网"的可行性使物联网得以产生。不仅新技术变得可用，使人们能够实现物联网的互联，还能够满足用户对物联网的功能要求。

从物联网的技术成熟速度看，即使技术可能会被使用，但由于市场的复杂性，最终的应用可能不是它最初的预想。随着对物联网潜力和影响的，这些预想将显示技术是如何变化的，同时技术将成为物联网发展的驱动者。一些技术被看作物联网的驱动力，如低功耗设备、互联设备、计算和分布式处理能力、高级（智能和预测）传感器以及先进的执行器。

要满足人们使用物联网的需求，在物联网的发展过程中应抓好以下几点。

1. 易用性

易用性就是要求物联网系统要易使用、易构建、易维护、易重新调整。

（1）即插即用

利益相关者要求能够轻松添加新的组件到物联网系统，以满足用户对物联网的要求。

（2）自动服务配置

通过捕获、通信和处理"物"的数据提供物联网服务，这些数据由运营商发布或者用户自己订阅。自动服务可依赖自动数据融合和数据的挖掘技术。一些"物"可配备执行器影响周围环境。

2. 数据管理

（1）大数据

物联网中越来越多的数据被创建出来。物联网相关用户希望利用大量传感器和其他数据发生器得到数据，通过提供有效预测来管理和控制网络。

（2）决策建模和信息处理

数据挖掘的过程包括数据预处理、数据挖掘以及知识的评估。

（3）协同数据处理的通用格式

把物联网应用收集到的数据融入已有数据里，以便于进行数据交换。物联网应用需要通用数据格式和应用编程接口（API），以便数据可以被存取，并根据需要结合使用。重点应放在语义互操作性上，因为句法的互操作性可以通过简单的翻译实现。

3. 云服务架构

物联网相关用户希望能够灵活地部署和使用物联网，主要表现在三个方面：第一，任何地方都能够连接到物联网系统；第二，只为使用的服务支付费用；第三，能够快速配置和废除系统。

4. 安全保障

物联网相关用户希望在使用物联网时有安全保障，他们的个人和商业信息能够得到保密。因此，采用物联网构建的系统要制定不同的安全级别，做好信息安全保障工作。

5. 基础设施

物联网相关用户希望能够使用基础设施，如有线、无线、封闭的网络或是连接的网络等。这就需要在物联网的建设过程中做好基础设施的配置

6. 服务感知

物联网提供的服务一般是不需要人工干预的，但这并不意味为着人们（物联网服务的使用者）不需要知道存在于自己周围的服务。使用者提供物联网服

务要通过一定的方法，而且这些方法必须符合相关法规。

7. 辅助功能和使用环境

物联网相关用户希望物联网系统能够满足个人的可访问性要求和所涉及的部门的应用需求。这种方法能够保证不同的用户在不同环境下的可访问性和可使用性。应当意识到，用户的需求不仅是多样化的，还随着时间的变化而变化。同时，一个用户的需求可能会和另一个用户的需求发生冲突，甚至用户的需求会因环境的变化而变化。

（三）市场发展趋向

从市场发展趋向看，物联网产业致力在信息产业领域掀起新一轮的"技术革命"，原有产业格局被彻底改变，这一改变使物联网设备全面升级，新的市场开始涌现于物联网终端。面对这一现状，国家先后制定了一系列政策措施，以期有效推动物联网产业的发展。同时，各行各业为响应国家相关政策，纷纷投身于物联网这一蓝海经济领域。

1. 定位发展新的信息技术和设备终端

当前，信息产业领域开始出现各种各样的新兴技术，或者原有技术在某些领域实现了新的发展，并取得了良好的市场价值。目前，智能手机、笔记本电脑等硬件设备已经得到广泛普及，特别是移动式穿戴设备的出现使物联网的终端设备实现了爆发式的增长。由于其成本较大、开发难度高，目前通用的智能终端还没有完成标准化，但这个市场具备不可估量的发展潜力。

2. 国家鼓励市场主导措施

近年来，国家为了促进市场经济的持续、稳定发展，对大数据、云计算、物联网等模式提出了相应的发展规划。从"十三五"规划到"十四五"规划，物联网发展格局日益明确，"要在核心技术研发与产业化关键标准研究与制定、产业链条建立与完善、重大应用示范与推广等方面取得显著成效，初步形成创新驱动、应用牵引、协同发展、安全可控的物联网发展格局"。这些任务的确定、目标的明确、促使政府在相关的政策法规、财政补贴以及人才建设方面有了很大的倾斜，为市场繁荣提供了保障[①]。

3. 第三方运营平台崭露头角

市场经济始终以实现资源最优化配置为主要特征。物联网第三方平台凭借

---

① 尚猛，马聪，常琼航，等.基于郑州国际物流园的高校物流人才专业素质培养研究[J].现代商贸工业，2021，42(7)：23-24.

独特的信息优势，促进了各种要素的整合和优化，形成了平台化、服务化的发展模式。政府的科学引领、市场的灵活组合都促进了这种运营模式的可持续发展。

4. 互联网企业成为物联网发展的重要新兴力量

互联网对企业发展以及人们生活的影响是全面而深刻的。各种形式的商品交易活动也就此得到广泛推广，产品、服务、投资、战略合作等多种营销模式进入物联网发展中。比如，在车联网领域，阿里巴巴这一电商平台，直接和上汽集团合作借助大数据处理技术，直接疏通物流、资金流和信息流各种相关内容，从而取得了最优化结果。又如，"i 车生活平台"是由腾讯出头，联合中国人保、壳牌两家共同打造出来的，可以提供一站式汽车生活服务。再如，在智能家居领域，阿里巴巴与美的合作，旨在远程管控这一方面取得突破性成果，从而更好地满足人们的生活需求。此外，华为、搜狗、百度等互联网企业在打造智能家居生态圈方面也展开了的探索，力图实现智能路由器技术的核心突变，其推出的智能灯泡、智能摄像头等相关的生活物件层出不穷。在国内 BAT 三大互联网企业的大量资金支持下，居家看病、远程挂号、远程会诊等多种形式的互联网医疗服务的应用技术得到了很大发展，应用范围得到了扩大。

二、物联网的应用前景

（一）物联网与其他领域的融通

1. 物联网与智能家居

智能家居可以灵活处理住宅生活问题，免除人们亲力亲为的种种限制。要做到这一点，需要利用现代化的网络通信技术、安全防范技术、音视频技术等，并将与家居生活有关的各个子系统（如安防、灯管控制、窗帘控制等）有机地结合在一起，实现"以人为本"的全新家居生活体验。现在比较普遍的或者是初级阶段的智能家居表现就是网络化的家居管理模式，如冰箱上网、电视机上网、微波炉上网。随着科技的发展，智能家居的概念也不断进步，基于小区的多层次家具智能化解决方案已经出现。

智能家居的概念和应用在中国只有十年左右的发展历史，但是其推广和发展是迅速的。目前，在物联网的基础上，物联网智能家居应运而生。但是，其还在初步发展阶段，在中国只有少部分用于试点研究安装，真正用于生活的还不多见。无论是技术的发展程度，还是资本投入的风险性、产品的实用稳定性，都有太多的矛盾需要解决。所以，物联网智能家居要想有一个良性发展的趋势，就必须构建一个统一的标准体系。

2.物联网与智能农业

所谓智能农业，是指借助现代化的技术设备，指导农业生产销售等活动的一种新兴产业。它是现代化农业发展的重要标志，也是未来农业发展的必然趋势和最终结果。

物联网对智能农业的影响主要体现在以下五个方面。

（1）物联网技术引领现代农业发展方向。

（2）物联网技术推动农业信息化、智能化。

（3）物联网技术提高农业精准化管理水平。

（4）物联网技术保障农产品和食品安全①。

（5）物联网技术推动新农村建设。

3.物联网与智能物流

物流是实现实物商品交换的基础保证，是国家振兴规划产业中的重要组成部分。智能物流是信息化与物联网应用综合的重要表现，主要是指货物从供应者向需求者的智能移动过程。在这个过程中，借助智能化手段，降低物流成本，提高物流效率，实现物流活动的一体化。从表面看，我国的物流产业四通八达，繁荣景气，也有相对成熟的应用，如物流过程中随时可供查询流程进度的智能管理网络系统、智能化的企业物流配送管理、企业的智慧供应链等。实际上，大部分企业的经营管理模式并不乐观，物流行业信息化水平还比较低，缺乏系统的IT信息解决方案，平台功能不够健全，无法满足广大客户的各种需求。首先，前期要投入大量的人力、物力实现系统的升级换代，初期成本相当高。其次，数据读取的可靠性，目前还没有完全成熟的技术，而且数据的读取还与环境等因素息息相关，容易受到它们的限制；数据的读取需要经过网络的传输，而网络本身存在信息安全隐患，故网络的信息安全使智能物流的发展在网络上存在风险。

4.物联网与智能医疗

医疗改革涉及方方面面，不仅要实现直观经济上的惠民，还要设立就医便捷通道。互联网技术在医疗领域的应用受到我国政府的高度重视，并通过和各大互联网平台以及银行等部门的合作，展开试点实验。目前，智能医疗结合无

① 尚猛，曹峻玮.基于鲨鱼优化算法的农产品物流配送路径优化[J].扬州大学学报（自然科学版），2019，22(4)：1-5.

线网技术、物联网技术、条码、移动计算机技术、数据融合技术等，提高了医疗诊疗流程的服务效率和服务质量，提高了医院的医疗和管理水平。在远程医疗方面，通过物联网技术，可以使病人信息、病情信息等实时记录、传输与处理，使医院内部、医院之间通过网络实时共享信息。未来，在医疗领域，物联网将借由数字化和可视化模式，使医疗资源让更多人共享。

5.物联网与节能减排

在经济发展的同时，保护环境、实现节能减排非常重要。长期以来，巨大的资源浪费和环境污染给人们的日常生活和长远的经济发展都带来了明显的困扰。借助物联网的优势，实现节能减排，是经济持续发展的必然选择，也将成为学术界的一个研究热点。

目前，在这一方面的研究还处在初步阶段，但是也有很多明显的运用优势。一方面，借助智能设备，进行各种数据的收集，从而实现智能的调节；另一方面，加紧技术的研发，发展低能耗的新产品。

（二）物联网未来发展趋势

当前，关于物联网的讨论层出不穷，相关学者认为这是实现产业转型、提高生产效率的重要机会。不仅政府积极进行信息化设备的建设，各大企业也想借此掌握企业发展的新机遇。

物联网的市场前景可以说是广阔的。在军事领域，通过无线传感网，可将隐蔽分布在战场上的传感器所获取的信息回传给指挥部；在民用领域，物联网在家居智能化、环境监测、医疗保健、灾害预测、智能电网等方面得到广泛应用；在工商业领域，物联网在工业自动化、空间探索等方面得到广泛应用。

根据市场经济的基本特点，结合区域性发展的特点，未来全球物联网将朝着规模化、协同化和智能化方向发展。这是必然趋势，也是各国的主要发展方向。

1.规模化发展

随着世界各国的经济联系日益密切，大规模级别的项目也得到大力推广。物联网的发展优势和未来地位是有目共睹的，因此各个国家都在支持和推动物联网发展。尤其是一些国家推动的国家极项目，如美国智能电网、日本i-Japan、韩国物联网先导应用工程等，能吸引大批有实力的企业进入物联网领域，大大推进物联网的应用进程，进而为扩大物联网产业规模起到积极作用。

2. 协同化发展

产业经济越是高度发展，其分工和专业化要求就越高，不同环节之间的协调沟通任务也就显得越重要。另外，随着跨国大企业的发展，信息的互联、互通、互操作也有了新的要求。物联网借助智能化设备，可以实现协同化的合作发展，最终形成不同行业和领域资源共享、优势互补的全球化物联网应用体系。

3. 智能化发展

智能化发展并不是简单地把人们从体力劳动中解放出来，而是要实现在真实世界和虚拟空间之间的智能化流动。目前，物联网应用只处在简单的物体识别和信息采集的低级阶段，而感知、网络交互和应用平台可控可用将是未来发展的主要内容。

此外，传统行业和物联网的结合并不是简单的叠加，其不仅需要技术上的支持，还需要考虑行业本身的各种特质。现阶段，简单的消费品、日常商品交换是重点内容，其他行业的应用处于起步阶段，产业支撑力度不足，行业需求尚需引导。一个成熟的新经济发展模式需要多年培育和扶持，更需要政府的监管和引导。未来几年，物联网在全球范围的大发展是可预见的趋势。各国都会综合分析本国的实际国情，确定物联网应用的重点行业和领域，而电力、交通、物流等关系国计民生的基础设施必将是重点规划领域，这些将成为物联网发展的主要方向。

总之，从物联网的市场来看，未来物联网市场的行业规模和发展速度都非常可观。

第二章　应急物流的理论综述

大自然本身是神秘的，力量也是巨大的，经过千万年发展的人类尽管有着高科技的支持，但是在突发性的自然灾害面前依然会措手不及，损失惨重。自然灾害，如大地震、大海啸等，层出不穷。除此之外，人为制造的祸端也是威胁人类安全的重大因素。这些威胁人类安全的因素严重考验着人们的应急机制。一方面，这些因素难以预测；另一方面，应对措施不合适，交通不便，物资、人员、资金难以迅速到位。这样，就难以使事件得到快速、有效的处理。这里面不仅包括国家层面上的应急机制、法律法规、物资准备等方面，还包括在具体过程中企业发挥的作用。中国处在自然灾害高发的地理位置上，急需对应急物流的内涵、规律、机制、实现途径等进行研究，从而做到有效防范，并实现成本投入的最有效化。

第一节　应急物流的含义、分类与特点

一、突发事件的解读

《国家突发公共时间总体应急预案》对突发事件进行了定义："本预案所称的突发公共事件是指突然发生，造成或者可能造成重大人员伤亡、财产损失、生态环境破坏和严重社会危害，危及公共安全的紧急事件。"下面将从相近的词汇、不同的角度展开分析。

（一）突发事件相近概念

1. 紧急事件

突发事件属于我国的特有词汇，英语翻译则是 emergency events（紧急事件）。一般而言，emergency 是个体的、家庭的或者其他较小单位面临的即时性的问题，而不是我们强调的大规模的、急需处理的事件。这可能是中外文化的区别。比如，学校的学生陆续出现身体不适的问题，这是需要立刻解决的事情。按照我们的理解，这属于突发事件，也属于紧急事件。另外，从汉语词汇的严谨角度分析，突发的内涵与外延相对直接，突发事件强调的是事件发生的突然性和意外性，不一定就是需要立刻解决的事情。紧急事件则强调事件解决的紧迫性和急切性。一般而言，"紧急"总是与事件发生的突然性、主体反应时间的有限性、需要立即采取行动密不可分。因此，我国将突发事件定义为紧急事件。

2. 危机事件

危机事件也是一个常用名词。危机是从情境出发，强调了严重性、紧急性以及突发性。一般而言，其有三个鲜明的特征：突袭、决策时间的短暂和对被重视的目标的威胁。这主要挑战决策者的应变能力，和突发事件有一定的区别。首先，危机通常是指人祸而非天灾，现状是多个人已经处于不利处境，需要面对并且成功解决具有高度危险性和高度不确定性的情形。突发事件则可以是天灾，也可以是人祸，通常情况更加复杂，而且需要解决的问题更多。其次，突发事件的负面影响一般是显而易见、被大众感知和了解的。从危机事件的负面影响看，人们的关注度和感受程度更容易是隐性的、潜在的。此外，突发事件强调突发性和即时性，危机事件则强调即将到来的某种严重后果，突出解决不好的负面结果和深远影响，更加具有紧迫性和能力性的挑战意味。可见，危机事件强调严重性，处于呈爆发局面的前期阶段，而突发事件是指已经发生的事件，强调的是下一步的解决措施。

3. 灾难

灾难一般是指结局比较悲惨、过程中的救援难度大、损失惨重的事件。灾难一般是强调人们无力彻底解决或者改变的一种情况，强调人们的被动状态。灾难主要来自自然界或人为的事故（如空难、海难事故等），这些事件不可控，人们的预测能力和急救能力有限。与突发事件相比，灾难的时间可长可短，不易控制，而且会对人们的身心健康产生直接影响。。

4. 风险（Risk）

风险是因产生意外而遭受损失的一种可能性。风险是无处不在的，如通货膨胀、产品积压、交通意外等。风险强调有可能发生，是一种潜在危险，一般都具有征兆，是人们的一种主动认识和判断。从理论上讲，风险是可以规避的，人们可以建立一定的预警机制及时应对。而突发事件强调的是已经发生，人们现有的能力很难预测其发生，只能直面结果。随着经验的积累，人们的风险观念与风险意识提高，进而能对许多突发事件做到未雨绸缪，化被动为主动。

综上所述，紧急事件、危机事件、灾难、风险这些与突发事件相近的、相似的概念，学者都进行了全面的分析和定义，并明确了它们之间的异同点。由于国内外文化背景的不同，国内学者比较强调突发事件的突发性、异常性和破坏性，国外学者则喜欢从发散思维的角度，将事件放到更大的社会环境中分析和思考，对解决事件提出了更多具有预见性和指导性的建议。

（二）突发事件的特点

根据我国学者朱力的观点，突发事件中可以归纳出以下几个特点。

1. 突发事件的超出常规

突发事件强调的是突然发生，超出人们的一般理解。突发事件虽然前期可能有某些规律和征兆，但是并没有较多的经验可以借鉴，导致人们忽视了这些规律和征兆。人们经常用偶然形容突发事件，即事件发生的地点和时间实际规模、具体形态等都具有一定的随机性。从严谨的角度讲，所有的偶然都是某些行为的必然。但是，人们的能力和经验有限，导致这些情况都难以预测，难以对事件的发展方向做出快速、准确的判断。另外，突发事件也是事物内部从量变到质变的过程，需要借助一定的时空契机诱发，这些很难预测和监控。由此可见，人们认识和预测突发事件的难度。

2. 突发事件的临时发生性

一般而言，突发事件的发展进程极快，从初期的预兆到发展的高潮，再到最后的结束，周期非常短暂。比如，地震通常是以迅雷不及掩耳之势爆发的，给人们造成的损失是难以预料的。也有一些周期比较长的突发事件，如全球范围的传染病，虽然事发突然，但是长期困扰着人们的生命安全。这主要是因为人们的应对措施不够全面，所以其难以被有效解决。突发事件的发生主要是因为人们的意识和能力与对应的环境需求之间常存在严重脱节。整体来说，人类的信息共享能力和分析反应能力还不强，整个社会对突发事件的相关信息处于短缺状态，因而难以判断或做出正确的反应。从个体心理学来说，突发事件太过突然或者太过强大，人们完全没有思想准备与心理准备，因而来不及对事件做出任何判断，易在心理上产生恐慌，进而表现在行为上就是不知所措。

3. 突发事件带来更深重的危机

祸不单行是指为不好的因素连在一起很容易造成诺米牌效应。这就是一件危机事件出现之后，更多、更大的危机爆发的原因。比如，地震后的瘟疫、核泄漏后的生存。现代社会通信发达，突发事件很容易引起大众的恐慌。另外，从逻辑上讲，突发事件在很大程度上考验着人们的应对能力，如果不能处理好，可能会进一步恶化，发展成为局部地区甚至全社会的危机事件。如果突发事件处理得当，一切都在控制中，并朝着好的方向发展，危机就得到解决。突发事件暴露了社会管理体制的薄弱处和管理者管理能力的局限性。如果人们能够吸取相关的经验和教训，建立完善的预警机制，也可以变危机为机遇。

4.突发事件带来巨大的危害性

突发事件会威胁人们的生命安全，给人们和社会造成各种经济财产的损失。另外，突发事件不是单一的存在，容易引起连锁反应，使事件本身不断扩大，卷入更多的人和事，扰乱人们的日常生活秩序。这包括人力、物力、财力甚至生命的损失，给人们的心理造成伤害，破害社会秩序。总之，突发事件是负面事件，而非中性事件。

（三）突发事件的分类

为了便于研究突发事件，学者根据不同的社会事件案例，从不同角度对突发事件进行了分类，以便进一步理解突发事件。

1.以自然因素与人为因素划分

属于天灾还是人祸是人们划分突发事件最常用的方法。洪水、干旱、高温、林区大火、地震、山崩、龙卷风、火山爆发等都是自然界的客观环境造成的。这种自然性的突发事件通常是不可抗力造成的。车祸、火灾、房屋倒塌、矿难、危险物质泄漏、恐怖事件、战争等都是由于人为因素造成的。封建社会时期，自然科学不发达，人们对天灾无能为力，只能采取求神拜佛的方式。现在，随着自然科学的发展进步，人们能够更好地去处理这些问题。例如，2004年的印度洋海啸，如果人们前期的预警分析到位，那么完全可以使危害最小化。还有很多自然灾害与人类的生产活动密切相关。因此，人们可以控制自身的行为以减少突发事件。

2.规模和范围划分

事件的大与小都是相对而言的。根据规模和影响范围划分突发事件也很常见。比如，美国"9·11"事件后，世界各地的恐怖主义都受到影响，这是国际性突发事件，即一个国家的突发事件在综合环境的背景下，对全国乃至全世界的经济、文化、政治、军事等各方面产生了负面影响。另外，还有全国性的、地方的或者组织的危机。但是，在经济全球化的背景下，这种突发事件难以独自存在，有可能把更大的区域卷入突发事件中，对这些地区产生负面影响，比如，埃博拉从非洲发展成全球性的问题^①。目前，根据各类突发公共事件的性质、严重程度、可控性和影响范围等因素，国家一般将突发事件分为四级：Ⅰ级（特别重大）、Ⅱ级（重大）、Ⅲ级（较大）和Ⅳ级（一般）。其中，特别重大是指需要动员政府和全社会力量乃至国际力量解决问题。印尼海啸就属于特别重大事件。重大事件是指需要动员、调动诸多职能部门和多方面的社会力量解决问题。较大突发事件是指在局部地区造成人、财、物损失的事件。一般突发事件是小范围内的、造成较小损失的突发事件。

3.以突发事件发生的领域和其性质为标准划分

（1）自然灾害

人们对自然的了解和规律掌握还不够深入。面对由自然因素导致的突发事件，如旱涝等各种气象灾害，以及地震、地质灾害，海洋灾害、生物灾害等时，人类还无法完全抵御自然破坏力，难以有效掌控和把握。

（2）事故灾难

事故灾难是指由于决策失误、管理不善、工作粗心等导致的各种安全事故。比如，矿难事故、交通运输事故、公共设施和设备事故、环境污染和生态破坏事件等。事故灾难类突发事件主要是人为因素导致的，也有可能是客观和主观多种因素结合而来，是现代技术发展的副产品。

（3）公共卫生事件

传染病是现代人们最大的安全杀手之一。群体性不明原因疾病、食品安全和职业危害、动物疫情等都属于危害公众健康和生命安全的事件。这类突发事件通常是由不被人们认识和掌握的病菌引起的。

（4）社会安全事件

这主要是人们的利益冲突导致的，如恐怖袭击事件、经济安全事件、涉外冲突事件等。一般而言，社会安全事件是人为制造的，其具体的发生规模、持续时间、危害和损失等都有详细的设计。

二、应急物流的定义

根据《物流术语》（GB/T 18354—2006）的解释，应急物流是针对可能出现的突发事件提前做好预案，并保证在事件发生时能够迅速付诸实施的物流活动。可见，应急物流和一般物流具有一定的共性，存储、运输、配送和信息处理等环节都体现了物流的功能性活动。应急物流的特殊性是指其发生需要具备

---

① 夏清华，李勤.中国应急物流建设的研究 [J].中国物流与采购，2021（1）：40-43

一定的背景，是为了抢救人们的生命、财产，一般根据突发事件发生的性质、严重程度、影响范围等因素，采取对应的应急物流方案。

三、应急物流的分类

（一）突发自然灾害应急物流

突发自然灾害应急物流是为满足自然灾害救援的物资需求，以超常规手段组织应急物资从供应地到需求地的特殊物流活动，在近几年自然灾害的救援活动中发挥了不可替代的作用。我国是世界上自然灾害频发的国家，其中比较典型的自然灾害有地震、洪灾、森林火灾和低温雨雪冰冻灾害等。

2009 年，国务院新闻办公室发布的《中国的减灾行动》总结了我国自然灾害的几个特点。

首先，我国地形丰富，导致灾害种类多。各种气象灾害、地震地质灾害、海洋灾害、生物灾害和森林草原火灾在每年都会或大或小地发生。其次，灾害范围广，人们深受影响。受到经济和环境发展关系的影响，我国大部分人口分布在气象、地震、地质、海洋等自然灾害严重的地区，因此频繁地遭受各种自然灾害。再次，发生频率高。我国位于亚欧板块、太平洋板块及印度洋板块的交汇地带，地震频发；东部沿海地区平均每年约有 7 个热带气旋登陆，局地性或区域性干旱灾害几乎每年都会出现。最后，损失严重。据不完全统计，近 40 年来发生的灾害平均每年造成近 2 万人死亡。2008 年的汶川地震、2010 年的玉树强烈地震和舟曲泥石流以及发生在中国南方地区的特大低温雨雪冰冻灾害等均造成重大损失。

1. 自然灾害应急物流保障的特点

（1）灾害救援行动具有不同的物资需求

自然灾害救援行动专业性强，每一种自然灾害都表现出不同的破坏机理，产生不同的破坏效应，需要的救援准备也各有差别。首先，救援人员必须对这种灾害的发生具有专业的、全面的了解，能够根据实际情况做出科学判断，进而才能够科学施救，提高效率。其次，不同自然灾害会出现相对集中的专业化的物资需求。物资的分类要专业化。物资可分为日常生活用品、医疗救助物品、临时食宿物资、污染清理物资等，共 13 类。最后，物流运作必须保证专业化。这种为了应对自然灾害的特殊物流活动强调急事急办、特事特办、按照程序快办，时间第一、效率至上等。

（2）灾害救援具有紧迫的黄金时间限制

在突发事件面前，时间尤其珍贵。突发事件不可避免地会立刻造成大量的生命死亡和财产损失，也会存在急需救助的幸存者和可挽救的财产。比如，在地震或者矿难等掩埋性灾害中，人们的生存期限也就是三天左右，这被称为黄金救援时间。只有合理安排时间，才能尽可能地减少遗憾。如果反应缓慢、处置不当，就会造成无法弥补的重大损失。因此，灾害救援一是 必须保证物流通道的畅达度，确保救灾物资的物流通道畅通无阻；二是运载工具的高效能，确保运送救灾物资的运输工具必须高效、可靠；三是运输团队的人员安排、物品调度、运行道路等都需要科学规划，以有序、快速地运输物品。

（3）自然灾害应急物流牵涉面广，呈现多元化特征

自然灾害应急物流常常是多方合作，从物品调度开始到最后的分发应用要切实发挥作用，并且需要多种力量联合进行。不同的参与单位提供的帮助或者是对应的物流运输能力也各不相同。另外，不同的受灾地区对物资保障的需求也不同。一是物资需求多元化。因为自然灾害不同、受灾程度不同、地域特征不同，所以需要提供的物资帮助不同。二是保障对象多元化。自然灾害的救助中，不仅有灾民，还有各种救灾组织，这些都需要得到妥善安置，获得一定的物资保证。三是运输手段多元，根据灾害救援的实际情况，采取多种运输手段，包括汽车运输、运输船运输、运输机运输、管道运输甚至人力运输等。

2. 自然灾害应急物流保障的主要内容

应急物流保障活动中的转运、配送、分发等动态过程和功能环节会受到具体灾情和社会状态的实际影响而有所变化。整个应急保障工程是非常复杂的，涉及众多的环节和方面。要想做好供应链方面的工作，需要注意以下几个方面。

（1）物资整合

实际的物资是展开救援的基础。在现代社会，政府有一定的储备物资，但是不能只依靠政府，必须整合各方面的资源，才能实现资源的最优化处理，保证长远的社会稳定持续发展。首先，整合的途径和方法，政府库存物资调拨、应急采购与征用、社会捐助等。在这个过程中，应急采购的组织也需要专业化，需要熟练组织商务谈判、做好产品质量检查以及出厂验收、办理结算手续等各环节的工作。其次，不同时间段物资筹措的重点不同。例如，地震灾害中，前期阶段，帐篷、药品、专用工具是保证黄金救援落实的重要保证，食品也是不可忽视的重要物资。到了后期，这些救助工具的需求量就会大幅下降。这需要应急救援人员能够做好相应的规划安排。

（2）集配组套

救援物资的数量是巨大的。这就需要在物资筹备丰富的情况下，展开配套集装，有针对性地把配齐的各种物资进行包装集装化。这样，不仅可以提高物资运输的速度，还可以降低物资收发时的出错率。目前，集配组套模式已经得到大力应用，成为自然灾害应急物流的共识，并取得不错的应用效果，提高了运输效率。

首先，集配组套的时机必须灵活把握，并提前对各种影响因素进行分析，如预计的时间，可能会经过的方向、地点，整体的物资储备情况，沿途的地理环境，运送的规模和队伍，并和相关人员进行沟通确认。这样，才能选择合适的物资集配地，做好相关的组配和投送工作。

其次，集配组套的方法。物资的具体种类和内容是不同的。不同的物资模块需要的具体组套内容也不相同，通常需要提前进行组配。比如，基本生活物资模块不仅要包括方便食品、饮用水等食用方面，还要有棉衣、棉被等保暖物品；医药物资模块需要包括各种药品、药材、药械等，具体的药品、药材也需要因地制宜。一般而言，物资"任务化"组配由众多的人员协调完成，人们进行提前组配时会根据综合情况展开全面分析，从已有的和需要的两个角度展开，将各专业物资进行数量规模、品种结构上的合理搭配，从而满足具体的保障需求。

（3）紧急发运

时间是第一要务，自然灾害应急物流保障就是要第一时间把需要的物资送出去，以满足灾区群众的需求。紧急发运是关键。运力也是一个复杂的活动，各环节的协调、高效的运力才能保证运输的有序性，实现投放的及时性。灾情初期一般都比较混乱，有序的物资运送支持对救援行动具有决定性作用。由于抢救和运送物资的重要性，以及救灾工作的繁忙和急迫，因此押运非常重要。

（4）分发配送

分发配送是物流最后一个环节，也是最关键的一个环节。灾区的道路环境一般都比较差，如果不能及时把物品送到目的地，前面的物流运行再顺畅也是没有意义的。做好分发配送要做到以下几点：①认识重要意义，科学组织分发配送；②弄清需求信息，避免无序分发配送；③搞好包装标识，确保有效分发配送。

（5）回收利用

任何时候都要考虑资源的充分利用和环保运用。回收利用一些可回收物品，不仅可以解决灾区资源紧张的问题，还对迅速恢复持续的物资保障能力具有重要的意义。物资回收利用主要有三种方式：①调剂使用；②整理归还，即产生损耗的物资可以进行修补再次利用，未使用的归还物资储备库；③核销报废。

（二）突发事故灾难应急物流

事故灾难应急物流是为了提高应对事故灾难的速度，确保社会安全运行需要的重要物资能够迅速、高效、有序地调度与供应。

1. 事故灾难及其特点

事故灾难，顾名思义，是指在人们生产和生活过程中发生的具有灾难性后果的事故。这种事故迫使人们的活动暂停甚至永久停止，造成了大量的人员伤亡和财产损失，或者引发了严重的环境污染。这种事故违反了人们的意志。

事故灾难具有因果性、可预防性、潜伏性、随机性等特点。

（1）因果性

事故是由相互联系的多种因素共同作用的结果，具有一定的因果性。

（2）可预防性

事故灾难具有可预防性的特点只要采取正确的预防措施，任何意外事故都是可以预防的。

（3）潜伏性

从表面上看，事故是一种突发事件，但是事故发生有一定的潜伏期。事故发生前，人、物、环境等系统所处的状态是不稳定的，即系统存在着事故隐患，具有危险性。

（4）随机性

随机即偶然，事故具有随机性特点，即事故发生的时间、地点以及其产生的后果的严重程度是偶然的。

2. 突发事故灾难应急物流的实施

应急物流运用现代信息技术，通过采购、运输、包装、配送等方式，将应急物资整合在一起，使时间效益最大化，灾害损失最小化。其内容包括通信信息保障、救援装备物资保障、交通运输保障、医疗卫生保障、资金保障和物资保障。

突发事故灾难应急物流的组织与实施涉及不同层次、不同系统的组织机构（国家、行业组织、物流企业），还涉及不同的组成要素，如采购、人才、法律等。因此，在事故灾难应急物流保障的组织与实施的过程中要综合考虑、全面整合，系统地看待问题和解决问题。

（1）迅速筹措应急物资

应急物资是针对突发事件而使用的物资，它的筹集势必具有一定的强制性和社会性。一方面，应急物资的提供方式有多种，如政府提供的公共物品、企业和个人的自主采购、社会的公益捐赠等；另一方面，结合应急物资的分类特点，可以采用不同的采购方式。

（2）合理、快速配送应急物资

应急物资供应的最后一环是配送，合理的配送发放原则是"先急后缓，突出重点，统筹安排，合理使用"，只有建立一套灵活合理的应急物资分发配送保障体系，才能最大限度地提高应急物资的救助效果。只有保证应急物资都发挥出其最大的作用，才能使民众得到基本的生活所需。

（3）进行现场应急救援指挥

目前，我国的应急救援指挥以属地为主，现场应急救援指挥部由事发地政府成立，所有参与应急救援的队伍和人员都由现场应急救援指挥部指挥，事故灾难事态发展及救援情况也由现场应急救援指挥部负责向国家有关部门报告。涉及多个领域、跨省级行政区或影响特别重大的事故灾难由国家有关部门组织成立现场应急救援指挥部，并负责应急救援协调指挥工作。

（4）建立事故灾难应急救援组织体系

国家有关部门、地方政府事故灾难应急领导机构、专业协调指挥机构、综合协调指挥机构、应急支持保障部门、应急救灾队伍以及生产经营单位组成突发事故灾难应急救援组织体系。消防部队、专业应急救援队伍、生产经营单位的应急救援队伍、社会力量、志愿者队伍及有关国际救援力等构成应急救援队伍。

（三）突发公共卫生事件应急物流

每次突发公共卫生事件发生时，国家都要将大量的应急物资通过应急物资运送到事发地点，对灾情进行紧急救助。个别地区的公共卫生事件突发性很强，平时没有足够的赈灾物资储备甚至完全没有储备，这就需要对应急物流的特点、保障机制等进行研究，以使灾情引起的影响最小化。

1. 突发公共卫生事件应急物流的特点

（1）政府与市场共同组成

应急物流由多种来源组成，主要包括政府提供的公共物品的来源、公益捐助的来源、企业和个人自主采买物品的来源等。与多头来源对应的是多头储备、各自为政的采购与运输，针对这种分散性，需要提前将资源进行整合。所以，要遵循政府、企业、个人多方来源结合的原则以应对重大灾害。

（2）不确定性

对于突发事件的强度、持续时间以及影响范围等，人们无法进行准确的估计，所以应急物流的准备也变得充满不确定性。例如，在2002年"SARS"发生的初始阶段，人们对防护和医疗用品的种类、规格和数量都无法准确估计，随着后期对疫情的了解，对其才有了准确的估算。

（3）非常规性

特事特办是应急物流的一项重要原则，本着此原则，很多无关紧要的中间环节会被省略掉，物流组织更加精简，物流流程更加紧凑，"非常规"色彩表现得十分浓郁。

（4）需求的急迫性和多样性

在突发公共卫生事件发生时，医疗设备、救灾专用设备、通信设备以及生活用品在短时间内的需求量十分大，加上，突发公共卫生事件发生的同时往往会造成运输系统的恶化，如山体滑坡道路被阻断或者地震道路被毁，这对物流的配送系统是个严峻的考验

2.突发公共卫生事件应急物流保障机制

为了更好地防范突发公共卫生事件的发生，确保发生后能采取有效措施积极应对，从政府到地方都要保证应急物流的有效实施，建立相应的保障机制。只有这样，才能有效防范突发公共卫生事件的发生，并在其发生后合理、快速地采取应对措施，使灾情或疫情的损失最小化，以达到控制疫情或灾情的目的。

（1）技术保障

下面从六个方面具体论述技术保障。

①疾病预防控制体系

从国家角度出发，需要健全防控和救治能力，建立统一的疾病预防控制体系，保障公共卫生安全，维护社会经济稳定。从地方政府角度出发，各省（自治区、直辖市）、市（地）、县（市）要建立功能完善、反应迅速、运转协调的突发公共卫生事件的应急机制；加快疾病预防控制机构和基层预防保健组织建设，夯实基层防控的基础，强化医疗卫生机构疾病预防控制的责任；健全覆盖城乡、灵敏高效、快速畅通的疫情信息网络，提高实时分析、集中研判的能

力；改善疾病预防控制机构、基础设施和实验室设备条件；加强疾病控制专业队伍建设，提高流行病学调查、现场处置和实验室检测检验能力。

②应急卫生救治队伍

各级人民政府卫生行政部门应该建立突发公共卫生事件的应急救治队伍，并且强化管理，加强培训，设立并践行一套行之有效的应急处理原则：平战结合、因地制宜、分类管理、分级负责、统一指挥、协调运转。

③应急医疗救治体系

为了更好地应对突发的公共卫生事件，我国在建立一套符合国情、覆盖城乡、功能齐全、反应灵敏、运转协调、持续发展的医疗救治体系，按照"地方负责、统筹兼顾、平战结合、因地制宜、合理布局"的原则，逐步在全国范围内建成急救机构、传染病救治机构和化学中毒与核辐射救治基地。

④卫生执法监督体系

国家应该建立统一的卫生执法监督制度体系。从国家到地方各级卫生行政部门要明确职责，履行职责，落实责任，进一步规范执法监督行为，进一步加强卫生执法监督队伍建设。同时，实行卫生监督员资格准入和在职培训制度，全面提高卫生执法监督的能力和水平。

⑤信息系统

国家应建立突发公共卫生事件应急决策指挥中心与决策系统，负责突发公共卫生事件及相关信息的收集、处理、分析和发布；充分利用现有资源，建立医疗信息网络，实现卫生行政部门、医疗机构和疾病预防控制机构之间的信息共享、协同联动。

⑥加强国际合作

国家要对突发公共卫生事件的预防和处理进行有计划的科学研究，包括现场流行病学调查方法、实验室检测技术、药物治疗、疫苗和应急设备、中医药和中西医结合等，特别是开发新的稀有传染病快速诊断方法、诊断试剂和相关疫苗研究，以积累技术储备。同时，开展突发公共卫生事件应急技术的国际交流与合作，引进国外先进技术、设备和方法，提高我国突发公共卫生事件应急处置的整体水平。

（2）物资经费保障

下面从五个方面论述物资经费保障。

①经费保障

保障突发公共卫生事件应急基础设施建设资金，按照有关规定落实对突发公共卫生事件应急处理专业技术机构的财政补助政策和突发公共卫生事件应急处置资金。根据需要，对边远贫困地区突发公共卫生事件的应急工作给予财政支持。国务院有关部门和各级政府应当积极通过国内外渠道筹集突发公共卫生事件应急处置资金。

②物资储备

根据应急物资储备和管理相关法律条例，各级政府要储备一定的物资用于处理突发公共卫生事件。一旦发生突发公共卫生事件，应根据应急处理工作需要调用储备物资。使用后储备物资不足的要及时进行补充。

③通信与交通保障

各级应急医疗卫生队应当根据实际工作需要配备通信设备和交通工具，以保障正常通信和交通畅通。

④社会公众的宣传教育

充分利用广播电影电视、报刊、网络、手册等多种信息传播形式，对社会公众开展突发公共卫生事件应急知识普及教育，普及公共卫生科学知识，引导群众科学应对突发公共卫生事件。另外，还要充分发挥有关社会群体在普及卫生应急知识和卫生科普知识方面的作用。

⑤法律保障

针对突发公共卫生事件，地方政府或相应的指挥机构应该及时上报，国务院根据上报中出现的新问题、新情况，及时进行调查研究，对法律、法规中应对突发公共卫生事件的不足之处及时进行修订，拟定相应的规章制度，形成科学、完整的突发公共卫生事件应急法律体系。

《突发公共卫生事件应急条例》等有关法律对突发公共卫生事件做了相应的预案，国务院有关部门和地方各级人民政府都要根据预案要求，履行各自的职责，对履行职责不力、造成疫情防控损失的，相关当事人要承担相应的行政甚至刑事责任。

（四）突发社会安全事件应急物流

突发社会安全事件应急物流保障是指对危害社会保障的突发事件及时做出反应，迅速、准确地开展物资收集、储存、运输、分发等工作，以尽快解决突发社会安全事件的快速结束，实现尽快恢复和重建。

突发社会安全应急物流保障是应急物流保障的重要类型，它不仅具有应急物流保障的一般特征，如保障程序和内容等，还具有其独特的特点。从个性化的角度挖掘突发社会安全事件应急物流支持的节点和关键是研究突发社会安全事件应急物流支持的关键。从应急物流保障的整个过程来看，应重点关注以下几个问题。

1. 建立统一权威的联合保障指挥机构

由于突发社会安全事件参与主体力量多，保障对象也多。因此，有必要加强统筹规划，建立权威、高效、统一的联合保障指挥体制。根据中国的政治制度，当突发社会安全事件发生时，可以临时建立由党、政府和军队组成的联合应急保障指挥机构，具体来说，分成四级。

（1）国家、总部级领导机构

设立由国务院和中央军委有关领导挂帅，解放军四总部和国务院各相关部委领导参加的军民结合的最高应急保障联席指挥机构，统一领导和指挥应急物流工作。在总后勤部设立具体办事机构，如应急物资供应管理局，由其负责处理日常工作。

（2）战区领导机构

以事发地域所在战区为核心，组建应急联席指挥机构，由军区、当地政府及相关部门领导参加，统一领导应急处理工作，做好指挥辖区内应急物流保障工作。战区领导机构在纵向上负责承上启下、上传下达，在横向上负责协同协调各个部门。在军区联勤部设立具体办事机构，负责处理日常工作。

（3）责任区领导机构

将事发地域划分为若干个责任区，分别组建由责任区部队领导和当地政府领导参加的责任区应急指挥机构，统一领导和指挥区域内应急物资保障工作。

（4）基本保障力量

根据应急事件的性质和规模，以武装应急物流保障力量为核心，组建军、警、民联合保障力量，开设应急物流中心，对各种救援力量实施综合保障。

2. 完善应急物资筹措机制

应急筹资是地方政府和军队通过计划、订购、市场采购等形式筹集应急物资的活动。应急融资机制的建立要从以下三方面入手。首先，法律法规的制定。根据新颁布的《中华人民共和国国防动员法》，制定了社会保障突发事件应急物资筹措的具体规定，明确了应急物资筹措的责任分工、物资种类和补偿方式，使应急物资筹措真正做到了合法。其次，优化应急物资融资业务流程。具体从物资筹措的六个操作环节入手，优化物资需求调查和资源调查，制定物资筹措战略，制订物资筹措计划，签订购销合同，组织物资采购和物资筹措检查分析等，在直接计划和组织采购的基础上，完成物资筹措工作。例如，在应急采购过程中，可以在采购环节中省略供应商选择、产品选择和产品质量确认等环节，采用预定紧急采购订单法和依靠大规模材料市场采购的方法，以便快速、高效地完成应急物资筹措工作。最后，综合运用各种融资方式。为了提高应急资金筹集的时效性，需要对应急资金筹集的规划订货、市场采购、生产开发、境外进口和民间捐赠等环节进行统筹安排。

3. 做好专项物资合理储备

从近年来社会保障突发事件应急后勤保障实践来看，一线保障武装力量明显不足，重点物资储备的结构和布局也存在问题，有必要建立科学合理的社会保障救助专项物资储备体系。一方面要制定社会保障救济专用物资目录，做好特需物资储备。社会保障救助的一般物资装备主要包括人员消耗品、资料消耗品和装备消耗品三大类。特种材料和设备主要包括警棍、头盔、盾牌、防暴炮弹等。这些物资和装备的杀伤力有限，目的是避免造成人员伤亡，争取政治上的主动权，控制局势。根据军队物资储备的总体规模，按照社会保障救济行动的类别，设计社会保障救济专用物资目录，合理衔接专用物资的类别和级别，区分不同的专用物资，形成一个系列。另一方面，合理地做好物资储备。一是储备分布合理，根据不同类型的设备、工具、物资的功能，科学确定储备地点，尽量减少大规模转移和长途转移，形成"速战速决"的保障模式。二是后备力量结构合理，以部队责任单位为储运单位，形成"积木"的结构关系，可以任意划分或组合，提高安全效率。第三，储备方式合理。针对不同地区、不同类型物资的特点，采用不同的储备方式，确保每个支助特派团储备适当的物资，以应对该地区的潜在安全威胁。

4. 加强社会安全应急物流活动建设

加强物流"活动"建设是提高社会保障应急物流能力的基础。社会安全应急物流活动是以社会安全应急物流的全过程为基础的，即从采购、储存、运输、配送、装卸等方面改善物流运作。首先，要提高各种材料和设备的包装"活性"。社会保障救助专用物资的包装不仅包括成套设备的包装，还包括成品系统的包装，是执勤部队对各种物资设备的集体包装。其次，提高社会保障救助物资办理"活力"。装卸"活动"是指将物料的静态变为装卸的运动状态。由于装卸是应急物流过程中的重复活动，其速度决定了整个应急物流的速度，缩短了每次装卸的时间，多次装卸的累积效应是非常客观的。最后，提高多式运输的"活性"。比如，只有加强铁路、航空运输、公路联运、陆水联运等不同运输方式之间的联系，才能真正发挥各种运输方式的优势，提高社会保障应急物流的"活性"。

二、应急物流的特点

应急物流属于物流的一个分支，因此也具备普通物流的基本功能，如储存、装卸搬运、运输等基本功能。此外，应急物流作为一种特殊的物流，也有其特殊的性质。

（一）突发性和不可预见性

突发事件有两大特征，即突发性和不可预见性，这是区别于其他事件的标志性特征。应急物流是因为突发事件的发生而被需求的，所以应急物流也具备突发性和不可预见性。突发性是绝对的，不可预见性是相对的。在正常情况下，人们很难预测即将发生的事情。但是，随着科学技术的发展和进步，我们现在可以预测绝大部分以前无法预测的灾难。完善安全防范措施，降低发生安全事故的概率一直是处理突发事件的首要任务。

（二）全面参与性（社会公益性）

应急物流需要在很短的时间内筹备大量的应急物资并运送至灾区，对时间的要求极高。应急物流需要统一的组织机构、专业的协调指挥人员及无限的集货能力，需要依靠多方力量（政府、部队、医务人员、志愿者）才能完成，社会公益的成分更多，并不是简单的一个或者多个物流企业可以完成的，也是应急物流不同于普通物流的特殊之处。突发性灾害发生时需要的应急物资的数量庞大、种类繁多，只依靠一家物流中心是无法运作的，这就需要在政府组建的应急救灾指挥中心的组织下由多家物流企业和物流中心共同参与完成。

（三）不确定性

应急物流作为一种具有突发性和不可预见性的物流，其不确定性伴随着突发性事件的发生，无法准确估计灾害的范围和持续时间，二期的应急物流运输的货物数量无法确定。应急物流不同于供应链物流，它不能根据客户订单提供产品或服务。突发事件和未知变量导致物流需求具有不确定性，物流需求额外增加，更严重的未知事件也可能导致最初的应急目标和当前的任务发生变化。

同样，地震灾害发生时，处于救援初期的人员的生命和财产安全也受到威胁。随着余震的减少，疫情的预防和控制将更加受到重视，应急物流的任务目标也随之发生变化，医疗用品和其他救生物资的需求量大幅度增加。

（四）弱经济性（强时效性）

"应急"是应急物流的最大特征，在应急物流中应用普通的物流概念不能满足应急物流的应急需求。物流效率和效益是普通物流追求的两个目标，而应急物流不会以经济效益为中心目标，在大多数情况下，应急物流的物流效益是通过实现物流效率体现的。在特殊情况下，应急物流的本质可能成为单纯的消费。一方面，当地需求将大幅度增加，导致救灾物资价格大幅度上涨，这显然会导致采购应急物资的成本大幅度上升。另一方面，为了保证救灾物资及时、快速地运送到灾区，在选择交通工具时，往往选择交通便利、速度快的交通工具，但这些交通工具的运输成本往往很高。同时为了满足灾区对一些特殊救灾物资的需求，可能会牺牲其他物资的运输，从而导致应急物资运输成本的增加。这表明了其经济薄弱。

（五）非常规性

应急物流作为一种特殊的物流活动，可以省略一般物流活动的许多环节，使应急物流的整个过程更加协调、物流组织的功能更加明确。本着临时性原则，应急物流的非常规色彩更加明显。在紧急救援活动过程中，统一指挥救援工作需要有一个中央集权机构，从而确保及时、准确地开展紧急救援活动，统一协调指挥。

（六）物资来源的广泛性

一般来说，物流活动需要的物资基本由企业与供应商合作获取，而应急物流是一种社会公益性的物流活动，采用了不同于业务物流活动的采购组织模式。紧急救援物资的供应包括政府采购与储备的部分防灾物资、社会各界筹集的物资以及企业捐赠等。由于灾后需求的紧迫性，政府机构在采购材料时往往采用邻近原则选择供应商。

（七）需求的随机性和事后选择性

需求的随机性和事后选择性是应急物流活动中物资需求的两个特征。应急物流物资需求的随机性是指要在很短的时间内采购需要的应急物资以保证供应，所需物资的数量和种类具有很大的随机性和不确定性，因此很难进行预测。事后选择性是指由于灾害而不能事先知道所需应急物资的数量和种类，需要事后进行选择。对于企业来说，一般它们的物流活动是根据客户预先订购的物料提供需要的物料种类、数量和交货时间及地点。

第二节　应急物流的产生与发展

一、应急物流产生的原因

自然因素或者人为因素都会产生应急物流需求。具体来说，应急物流产生的原因可以归纳为以下几类。

（一）自然灾害

自然灾害频发，如地震、台风、山体滑坡、泥石流、洪水、干旱、火灾等，因此会产生大量的应急物流需求。事实上，中国的相关组织一直重视防灾减灾工作，储备了大量的救灾物资以备不时之需。

（二）决策失误

由于决策需要信息的不完整性和决策者的素质限制，没有任何一个决策者能够保证所有决策都是正确的。一旦决策错误，就会造成重大损失，这些损失往往反映在物流系统中。近年来，制造商在紧急情况下，使用飞机运输空调的情况屡见不鲜。决策不能保证没有错误，但在错误发生后要有一个计划，只有这样，才有可能有效降低应急物流成本。

（三）国际环境复杂

目前，国际环境日趋复杂，中国的对外贸易量迅速增加，其中我国的石油、钢铁等重要能源和原材料成为主要的出口产品。石油和钢铁原材料的产业链供应非常复杂。中欧进出口的货物几乎都是通过海路，不仅苏伊士运河和马六甲海峡这些海上航线会遭到武装强盗和恐怖分子的袭击，陆上和空中航线还会受到战争的威胁和破坏。因此，我国亟须建立石油应急物流体系。

（四）消费者权益保护

一些物流公司为了保护消费者的权益，消费者退货给商家目前已更加自由和方便。2003 年 4 月 1 日起，北京市实施了《电子市场质量管理通用标准》。根据该标准，每个商家应当公开召回货物，并提前支付赔偿金。然而，中国本土企业公开召回产品存在很大的困难，即不少企业没有自己的应急物流处理系统。一旦发生召回事件，企业会产生较大的紧急物流成本，这样就增加了产品的销售成本，企业的净利润也会受到严重的影响。在保护消费者权益与兼顾自身利益的双重目标下，生产企业必须建立属于自己的应急物流体系，以应对紧急退货或产品召回事件。除了上述原因外，第三方的原因也可能导致企业产生应急物流需求，如由于道路建设，开放道路绕行时间的延长，交货时间的延长，或者由于信息传输错误，货物虽然及时到达，但不能及时提取等，影响建设期和市场销售。这些原因既包括客观因素，又包括人为因素。企业应该通盘考虑，认真筹划，针对企业经营中可能出现的各种应急物流需求尽早地制订相应的计划，以有效预防产生过高的紧急物流成本，最大限度地提升自身利润。

二、国外与国内应急物流发展

（一）国外应急物流发展

经过美国、日本、等国家多年的探索和发展，大多数国家已经形成了运行良好的应急管理体系。

1. 美国应急体系

经过多年努力，美国建立了应对各种自然灾害的综合应急体系，形成了"行政长官领导、中央协调、地方负责"的应急管理属性。面对地震、飓风、火山、洪水和其他可能造成重大伤亡的自然灾害，美国联邦政府宣布进入联邦紧急状态并启动应急计划。所有的灾害预防和反应将由联邦应急管理局专业管理，并快速反应和处置。对于各种防灾救灾工作，美国更重视预防工作，平时强调使用先进的高科技设备与手段进行模拟演习。与此同时，人口密度不同，救灾计划也不同。人口密集的大都市和人口稀少的地区有不同的救灾计划和方法。值得注意的是，美国的救灾规划也有相应的安全组织体系，即通常与警方合作承担各种安全任务，在发生重大灾害时进入紧急救灾系统开展救灾任务。在救灾领域，美国联邦应急管理局设有专门的后勤管理单位，主要负责救灾物资的储备和管理，预测各级各类救灾物资需求，规划救灾物资的分发路线，建立救灾物流中心等工作。当灾难发生时，后勤管理单位迅速进入应急状态，根据灾难的需要接收和分发救援物资。根据美国法律，开展紧急行动的权力属于地方政府。只有当地方政府寻求援助时，上级政府才会使用适当的资源加强援助，而不是接管地方政府处置和转移这些资源的权力。一级州政府在地方政府应对和应急能力不足时给予支持，联邦政府在州政府应急能力和资源不足时给予支持。在发生重大灾难时，绝大多数联邦援助资金来自总统赈灾基金，该基金由美国联邦紧急事务管理局管理。在国际救灾领域，美国设有对外救灾办公室，负责处理各种突发事件。目前，外国赈灾办公室在全球设有7个应急仓库，靠近机场和海港，存放基本的救援设备，如毛毯、塑料胶带、水箱、帐篷、手套、头盔、防尘口罩等。大型自然灾区，国外救灾办公室从距离灾区最近的仓库调配救援物资。

2.日本对救灾物资实行分阶段管理

日本的自然灾害较多，其特殊的地理位置和地质条件造成了地震、台风等灾害频发。因此，日本政府制订了防灾救灾计划，展开了防灾救灾演习，形成了一套行之有效的应急管理模式：行政长官负责指挥，综合组织进行协调，中央会议制定相应的对策，地方政府负责具体实施。日本的防灾救灾体系分为三级管理，包括中央国土厅救灾局、地方都道府以及市、乡、镇。各级政府防灾管理部门职责明确，人员健全，工作内容完善，工作程序清晰。各级组织定期举行防灾汇报，并制订防灾救灾计划，包括防灾基础计划、防灾业务计划、区域防灾计划等。

日本非常重视提高公众的防灾意识，会在"防灾日"进行防灾演习，要求全民参与。这样，不仅提高了人民的防灾意识，还考验了中央和地方有关部门的沟通和交流能力，使各部门在救灾、救援、消防等环节的运作和协调能力得到了锻炼与增强，使相应的人员也增加了实战技能。

在救灾物流管理方面，日本的主要做法如下制定灾害运输替代方案，预先规划陆、海、空运输路线（由于海、空运输受地震影响较小，更多地利用这些资源）。②编制救灾物流业务流程手册，清理救灾物资，明确机械设备的运输以及其他分工合作事项。③预先规划避难所，平时可作他用，一旦发生灾难，立即变成灾难避难所，作为救灾物资的分发点。救灾物资的配送工作分为三个阶段。第一阶段由政府行政单位的负责，包括救援物资的收集、储存和运输；分发中心 24 小时运作；要求军队协助进行在交通管制、维持紧急物资的运输。第二阶段由物流公司负责配送，选择 4 个配送中心，如车站等，重点是提高配送效率；配送中心的配送频率控制在每天不超过 50 辆次；选择 2 个地点作为储存仓库。第三阶段仍然由物流公司处理（但是根据灾区的需要采取较被动的方式，即通过订单分配）。减少到 2 个配送中心；委托物流公司进行专业配送、仓储管理；配送中心配送频率控制在每天 2 辆次。事实上，日本的救灾物资管理充分利用了现代商业物流的发展。此外，根据分发到各个仓库的救援物资的性质，将社会捐赠给灾区的必需物资经过分类后直接捐赠给灾区，捐赠给社会的非必需物资或超过灾区需要的则送到储存仓库以备后用。

　　3.德国民间组织发挥巨大作用

　　德国最高协调机构是公民保护和灾害救治办公室，它是联邦内政部的一部分。德国的灾害防控体系相对比较完善，灾害防治工作具有分散化和多样化的特点，在应急物流管理方面讲究团结协作，分工明确，不同的机构承担不同的责任，如在发生洪水和火灾的情况下，消防队、警察、联邦国防军、民间社会组织和志愿组织都发挥了作用，尽量减少了损失。在救灾物流方面，德国是第一个建立专业民防队伍的国家，全国专门从事民防工作的人员约 6 万人，还有约 150 万名消防和医疗救援、技术救援志愿者。这支庞大的民防队伍接受了一些专业技术培训，并根据当地情况组建了救援队、消防队、维修队、卫生队、空中救护队。此外，德国技术援助网络等专门机构在救灾物流中发挥了重要作用，为救灾物资的运送和供应提供了先进的技术设备。德国还有一个非营利性国际人道主义组织——德国健康促进会，该协会长期以来一直支持健康计划，并对紧急需要立即做出反应，在灾害后勤管理方面发挥了重要作用。据了解，该组织每年通过水路、公路、航空向世界 80 多个国家和地区配送发 300 多万千克的物资，并利用计算机对捐赠的物品进行管理，保持物资的高效流动。一旦确定了需求，补给品通常在 30 ~ 60 天内迅速送到指定地点，避免了医疗用品占用过多的库存。与此同时，一旦发生灾害，德国健康促进会将立即启用网络通信资源，收集有关灾害的性质、范围等信息，并迅速组织救援物资配送到指定救助地点。

（二）国内应急物流发展

2003 年爆发的"SARS"疫情是"应急物流"进入中国的标志性事件。在 2003 年底，"中国物流专家论坛"上，经过"SARS"的严峻考验，物流系统建设尤其是应急物流机制引起社会广泛关注，被评为"中国物流与采购行业十件大事"之一，标志着应急物流在我国的兴起。随后，在历次突发事件的应对过程中，应急物流发挥了重要作用，逐步得到学术界和政府的认可，特别是 2008 年汶川大地震后，在社会各界的共同努力下，应急物流逐步进入实质性发展阶段。

1. 中国应急物流发展现状

（1）初步具备应急物流保障能力

实践证明，我国的应急物流在应对突发事件中发挥了重要作用，显示出强大的保障能力。以 2008 年的两次自然灾害为例。2008 年初，我国南方大很多地区遭受了持续低温冰雪灾害，对交通运输设施造成了极大的破坏。国务院启动应急机制，建立煤炭、电力、石油运输、救灾应急指挥中心，保障人民群众的日常生产，保障煤炭、粮食、棉被、发电机、成品油等重要物资的运输，努力保持农产品运输"绿色通道"畅通，确保救灾物资运输顺畅。5·12 汶川地震严重破坏了物流通道的基础设施。地震发生后，该地收到了来自 57 个国家和地区的 420 批救灾物资。大量的物资和人员需要调拨、分配和派遣，对我国的应急物流管理提出了严峻的考验。中央和地方各级政府统筹指挥和决策应急物流活动，开辟救灾物资和救援人员的"绿色通道"。应急物流保障在整个抗震救灾中发挥出重要作用，但也暴露出应急物资储备和保障能力不足、资源信息不足等问题。

（2）应急物流逐步进入实质性发展阶段

有关部委、地方政府和相关社会组织积极参与应急物流建设。2008 年 5 月，民政部下发通知，要求进一步加强救灾应急物资储备工作，建立健全救灾应急物资储备管理体系，增加救灾物资储备种类和数量，积极推进救灾应急物资储备库建设，完善救灾工作部门间的信息共享机制和救灾应急物资配送机制，建立健全救灾应急物资储备体系，有效提高救灾快速反应能力，切实保障受灾群众的基本生活。2008 年 9 月，国民经济动员办公室依托商业企业，按照"平时服务、应急响应、战时作战"的总体要求，在武汉建成了覆盖全省的湖北省物流配送应急保障动员中心。根据应急动员的要求，完善体系，健全机制，规范管理，修订计划，提高应急动员的保障能力，为政府应对突发事件提供优质、高效的服务；按照"平战结合、军民兼容"的原则，加强与地方军事部门的联系，为部队、预备役、民兵等逐步多样化军事任务提供应急物流保障；按照区域性应急物流动员中心的建设标准和要求，抓好基础设施扩建工程的组织实施，加强项目管理，加快项目进度，努力把湖北省物流配送应急保障动员中心建设成为以里下河地区为中心、辐射全省及全国的专业化程度较高的物流动员中心。解放军总后勤部与河南省于 2011 年 10 月签署了《关于推进应急运输与物流军民融合式发展战略合作协议》。该战略合作协议的要求是"平时服务、急时应急、战时能战"，紧密结合国家确立的中原经济区发展战略，充分依托地处国家交通大十字架的区位优势和完善的综合运输体系，联合建设全国首个军民一体化应急物资保障基地，将军队现代物流综合建设成果融入中原经济区建设，建立军地一体化应急保障体系，启动联邦储备通过交通运输、联合供应、应急物流中心等共建、共享、管理应急物资试点项目。

（3）应急物流标准化建设稳步推进

2009 年 10 月，由中国物流与采购联合会应急物流专业委员会牵头，湖北物资流通技术研究所参与的公益性行业科研课题《应急物流标准体系及重点标准项目研究》正式启动。该课题以应急物流标准化现状及需求为研究基础，进一步论证应急物流标准化建设的目标任务及方法措施，制定《应急物流仓储设施设备》《应急物流企业条件评估》《应急物资投送包装及标识》等重点标准，以推动应急物流标准化建设，促进应急物流体系建设。《应急物流企业条件评估》《应急物流仓储设施设备》《应急物资投送包装及标识》三个国家标准项目成功立项，已进入报批阶段。2010 年 7 月，江苏高邮诚信物流有限公司承担的《应急物流服务规范》标准项目通过了专家组评审，并公布了扬州市地方标准。此举标志着高邮市诚信物流园区成立的江苏诚信应急物流动员中心经过两年时间的运作，，与地方和军队建立了良好的合作关系，通过完善体制、健全机制、规范管理，取得了一定的经验，走上了规范化、标准化的轨道。2012 年 7 月，《应急物流服务成本构成与核算》获得批准，制定了行业标准，为推进应急物流的经济补偿奠定了坚实的基础①。

2. 中国应急物流发展展望

（1）应急物流建设发展逐步走向正轨

完善社会管理体制，促进社会和谐发展，是构建和谐社会的必然要求。

① 程艳，尚猛，王茹冰.消费者接受定制化物流服务的影响因素研究[J].现代商贸工业，2021，42(12)：43-44.

2011 年 3 月 14 日,第十一届全国人民代表大会第四次会议批准的《中华人民共和国国民经济和社会发展第十二个五年规划纲要》明确要求"加强和创新社会管理",指出"加强应急处置,更加注重应急能力建设,有效应对和妥善处置突发公共事件,最大限度地增加和谐因素,化解消极因素,激发社会活力"。应急物流作为应急体系的物质基础,能够提供充足、可靠的物质保障,必将受到政府应急管理部门的高度重视,并逐步进入管理决策和具体组织,成为社会管理创新的重要内容。

2009 年,国务院发布《物流业调整和振兴规划》后,"应急物流规划"的研究与制定已经紧锣密鼓地进行。在全国政协十一届二次会议上,致公党中央提交了《关于加快构建我国应急物流体系建设的提案》,提案分析了我国应急物流的现状和存在的问题,提出了构建应急物流体系的具体策略。国家发展和改革委员高度重视这项提案,有关人员进行了面对面的沟通与答复。2009 年底国家发展和改革委员会启动了"应急物流发展规划"的制定工作。2021 年是"十四五"规划开局之年,对中国物流企业来说,会获得不少政策上的支持。

2021 年 3 月 12 日,《中华人民共和国国民经济和社会发展第十四个五年规划和 2035 年远景目标纲要》正式发布,提出:"加快建立储备充足、反应迅速、抗冲击能力强的应急物流体系。""实施应急产品生产能力储备工程,建设区域性应急物资生产保障基地。"在此次新冠肺炎疫情防控过程,暴露出了我国的应急物流和物资保障体系建设还存在较大不足。习近平在中央全面深化改革委员会第十二次会议上强调,要健全统一的应急物资保障体系,把应急物资保障作为国家应急管理体系建设的重要内容,按照集中管理、统一调拨、平时服务、灾时应急、采储结合、节约高效的原则,尽快健全相关工作机制和应急预案。这就要求研究并构建高效的应急物流体系,以更好地防患于未然。

(2)应急物流技术发展将进入崭新时代

应急物资有很强的综合性,涵盖物资种类丰富,包括食物、饮水、衣被、帐篷等基础生活物资,药剂、针剂、纱布等医疗物资,救援器械、设备、抗洪沙袋等,几乎涉及所有行业。应按照专业标准,分类组织应急物资,为高效进行应急物流提供保障。例如,生鲜蔬菜、血清疫苗以及其他需要冷链运输的物资应按冷链物流的相关技术标准储备运输;需要在空中定点投放的物资应严格按照航空物流的规范标准完成应急物资的紧急配载装卸作业,并严格按照相关程序完成航空运输和投放活动;大型机械类应急物资应参照大件货物的物流运输技术标准完成紧急调运活动。然而,即使再专业化、再有力的保障仍需要指挥部门集中统筹规划。目前，应急物流管理方面仍存在以下问题：第一，难以大幅度调整应急物流管理体制；第二，无法全面互通、共享应急物流信息。只有应急物流综合职能部门对应急保障工作进行集中、统一的管理，由各地区、各部门按照自身专业将应急物流的筹集、装配、储存、运输及配送等环节做好分工处理，为受灾地区提供专业的应急物流保障[①]。

应急物流强调时效性，需要强大的物质技术手段作为支撑。因而，射频识别（RFID）、地理信息系统（GIS）、全球导航卫星系统（GNSS）、第四代移动通信技术（4G）以及物联网技术等先进技术在应急物流领域有很大的发展需求和很好的应用前景，亟须与标准化包装、立体化仓储、即时制配送等先进物流技术进行集成创新和推广应用，特别是要提升冷链物流、大件物流、危化品物流等专业化物流保障能力和紧急状态下运输机、货运车辆等运输装备的通过能力，以构建高效、可靠的应急物流保障网络，并搭建应急物流公共信息平台，全面提升应急物流保障的能力和水平。

（3）应急物资储备得到充分重视

只有做好应急物资的储备工作，才能保障应急物流顺利实行。《中华人民共和国突发事件应对法》中明确规定，"国家建立健全应急物资储备保障制度，完善重要应急物资的监管、生产、储备、调拨和紧急配送体系。"我国的应急物资储备在储备战略物资方面已经有了长足的进步，尤其是国家和军队额外重视物资的储备问题。但目前，在可储备的物资结构、种类及地域分布等方面仍存在很多问题亟待解决，同时严重缺失家庭、市场以及地方三个方面的物资储备。这一系列问题可以借鉴一些发达国家的做法和经验，建立多种物资储备供给途径，从国家到家庭，逐步细化、完善我国应急物流的储备体系，为有效应付地震等自然灾害奠定坚实的物质基础[②]。可以预见，我国也将在应急物资储备方面迈出更加坚实的步伐。我国对各类灾害的综合预防和减灾救援等问题提出了"十二五"规划，规划要求在国家和政府的统一领导下，各部门应按照统筹规划，实行分级管理机制，逐步建立完善的救灾物资储备体系、完整的全国救灾物物流配送网络，整合国内资源，建立中央、省市、地区以及县镇四个等级的应急物资储备库，为救援物流提供可靠的保障，以便在灾情发生的第一时间做出反映，在全国范围内集结运力，迅速整合补给物资，随时提供专业的车辆维修服务，进而以最高的速率为受灾地区配送救灾物资。我国正以飞快的速度

① 雷杰，孙慧景，尚猛，等.航空物流领域研究热点及发展趋势分析 [J].中国储运，2021(1)：120-122.

② 侯云先，翁心刚，林文，等.应急物流运作 [M].北京：中国财富出版社，2014：6-9.

建设和发展应急物流保障体系，该体系将以全新的面貌和姿态融入我国政府突发事件应急体系中[①]。

第三节　应急物流系统的结构与职能

一、应急物流指挥中心的结构

应急物流指挥中心（图 2-1）由本部和各个应急物流公司加盟的应急物流中心构成。本部作为核心组成部分，主要职能为实时接收、传输物流信息，迅速分析处理并汇总上报，提供物资专项管理服务，为整个应急物流提供技术支持，同时指挥各个加盟的物流企业有序进行物流方面的详细工作，保障应急物流有序进行。需要注意的是，应急物流指挥中心本身不直接进行实际物资采购、运输、存储等工作。

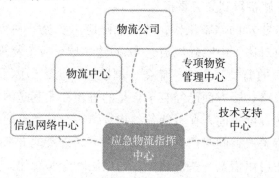

图 2-1　应急物流体系结构图

应急物流指挥中心是政府为应对突发公共事件而设置的主要领导机构，负责灾时和非灾时的领导指挥与组织工作，需要全面收集灾区各项信息，分析处理并汇报给上级主管部门或该行政地区的负责人，统筹指挥各个部门、企业有序开展各项紧急支援活动，协调各项工作有序进行。在政府提供的公共信息平台的基础上构建信息网络中心，实时跟踪气象、地震、交通、卫生防疫等信息，以便及时了解并掌控各类灾情的信息，了解和判断受灾地区对应急物资的需求，并及时协调筹划各项物资的运送，及时更新和补充数据库的数据记录，帮助各类物资的专项主管部门做好统计和筹备工作。

---

① 李丹瑶，尚猛，周娟娟．基于 AHP 的危险货物道路运输风险评估研究 [J]．中小企业管理与科技（中旬刊），2020(35)：168-170.

二、应急物流系统的组成及职能

（一）应急物流系统领导机构

应急物流系统的主要职能是负责组织平时和灾时应急物流工作。对上应将应急物流的工作安排及时汇报给上级主管部门或该地区行政负责人，对下应从整体上管理领导应急物流系统，安排好应急物流的各项程序，保障灾时应急物资的供应。

（二）协调委员会

协调委员会能够在平时和灾时协调应急物流的各项工作，保证应急物流系统能够在领导机构的管理下协调、稳定地运行，以最大化地发挥出应急物流机制的作用。协调委员会由相关政府部门的领导和各个加盟的物流公司领导及物流中心共同组成。政府部门的领导人员执行领导职能，能够及时为应急物流系统提供精准可靠的信息，并领导和协调系统工作，在必要时根据实际需要发挥其行政职权的作用配合系统工作，以确保应急物流活动能够顺利进行。各个加盟的物流公司领导及物流中心管理人员对物流行业有着丰富的经验，能够为应急物流提供专业的技术支持，因此作为协调委员会的主要成员，主要负责辅助决策、审议各种应急物流方案，规划出最合理的运作流程，协调灾时应急物资保障工作，保证应急物流高效进行。

（三）情报部门

情报部门主要负责与气象、地震、防疫卫生、交通、环保等部门建立长期的联系，及时获取和掌握各种灾害前兆信息，提前向相关单位汇报并做出预警，收集灾害发生前、中、后三个时期的情报，并将整理好的信息发送到相关部门，以便第一时间做出反应，安排应急救援和应急物流的各项工作，最大限度减少人员伤亡和财产损失。

（四）信息网络管理中心

信息网络管理中心负责信息网络的维护和管理，为灾时信息传输提供有力的技术支持。灾时，受灾地区第一时间向外界发出信息，随之产生大量信息。

信息的传递需要强大的信息网络系统，信息网络管理中心主要提供技术支持，确保信息能够安全、稳定地传输。将信息网络系统与应急指挥中心平台、应急物流系统、专项物资管理部门等连接起来，以便相关部门立即获取相关信息，迅速组织协调应急物流业务，掌控各项物资、救援设备的库存情况，根据需要及时补充、调度，为救灾一线提供应急物资保障，掌握人员、运力、车辆等各方面情况，迅速做出科学的安排，有序开展应急物流活动，争取更多宝贵的救援时间。无论灾前、灾时还是灾后维稳和重建，信息网络管理中心都在应急物流的整体流程中发挥着非常重要的作用，对后续救援工作的救援效率影响非常大。它不仅应该拥有适合的软硬件设施和网络支撑，还应具备获取信息、处理信息、传递信息、结合信息内容科学调整业务内容等能力。比如，某地发生灾情后，信息网络管理中心能够第一时间收集灾情信息，迅速分析、处理并上报，判断出受灾地区对物资的需求，结同时合现有物资情况，快速制定出最优配送方案，定位跟踪应急物流运输车辆，根据卫星定位回传的路况信息实时调整运输方案，为应急物流的高效进行保驾护航。

（五）专项物资主管部门

专项物资主管部门的主要职能是管理单项物资，预测灾区对物资的需求，做好该项物资的预算和筹备业务。根据物资的类别，专项物资主管部门可分为食品类主管部门、劳保用品主管部门、医药类主管部门等。收到灾情信息及相关指令后，专项物资主管部门要迅速进行物资的采购、筹备工作，以及时做好充足的物质准备，以最快的速度将其送至受灾地区，发放到受灾民众手中。全国不同地区还分别设置了各种级别的物资储备中心，主要负责应急救灾物资的存储管理，如采购、筹集、回收、维修、补充、储存等。在应急物流指挥中心的领导下，物资储备中心要保质保量地迅速做出应急物资供应，或者跨区域调度应急物资，为受灾地区提供基础物资保障。另外，其还负责物资的回收、再利用和报废工作。在非灾时，各个物资储备中心将结合各种储备物资，进行综合性的经营业务。

（六）各加盟物流中心、物流企业

各加盟物流中心、去留企业在非灾期间各自经营，正常进行各项商业运营活动。另外，在应急物流指挥中心的指挥下，各加盟物流中心、物流企业修订应急物流方案，完善并维护各种应急设备，及时补充应急物资并做好库存管理工作。灾时，各加盟物流中心、物流企业使用过硬的物流行业知识技术和经验，帮助相关部门迅速做出最佳的应急物流运送方案，根据各种与受灾物流相、关的信息、情况，迅速做出有利的调整，为应急物流系统的顺利运作提供可靠的技术支持和保障，提升应急支援速度，增强救援力量，为受灾地区居民的基础生活需要提供保障，对灾区救援秩序的稳定、社会的安定有着重要意义。

三、应急物流系统的建立

（一）应急物资的采购

应急物资分为救灾物资和灾后重建物资两部分。为救灾制定的应急物流方案中应列出各种救灾物资的清单和供应商，在灾害发生前明确各种物资的采购商，与其预先沟通、明确精简的交易流程，在救灾时该方案一经采纳，立即组织相关人员直接联系供应商，火速完成采购工作和货物交接工作，保证采购速度和质量，为一线救援和应急物流运输争取更多的宝贵时间。

（二）应急物资的运输和配送

对于整个应急救援行动来说，救灾物资的运输和配送是其中非常关键的环节，需要根据物资属性和实地情况选取或搭配出最佳的运送形式，如距离港口、内河等近的受灾地区可以采用水路配合陆路运输的方式，迅速将物资送到指定接收点，还可以采用铁路运输、管道运输、航空运输等，尽可能地压缩运输时间和成本等，提高物资的流动性。若灾难发生在城市等交通拥挤的地方，可以向交通管制部门申请开辟绿色通道，以保证物资能够及时抵达接收地点，如某些民用应急物资、军事物资、特殊医疗物资等可以享受同级别的待遇，优先通过，确保物资保持较高的流动速度，顺利、迅速地运送到指定地点。

（三）应急物资的储存

总结已发生的突发自然灾害、公共卫生事件等方面的案例，结合各种常见的自然灾害的危害，了解受灾时可能需要的应急物资，并提前储备各种物资。大量预备应急物资能够在灾害发生时第一时间为灾区提供支援，缩短整个救援的时间，减少需要采购的物资种类和数量，节省更多运输成本及救援成本。

在应急物资的储备管理中，可以采用企业物流管理中的库存控制方法，科学确定应急物资储备规模，实现对应急物资的库存控制。例如，可以应用 ABC 分类法对应急物资进行分类管理。"关键的是少数，次要的是多数"，运用数理统计的方法，对物资分类排队，抓住主要矛盾，将研究对象按一定的标准区分为 A、B、C 三部分，分别给予不同的管理，如表 2-1 所示。

表2-1　应急物资储存分类

类　别	品种占用比率 /%	金额占用比率 /%	管理方式
A	5~20	60~70	重点管理控制
B	20~30	70~20	一般管理控制
C	60~70	5~10	简便易行控制

总之，应结合各地区实际的灾害发生情况，科学合理地预备物资，注意储备总量要恰当、合适，以避免造成物力、人力的浪费，或因支援力度不足导而使灾害影响扩大。

（四）应急物流的运作流程

应急物资的采购部门、应急物资的运输保障部门及物流中心三个部门在信息传输、技术服务与物资管理的安排和控制下，共同构建了应急物流指挥中心。指挥中心将各项指令发送到对应的部门，各个部门实时向指挥中心反馈信息，双向沟通。采购部门主要负责按要求采购应急物资，物流中心负责应急物资的分拣、加工以及包装业务。运输部门负责应急物流的运输，与管理部门共同承担应急物资的配送工作。应急物流的运作流程如图 2-2 所示。

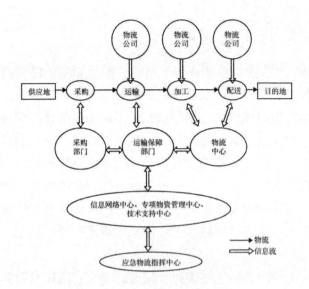

图 2-2　　应急物流的运作流程

应急物流是应对突发性事件产生的一种不同于普通物流形式的物流，其主要职能是在发生公共卫生事件、自然灾害或者其他重大事故时为受灾地区运输应急物资，对灾害的控制效果、救灾效果及进度有决定性作用。

目前，我国应进一步完善应急物流体系，实现信息流的高效、精准传输，并尽快制定相关制度，完善保障机制，以保障应急物流工作按照流程有序进行。另外，还需要制定救灾专项基金的管理办法，以便救灾时能够快速筹集到充足的救援资金，进而为受灾地区提供更加充分的救援服务。总而言之，只有做好应急物流涉及的各项工作，才能够快速、有效地为受灾地区提供有力的救援保障。

应急物流系统在建立过程中涉及多个部门、多个行业，应站在战略角度思考，满足专业、迅速、高效及流程简洁等要求，结合各种新兴技术，不断提升系统的反应速度和救援能力，不断优化其性能，逐渐完善该系统。此外，还应建立一套完善的应急物流管理体系和保障体系，在政府的领导下，使其发挥最大的应急保障作用。

第四节　　应急物流技术体系建设

目前，国内相关研究专家及学者在系统分析应急物流关键环节技术原理、典型形式和功能效果的基础上，初步构建了以模块化集装预储技术、高效化衔接转运技术和实时化感知调控技术为主体的应急物流技术体系。

一、模块化集装预储技术

所谓"模块"，是指半自律性的子系统，通过和其他同样的子系统按照一定的规则相互联系而构成的更加复杂的系统或过程。模块具有最大的通用化系数，概括了同类事物的典型性特征，消除了不必要的功能。模块化方法的应用由来已久，美军的聚焦后勤原则就特别强调"非战争军事行动后勤保障力量的组织结构、部署和应用要实现模块化"。当前，传统简单化的分类储存已经难以满足应急物流的需要。例如，玉树地震救灾物资发放中曾出现灾民"只能领到帐篷的篷布，而领不到帐篷支架"的情况。模块化集装预储就是运用"积木组装"原理，按照一定的标准规范，将应急物资进行科学组配、合理包装和有序储存。

运用该技术，有助于科学储备和管理应急物资。该技术能够结合物资的理化属性、储存要求、基本用途、配套设施和配比数量等方面对应急物资进行分类，并依据一定的规格标准，将功能单元相对独立的物资组盘集装或者组套包装起来，而且其可以从整体上调整、优化货物存储位置，并根据灾区需求的紧急程度设置出入库顺序。此外，该技术还可根据运载工具的型号、规格、运载性能等各项参数，生成多个合理的装载运输方案。当应急预案通过批准启动时，各项物资将按照编制好的出库顺序快速出库，进行短倒、装卸等工作。

在一些特殊情况下，可以提前将储备的应急物资放置在货站、停机坪等装载点，直接装载运输，或者结合运载工具，直接向可能发生重大事件的地区投放，并按相关要求妥善安置，以便在灾害发生时，能够提高受灾地区对灾害的抵抗能力，规避一些风险。这种在灾害发生前有目的地提前预置应急物资的做法能够缩短应急救援时间，而且后续作业的内容和流程将随之前移。这种方式与传统临时筹集、分拣、组装应急物资的方式相比，能够节省大量的时间、人力、物力成本，误差更低，更具前瞻性，从而提高了应急物流的配送效率，还能够在一定程度上避免和减轻灾害带来的伤害。

集装预储通常有两种区分方式：一是按专业集装预储应急物资；二是按救灾任务类别及性质集装预储应急物资。按专业集装的方式进行组配，应急物资可分为食品补给模块、宿营物资模块、被装物资模块、医疗器械模块以及通信设备器材模块等。在组装这些物资时，可按照保障对象的数量、规模分组装配，分成10人组、50人组甚至100人组的保障模块。按救灾任务的类别及性质进行组配，即将任务划分成洪涝灾害救援模块、地震救援模块、森林火灾救援模块等，结合受灾程度、规模及救援人员的专业结构、救援活动特点等，搭配救援物资，以满足各种类型的保障需求。例如，可以在聚类分析理论的基础上，设置药物保障模块，其中包括急救模块药物单元、公共模块药物单元、常规疾病治疗单元、常规传染病治疗单元、水灾救援药物单元、火灾救援药物单元、地震灾害救援药物单元等。

模块化集装预储技术是一种综合性的技术，涵盖多种仓储技术，如货架技术、集装箱技术、捆扎技术、托盘技术、自动化立体仓库技术、相关的信息技术、库存管理优化技术等。其中，航空货物处理系统是一种比较典型的集装仓储技术，该系统具有多个在高度方向上按行、列间隔分布的储存工位，每一储存工位上都有可移动的托架平台，横移机构带动托架平台水平方向移动，升降装置带动托架平台竖直方向升降。该系统由升降式转运车、平面转运车、升降打板台、动力输送轨道、万向轮式作业平台、集装箱／板拖车、集装箱／板装卸平台车等设备构成。运用航空集装箱自动化立体仓库预储应急物资时，在入库前可将应急物资组板集装、过磅称重、包装标识，辅之以配载方案自动生成系统，就能够在得到指令后立即启动，快速出库，缩短物流作业时间[①]。

此外，从某种层面上分析，应急物资具有一定的"死储待用"特点。因此，为应对突发事件，可将自动化立体仓库技术与航空集装箱相结合，参考借鉴机场货站的建设形式，在机场货站的航空集装箱自动化立体仓库中预留一定数量的货位来储存应急物资。这样，既能保证设施、设备在运转中保持良好的技术状态，避免设施、设备的闲置浪费，又能满足突发事件的紧急调用需要，可谓一举多得。

值得注意的是，模块化集装预储技术在线上方面还存在很多难题，如预储成本高、更新轮换困难、不易维护管理，尤其是同一品类对存储环境有不同要求的物资，如药物等，模块化的组装储存方式很难使每一种药物都能够保存得当，因此应慎重选择组套集装的时机。对这一类物资，可在突发事件的预警期间，或者前兆显露时期，突击进行模块化的集装作业，以最高的效率完成应急货物的模块化集装和出库作业。

二、高效化衔接转运技术

应急物流的动静状态转化主要依靠装载、卸载作业衔接和实现。装、卸载

---

① 万志鹏，师路路.基于 FCE-AHP 的河南省航空物流竞争力研究——以郑州航空港为例 [J].安阳工学院学报，2018，17（2）：4-7.

工作是指应急物资在水平或垂直方向上进行短距离的位移及配套作业，是影响应急物流运行效率的重要因素，所占时间约为完成整个物流作业所需时间的一半。如果应急物资在捆扎固定、出库搬运、装载、卸载过程中能够实现高效率衔接，尤其在航空运输过程中能够快速匹配仓位完成装载转运作业，应急物资的运输时间将会大大减少，运输效率将会大幅度提升。利用高效化衔接转运技术，依靠智能化、机械化设备，在精简物流作业环节的基础上，辅助物资快速、高效、精准、顺畅地完成捆扎固定、出库搬运、装载、卸载等作业，做好动静态转化环节的高效衔接工作，能够为应急物流节省大量宝贵的时间，更能及时地为受灾地区提供物资。

该技术的核心思想是结合先进的技术和机械设备，优化物资的装载方式，缩减装载路径，节省物资装载、捆绑、卸载等作业过程中浪费的时间与人力，达到各个环节高效衔接的目的。首先，应从整体上统筹规划优化，衔接作业的方案，设计一套可靠的控制系统，然后利用自动化、智能化技术，将操作系统与机械设备相连接，并通过简单的系统操作控制各种功能性机械设备进行各种作业，如集成叉车、捆绑加固器、吊装搬运车、牵引运输车、升降月台等，使应急物资快速、精准地完成短距离转移。其次，应规划好物流运输车辆的装货地点和进出库路线，在路线优化的基础上，尽量缩减物资搬运路径，提高装载效率，实现不同环节的高效衔接。细节决定成败，为每一个细节性的工作提供技术支持往往是决定各环节之间衔接效果的关键。例如，此前捆绑加固大型装备时往往需要人工使用垫木和铁丝进行加固，费时费力，而如今结合技术手段预设捆绑工具捆绑大型装备只需要 5 名技术人员，就能够将大型装备装载并固定在铁路的平车上，并且每一台设备最多只需要 15 分钟就能够完成装载和固定，极大地缩减了装载捆绑的时间，提高了衔接环节的工作效率。

理想的高效化衔接转运流程是在应急物资的运输中，为从集散地运输到装卸站点中间的环节设计连续、高效运作的运输、装卸机制及设施，以快速、连续地完成物资的装卸作业。例如，铁路站台上为油料输送设计的鹤管系统是一种常用的、典型的专用装卸油设施，油库设置多个鹤管，以保证铁路油罐车进库后能够一次对位，直接、快速进行燃油的装卸作业。液态形式的物资完全可以借鉴这种技术手段实现高效衔接转运。衔接过程中的难点主要在固态物资的搬运、装卸和固定过程中，虽然输送带能够做到物资的高效位移，但在传送设备起点和终点，仍需要消耗大量的人力、物力及时间完成来物资的搬运和取放。因此，还应结合实际情况，运用高效化转运衔接技术的思路，改进管理系统，提高设备自动化、机械化、程序化程度，优化衔接转运的流程和方式，使物资在整个衔接转运的流程中都能够连续、高效地进行。

虽然高效化的衔接转运技术为物资在中间衔接环节的装载、转移等作业提供了有力的技术支持，极大地提高了作业效率，但其实现需要非常巨大的投入。例如，研发配备高效化、自动化的设备，优化设计流程化作业的工艺等。另外，过多地使用技术手段完成物流作业，可能会导致失误率增长。因此，为减少高度依赖先进技术可能产生的各种问题，物流行业提出了高度信息化、适度自动化以及充分机械化的技术策略。

三、实时化感知调控技术

大多数突发性灾害都会影响通信系统的正常运作，导致受灾地区的受灾信息和对物资的需求信息无法及时、准确地传递到相关部门。例如，2008年汶川发生特大地震后，外界很长时间无法获得灾区的准确信息，只能冒险派遣伞兵空降至灾区收集灾情信息。另外，社会物资来源复杂，难以在庞大的数据信息之中找出真实的信息，这对指挥部门的决策产生了干扰，导致指挥部门决策滞后。突发事件也可能在一定程度上影响应急物流信息的传递，如汶川发生特大地震后，油料运输保障工作由国内某知名物流公司承担并执行，该公司为41辆运输车安装了GPS监控系统，以便相关部门及时获取物流进度。然而，监控仍有两天的时间与运输车失联，并且GPS无法与失联车辆通信，这在一定程度上对救援活动造成了一定的影响。平时，该技术也无法做到精准控制运输车辆并随时进行调度。

通过对以往的突发事件案例的总结可以发现，信息技术在其中发挥着关键性的作用，可以作为"黏合剂"及"倍增器"，实现受灾地区与外界的消息互通，促使外界各个应急环节紧密联系，共同为应急救援提供强大的力量。实时化感知调控技术能够全面联结各个救援环节，在信息数据的传输、储存、处理和保密方面发挥着巨大的作用，并能辅助相关部门决策，以保证突发事件发生时信息传送的时效性和真实性以及决策的科学性。

以物流行业目前常用的各种信息通信技术为基础，结合卫星、导航、地理、交通及数据处理等各个方面的技术手段，研发实时化感知调控技术。该技术利用互联网与各种通信网络相互连接，搭建成一个立体的应急物流供应链互联网，能够在突发事件发生后，及时获取准确、可靠的需求信息，全程可视化跟踪管理应急物流。该技术主要有以下三方面的作用：①及时搜集受灾地区的需求信息，结合各种先进的通信技术，根据应急物资在同类型案例中的历史需求和消耗记录，做出恰当的应急物资供应计划，包括物资的种类、数量等，制订出科学的物流运输配送计划，包括中转衔接过程中的细节性工作安排。②从海量的信息数据中分析出有效的物资需求信息，并对社会能够提供的复杂且庞大的物资资源信息数据进行整理分、析，找出恰当的物资供应商和物流服务商，及时补充物资储备和全面满足受灾地区的救灾需求，为受灾地区增添一份保障，该技术还能深入挖掘出社会中能够应急生产、采购以及应急运输等的企业并分析，结合救灾需求，整合各种可直接利用资源，并将其转化为动态更新的资源分布图，供相关人员参考。③可感知、跟踪应急物流的运输信息，在北斗卫星导航系统的支持下，结合现有通信技术，精简、优化应急物流结构和流程，全面实时动态监控，实时掌控物资在途动态信息，随时与物流人员沟通，为指挥中心提供实时、有效的信息支撑，与运载工具实时互动，以确保能够精准传递调度信息对物流方案的调整变动，做到灵活调控。

第三章 全面认识应急
物流管理

第一节　应急物流管理组织机制

一、应急物流管理组织发展现状

（一）应急物流管理组织机制综述

从本质上看，应急物流＋管理组织机制是应急系统内部各个组织成分之间互相配合、协调，以实现功能的最大化表达，以最快的速度为受灾地区提供应急物资保障的工作机制。2007年，我国颁布了《中华人民共和国突发事件应对法》，其中规定，对突发事件的应急管理应由国家统一指挥领导，并将其进行分级、分类管理，以地区为管控单位，从宏观上协调各项工作，完成应急救灾工作。目前，我国应急物流管理组织机制仍不够完善，如何进一步加强各方组织、机构的配合，提高组织合作效率，是应急物流管理中的重要研究内容。

2008年初，南方发生了一场较为严重的冰冻灾害，闪淳昌、周玲对此次灾害的应急救援过程做了细致的研究和分析，明确指出了我国在进行应急管理工作时各级政府部门的职权、责任和分工内容，并指出了各级政府管理过程中存在的问题。付跃强等对我国现用的应急组织结构做了系统的研究，认为传统的应急组织结构已经无法满足当今应急管理对响应速度的要求，而重新设计、优化应急组织结构，可以使应急管理系统有更快的反应速度。邱孝认为，我国应急管理组织具有事业部组织、纵横结合式以及矩阵式三种组织结构，并分析了这三种组织结构说的优劣势。其围绕政府与社会设计出多维化网络应急管理组织结构，并提出政府组织、全社会参与的应急管理概念。熊炎认为，可以将应急管理组织分为总部应急组织、机械应急组织以及专业应急组织三类，并在纵、横方向上对应急组织结构做出分析，设计出三套应急管理组织结构。

目前，我国由中央政府统一组织和领导应急物流的管理工作，在此过程中，中央政府始终坚持以人为本的救援原则，综合协调各级政府和社会的救援工作。各级政府根据自身职能和责任，划分省级、地级、县级、乡级分级负责和管理责任行政区域内的减灾救援工作，社会组织和机构配合政府对受灾地区的救助工作施以援手，或向物流资源保障灾区提供救援服务。另外，受灾地区人民可在条件允许的情况下，互相自救，充分发挥基层群众的自治力量。例如，某地区发生重大自然灾害时，对应的监管部门先向国家减灾委员会通报灾害信息，并做出评估，然后由国家减灾委员会办公室联络相关部门和地方，组织会商灾情评估和救助等一系列工作，协调各级部门落实抗灾救灾工作，再结合受灾地区的自然环境和人口分布情况，调动军队、消防、医疗、警务力量执行抢险救灾任务，同时通知交通部门及相关中央救灾物资储备库全力支持和配合救援行动。最后，国家减灾委员会办公室通过官方渠道实时向社会发布灾情信息和救援进度信息，并通知相关部门召集并协调社会救援力量，为受灾地区提供更强大的人力、物力资源保障。应急物资分为政府援助和社会捐赠两部分，其中政府援助部分主要由中央救灾物资储备库提供，对其中储备不足的物资通过及时调拨或向社会采购、征用等方式优先保障受灾地区的基本需求，在应急物流运送方面，结合水、陆、空三方面，开通绿色运输通道，全力高效地为受灾地区输送救灾物资。我国现行应急物流管理组织分布，如图 3-1 所示。

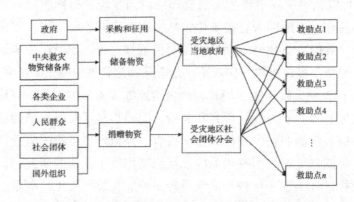

图 3-1　我国现有突发事件应急物流管理组织示意图

国内外较多的学者认可并运用了工作分解结构（Work Breakdown Structure，WBS）技术，这在组织建模和任务建模中提供了明确界定工作内容的框架，并以此作为基础，为消除工作中的灰色地带提供了保障。其原理是通过制定责任书将工作的职责都明确在书面上，使工作间的灰色地带完全消除。WBS 被运用于许多领域，如将 WBS 运用到开发抗震防灾规划信息管理系统中，从城市建筑区抗震防灾规划、城市用地抗震防灾规划等五个方面分级，分割主要的辅助活动得到可操作的具体活动，形成最后的 WBS 分级 10。工程项目中的各个子项目往往存在一些灰色地带，各关系对此负有管理责任，但都不采取管理措施，互相推卸责任，所以消除灰色地带的关键在于归属责任的明确。

很多专家、学者深入研究了 WBS 技术，以项目生命周期理论为根据，借鉴了 PBS 方法，尝试对其做出改进，并将其运用于管理工程项目的过程中。经过对 WBS–RBS 矩阵和软件项目风险管理的研究，改进了基于 WBS–RBS 的风险识别方法。由此可看出，WBS 在项目管理中是一项比较成熟的技术，能够很好地应用于不同的领域并获得了不少的研究成果。应急物流管理工作具有跨领域、跨部门、跨时空等特点，WBS 能将复杂的系统工作化繁为简，能将任务和组织单元明确，是一件有价值的工具。本章将应急物流管理看成一个具有一定生命周期的项目，对应急任务和组织采用 WBS 技术进行分解，其目的是明确结构。

（二）我国应急物流管理组织机制

在我国现行的应急物流管理机制中，以国家政府为主导，受灾地区所属行政部门组织指导救灾工作，各个部门按职能分工，互相协调，积极配合地方政府，调拨各种救灾资源支持救灾工作。

在突发事件的救灾行动中，各部门根据自身的职能和责任承担相应的任务，协调配合，共同解决灾害引发的各种社会问题。所涉及的部门主要有国家减灾委员会、民政、灾害监测、地理测绘、财政、交通、卫生、消防等部门以及中国人民解放军等单位。

我国应急物流管理组织机制的特点包括以下四点内容：

（1）我国从中央政府到各个县乡约有 31 个省、96% 的市级政府与 81% 的县级政府均已设置了应急管理相关部门，各级应急管理部门全部由中央政府统一组织和领导，各单位部门相互协作，并组织全社会发动资源与力量参与应急救灾行动，已发展成为较全面的应急物流管理组织体系。

（2）我国各个地区均以常见的自然灾害及突发性公共事件制定了对应的应急预案，现行的应急预案体系比较全面，且仍在不断提升，为应急管理工作的顺利进行奠定了稳定的基础。

（3）目前，从中央到地方，我国已在很多城市设立了应急物资储备库，有着丰富的应急物资储备，并完善了相关制度，能够迅速为受灾地区提供基础生活保障。

（4）近年来，我国各地发生过多次自然灾害和公共卫生突发事件，全国人民对紧急事件的应对意识和救援知识水平有了明显的提高，并在多次发生的公共事件中团结一心，做到全民参与，共同抗灾。尤其是 2020 年新冠疫情爆发后，在我国政府的带领下，全国人民齐心配合，积极抗疫，共同为疫情的控制和救治贡献出自己的力量，向世界展现了我国的综合实力。

（三）我国应急物流管理组织机制存在的问题

应急物流管理组织机制是应急物流管理运作的核心问题。我国应急物流管理组织建设，具有以政府为主导、重视应急预案建设等特点，但起步较晚，暴露出许多方面的问题。

首先，突发事件应急物流管理组织的指挥协调系统不完善。应急物流工作的指挥协调部门多数是临时组建，有的部门受多重指挥和领导，在灵活有效的沟通方面有所欠缺，在执行时效果往往大打折扣，工作效率很低。

其次，灾害应急物流预案体系不健全。各级应急预案之间、各部门间的职能有重叠，互相之间没有衔接。在应对各种灾害时，应急物资的筹集、仓储、配送等环节互相割裂，没有形成完备的应急物流预案体系。

最后，应急物流的能力不足。现有的应急物资储备、参与人员队伍、资金供给、装备设施及技术等各方力量十分分散，没能很好地整合成一条线，整体性不够。除政府部门之外，现有的各种慈善机构、基金会、企事业单位等各方积极性难以提升。

二、应急物流管理组织机制特点

组织机制由组织结构和运行机理两部分组成，如表3-1所示，从这两个组成方面分别剖析了普通物流管理和应急物流管理的异同点，从而得出应急物流管理组织机制的一般特点。

表3-1　应急物流管理与普通物流管理组织机制的特点比较

	共同点	不同点	
		普通物流	应急物流
组织结构	按一般物流流程划分组织部门，职责明确	各物流职能部门为主要组织主体、参与人员固定、都是常驻人员、组织主体间联系较少、类似企业的扁平化组织结构	以政府各部门为主体、参与人员广泛、分常驻人员与救援人员、各组织间相互联系预协调、是自上而下的金字塔组织结构
运行机理	都依托通信平台、信息平台和物流技术平台实现组织机制	组织运行流程固定，程序简单，以盈利为目的，追求经济效益，强经济性	组织运行随事件性质不同而变化，程序烦琐，以时效为目的，追求实用效益，弱经济性

应急物流管理组织机制的一般特点有如下三点：

（一）统一性：政府职能部门掌握风向标

应急物流的组织指挥工作的成果与政府职能的行使程度息息相关。政府各部门秉承着高效、务实、果决的作风管理应急物流，在一定程度上为应急物流的成功运作提供了保障。政府职能发挥全民参与的风向标作用，政府的强大动员能力、快速反应能力、统一的组织能力和有序的协调能力等优势使整个运作机制更加紧凑，极大地确保了整个应急物流的过程顺畅。

（二）灵活性：现场决策能力

在应急物流管理中，常规决策模式不适用于突发事件的应急处理。在应对突发事件过程中，领导人员在现场做出决策的频率很高，需要在资源有限的现场环境中够快速有效地控制事件带来的危急局面。这种灵活性取决于组织内部上层的果断决策和下层的积极配合，换言之，取决于两者的有机协调。

（三）协作性：专业化分工合作

应急物流管理组织实施自上而下指挥管理，使权力明确、责任落实。在这样的组织内，其运作的共同目标是管理的重点，要求各部门、各个成员互相配合，团结协作，强调专业化分工，实现全民参与，协作完成任务。

三、应急物流管理组织运作流程

应急物流管理流程主要包括指挥协调、应急预警、应急准备、应急响应、应急恢复等环节，这些环节的流畅、高效程度和物资送达的时效性、准确性息息相关，直接影响着应急物流的保障效果，对物流运作消耗的成本高低有重要影响。

指挥协调工作：在紧急突发事件发生时，我国政府统一领导和指挥各级政府迅速采取相关措施，组织各方力量并部署协调细分救援任务，迅速有序地开展应急救灾行动，以确保各支救援力量相互协调、配合，避免资源力量分配不均造成浪费，减少推诿逃避现象发生的可能，发挥出最大的救援力量，减少受灾地区的生命财产损失。我国各级政府职能的发挥在很大程度上决定了应急物流的指挥协调工作的完成效果，政府部门能否高效务实地指挥工作是应急物流

81

指挥协调成败的关键。

应急监测预警：这一阶段的工作是为了能在灾害来临前及早发现，通过专业部门对灾害的不断监测，根据监测分析结果，对可能发生和可预警的事件向组织或个人发出警报，提醒组织和个人对危机采取行动。目前，我国以蓝、黄、橙、红四种颜色表示四种严重程度递增的预警级别，这一过程的工作主要由政府相关部门（如水利局、气象局、地震局等）负责具体工作。

我们强调应急物流管理应以突发事件的爆发为开始点，在爆发前属于预警管理的范畴，爆发后则属于应急物流管理的范畴，因此我们要对应急物流管理中的应急响应阶段做更细致的划分，应急物流管理运作流程如图 3-2 所示。

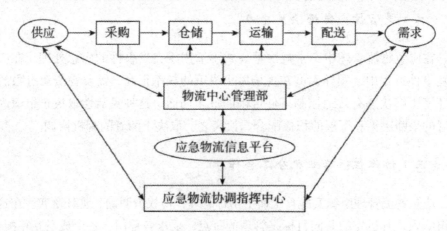

图 3-2　应急物流管理运作流程

应急物流采购工作：这一阶段的工作是在严重的突发事件发生时，政府现有的应急物资存储量无法达到需求量，并且由于物资本身的特性不适合大规模仓储，这时就需要进行应急物资的采购工作。要保证采购货物的种类、规格、数量、质量、交付时间等准确无误并符合要求。除了实物储备之外，还有通过与负责应急物资提供的企业签订合约的方式，一旦需求产生，企业迅速提供合约约定物资。在我国，现阶段主要由民政部门、政府采购中心等部门负责应急物资采购的具体工作。

应急物资仓储工作：这一阶段的工作主要是在突发事件发生后，为了能短时间内满足救灾物资的需求，提前对救灾物资有适当规模的存储。各省市为提高自身应对突发紧急事件的能力，提高救助能力，建立了不同规模的救灾物资储备库，并储存了大量的救灾物资。当灾害发生时，受灾地区所在行政地区的应急物资储备库就能够在第一时间为受灾地区提供各类急需的应急物资，提高应急救灾的能力和水平，为受灾人民提供基本的生活保障，保持受灾地区社会秩序的稳定。各类应急储备物资分散在不同的部门管理，战略储备物资（如成品油、钢材、橡胶等）由国家物资储备局管理建设仓库；救灾物资（如帐篷）由民政部建立的救灾物资储备库或社会上的仓库承储；中央储备粮由中国储备粮管理总公司管理；医药物资由国家医药管理局储备。

应急物流运输工作：这一阶段的工作主要是在突发事件发生后，将物资、人员、资金等需求进行紧急保障的一种特殊运输，一般根据各种运输方式分为公路运输、铁路运输、航空运输、水路运输和管道运输。选择应急物流的运输方式时，应重点考虑物资的存储条件、数量和价值等因素，筛选出最优的运输方案，必要时还可向相关部门申请开通绿色通道，以保证救援物资及时到达受灾地区。在我国，应急物资在运输过程中的安全保卫任务主要由交通管制部门和公安部门承担，以保证应急物资安全、顺利、高效地送达指定地点。

应急物流配送工作：这一阶段的工作主要是在突发事件发生后，迅速分拣、包装及装载运输应急物资，在规定的时间内将物资送达指定接收地点，物资到达灾区后，需要按灾区需求重新分拣拆装组套应急物资，并按需配发物资，整体流程如图3-3所示。应急物资需求点结合物资的实际发放情况，向应急物资指挥调度中心反馈详细的需求信息，调度中心根据需求信息，通过多种渠道筹集物资，由应急物资储备中心接受筹集的物资，核对验收后将其登记入库，按相关储存要求保存物资并经常盘点库存。待灾区需要补充物资时，再按照流程重新进行。

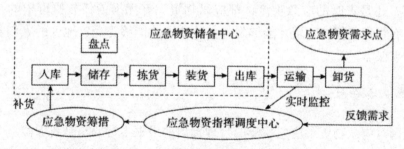

图3-3　应急物资配送工作基本流程

在突发事件发生时，应快速搜集供应点和灾区的相关信息，按其对物资需求的迫切性进行聚类分组，并根据供需状况的评估，确定供需是否平衡，供给能否满足灾区需求。如果供需平衡，则建立科学的配送模式进行配送，否则，对供需失衡时的配送权重进行确定并组织配送。现阶段，我国的应急物资配送有两个途径：①与国内网络覆盖面广、硬软件设施齐备、行业信誉度高的大型物流企业合作，在其技术支持下完成应急物流的运输和配送工作；②践行"军地物流一体化"的模式，整合并优化军地物流，统一管理其兼容部分，促进各部分物流资源融合发展。

第二节　应急物流中的物资管理

一、应急物流中应急物资管理的要求

应急物资管理主要包括平时应急物资储存库对应急物资的储存、补充等工作，还包括灾时应急物资的筹集、运送、供给、使用及灾后回收等内容。应急物资管理部门应实行科学的管理办法，结合物资供应的迫切程度、存储条件、用途及价值科学规划妥善保管，灾时做好其运输与派发的合理安排，尽可能减少物资的浪费，使其在需要的情况下充分发挥出价值。科学的应急物资管理能够为应急救灾提供强大、可靠的物资保障，应急物资的管理水平决定了应急物流对救援减灾任务的保障水平。

应急物资在管理过程中应注意以下几个方面：

（一）质量管理

对于应急物资管理来说，质量管理是其中最重要的要求。无论是平时的物资储存，还是灾时的应急物流，都应以物资完好无损为任务执行中的首要条件，只有物资完好，物资才能够发挥其作用，才能够为受灾地区的人们和救援行动带来保障。

（二）安全性

我国对应急物资和应急物流的管理提出的最根本的要求是要保障应急物资的安全性，要求无论在平时还是灾时，在储存、运输、配送等环节中都应保证应急物资的安全。

（三）存放合理

在应急物资储存库存放应急物资时，应考虑物资使用时的搬运、转移问题，以方便、快捷为位置选择的准则；在应急物资发放点存放物资时，应考虑场地大小是否合适、物资组套及发放是否合适以及是否预留领取和领完撤离的通道，从而保证物资发放的秩序。

（四）流程优化

应急物资管理要求在物资流动的全过程中进行流程化处理，要求精简物流环节，优化物流流程，压缩物流时间，追求最高的物流效率。

（五）准确率

准确率这一指标能够体现出应急物资的管理水平。具体表现如下：平时严格按照相关要求保存各类应急物资，做好物资的盘点工作；灾时应急物资需求的数量、种类、规格、型号等应与储备库筹备、装载、运输到受灾地区的应急物资清单准确对应；应急物资从存储仓库开始到灾区发放的中间过程做到零误差；物资到达灾区发放时，应做到无混乱、无错发、无缺乏、无重发。

（六）有效监控

从受灾地区对应急物资产生需求开始，经过中间采购、筹备、调度、运输以及发放等环节，到最后结余物资回收的物资流动全过程中，应急物资管理部门都能够实时追踪每件物资的位置及使用情况，有效监督物资，避免出现物资遗失、浪费、未使用、被私占等现象，及时核对物资的使用情况，如有不足及时补充，进而为指挥决策提供更精准的决策依据。

发生突发事件时，政府应立即启动应急预案，成立应急指挥中心，组织开展应急救援活动。应急指挥中心根据灾情性质、级别以及影响范围等，对其可能产生的物资需求做出初步分析，并根据应急物资储备仓库中各项物资的储备、功能、规格、作用等，制订第一批次应急物资的供应方案，再利用各种渠道筹集需要的物资，制订应急物流方案将应急物资运送至受灾地区，并配合当地支援人员完成发放工作。应急物流管理部门根据信息系统传回的物资需求清单全面监管负责物资的筹备、装配、运输等各个环节，并将信息反馈到指挥中心，由指挥中心进行下一决策。应急物资完成装配后，由配置了 GIS、GPS 等技术的运输工具根据运输方案将物资送往受灾地区，全程可视。应急物流管理部门可以实时监控运输车辆的动态信息，实现实时调度、调整运输计划，保证物流目标的精准实现，确保应急物资安全送达。

应急指挥中心分析物资需求并指挥协调应急物资储备管理中心和应急物流

管理中心相互配合，共同完成为受灾地区筹备、运送应急物资的任务。在这个过程中，应急物流信息系统对受灾地区的大量信息的收集、处理和分析的速度和准确性与应急物资管理的水平和效率有直接关系，因此改进、提升应急物流信息系统非常重要。

二、应急物流中应急物资的采购

传染性疾病、战争、地震等大型突发事件的爆发常常带有极大的破坏性和突发性，威胁着人民群众的生命安全，往往在短时间内产生大量的医疗资源需求，但这类资源的储备分散，分布在各个城市、地区，尤其是某些专用药物和专业的传染科医生等，难以快速满足受灾地区的需求，这就导致了供求的极度不平衡。因此，应开辟多方渠道，在保证物资质量的前提下，广泛向社会甚至向国外大量采购相应物资。

应急物资主要用于保障灾区居民的基础生活、减轻灾情的影响、延缓疫情的扩散以及为灾后重建提供保障。应急物资的采购量常常对采购任务完成的时间有较高的要求，采购特点如下。

（一）时间短，采购质量高

应急物资采购消耗的时间越少，受灾人民就越多一份保障。因此，通常要求采购流程尽量精简，采购速度尽可能快。另外，由于应急物资本身具有特殊的性质，因此在其采购活动中对物资的质量有很高的要求，所采购的物资本身的质量、规格等各项指标必须达到采购的要求，尤其对紧急治疗的药物、疫苗药剂、血液制品等有更高要求。

（二）供应商多元化

由于应急物资本身的特殊性质，采购活动带有一定的紧迫性和目的性，且采购量较大，单一企业往往无法在短时间内完成供应任务。因此，通常筛选多个符合条件的供应商同时供应物资，这样虽然能够在短时间内达到采购数量的需求，但其生产产品的质量、规格等仍需要进一步筛查检验。

（三）采购方法与采购行为规范的矛盾

由于采购活动受时间限制严重，具有强烈的紧迫性。因此，采购部门会选择合适的采购方式完成采购任务。随着我国对采购活动的进一步规范，采购活动虽然在一定程度上更加公开、透明，但也有僵化的可能，影响了整个采购活动的顺利进行。例如，招标虽然是一项公正、公开、透明的政府采购方式，但其效率决定该方法并不适用于应急物资的采购。

对于采购活动来说，其最关键的问题是采购时间的限制和采购数量的把控，这两大问题对库存消耗的成本有直接的影响。目前，没有可行的办法可以通过分析各项物资的结构比例决定各类物资的需求数量，相关部门只能依靠之前的案例统计的物资消耗数量找出物资需求量与需求时间的关系，估算各项物资的采购数量和最大时限，制订可行的采购计划，采购人员按照计划完成各项物资的采购活动，从而在节省成本的前提下，为受灾地区及时、准确地提供应急物资保障。

三、应急物流中应急物资的储备

适量储存应急物资能够在发生突发事件时，迅速为受灾居民提供基础的生活保障，有助于提高救援效率，减少受灾地区的生命财产损失。

粮食的储备在世界各国和地区来看都非常重要，尤其是在发生大型灾害时，如蝗灾、旱涝灾害、地震、饥荒甚至战争等时期。应急物资储备仓库的布局和建设数量、可储存的物资类型及数量等对大型突发事件的救援支持行动至关重要，为了加强各地区对各种突发灾害的抵御能力，我国已形成较为完善的应急物资、物流管理体系，在平时要对储备物资做好科学的维护和管理工作，在灾时及时为受灾地区提供应急物流保障，减少人员伤亡及财产损失，加强受灾地区对灾害的抵抗能力，极大地缩减救援时间，进而促使受灾地区迅速有序地完成灾后重建，同时节约了各项成本。目前，与一些西方国家相比，我国在应急物资的储备方面还有待提升。扩充物资储备种类，加大各类物资储备数量，完善医疗救援系统，提高医疗救护保障是我国应急物资管理方面面对的重要问题。

首先，应对应急物资储备做出合理的布局，这种布局不仅需要物资储备库分布区域上的布局，还需要对储备物资结构的布局有着合理、清晰的规划。

其次，应结合当地地理环境、居民居住环境、人口密度、经济发展状况以及物流设施的基础条件等因素，科学设计适当的物资储备规模和各项标准。

最后，应优化物资的储备结构。运用 ABC 分类法，根据物资的重要性对其分类管理和储存，可将其划分为一般物资和重点物资。根据市场对物资的供应情况，可将物资划分为长线物资和短线物资对长线物资。原则上实行少储存或不储存的管理办法；对短线物资应多关注并合理储备。要加强各种物资的管理，实时了解市场供货的实际情况，从而合理配置物资的储备结构。我国民政部为从整体上提高应对突发事件的应急物流能力，下发了相关通知，要求各个省市、地区构建健全的应急物资储备体系，并提高应急物资储备管理部门的反应速度，在各类突发事件发生后，调配救援物资和救援人员同步到位，迅速提高物资保障和应急救灾能力。

我国各级行政区域应结合相关规章制度，根据管辖区域内的自然地理条件、常发性突发事件、经济发展状况、交通条件、人口密度等，因地制宜地在全国范围内科学编制应急物资储备库的布局建设规划，建设或租用场地建设库房，合理利用土地资源，确保因地制宜、布局合理、功能齐全、结构合理、规模适当，还要保障灾时反应速度、配合迅捷、运转高效，从而为救灾行动提供有力的保障。另外，对交通不太发达的村、镇等地，可将避灾场所与救灾物资储备地点结合，以保证在灾害发生后外界救援力量到达前，为居民的基本生活提供保障。

库存管理涉及范围广，应用多种管理思想和管理办法，是一项庞大的系统性工程，很多方面需要进一步完善，主要包括以下几点。

（1）由于灾区需求信息量大且具有不确定性，这为灾时的库存管理带来了很大的难度，还需要进一步研究出更好的策略和办法，以便更加妥善地应对突发事件对库存管理带来的各种问题。

（2）需要加强对库存物资的分类管理，研究出更科学的分类办法，使其能够进一步提高与应急物流的配合度，还能够体现出市场物资的供应情况，以便在日常随时调节物资结构，补充短线物资，充盈应急物资库存，为受灾地区提供有力的物资保障。

（3）目前，物资库存管理机构在预测灾区需求时，仍未构建出能够精准预算物资需求的数学模型，无法从物资的种类和数量上做到精准的物资供应。科学的预测方式能够辅助库存管理部门进行更为精准的决策。

四、应急物流中应急物资的运输

突发事件往往会造成局部大量、突发性的物资需求，我国的物资供应水平完全可以满足这一需求，但如何在短时间内进行精准的物流配送投放是目前我国应急救灾过程中需要面对的关键性问题。如今，尽量降低物流成本这一问题已成为次要考虑条件，怎样压缩物流时间及时将物资发放到灾区群众手中已成为亟待解决的重要问题。首先，应结合灾区对物资需求的迫切程度以及物资的作用、价值、数量、运输条件等因素，制订最可靠的运输方案，还可根据实际需要，结合水、陆、空多种运输方式，开辟绿色通道，畅通、安全、及时、准确地将物资运送至受灾地区；其次，由海外供应的应急物资可以适当简化海关检验流程，优先保障应急物资的运送；最后，民用应急物资应享有与军事物资相同的优先运送待遇，在突发事件发生后，社会各界应优先保障应急救援力量。

五、应急物流中应急物资的配送

突发事件一般具有区域性特征，通常发展迅速。为保证在最短的时间内将各类物资送至受灾地区，各部门机构应提前做好准备，做好有效的分工配合工作。物流中心能够快速对物资进行分类分拣、组套、包装、装载等任务，并以很高的速率和准确度将各类物资搬运至对应的运输工具中，从而实现快速的物流配送。由于应急物流中心在使用时需要很大的空间成本，且只有在突发事件发生时才会启用，介于这些特殊性质，各级政府通常将其设置在管辖地区的物流中心，突发事件发生后，就可以迅速调整运行模式，结合平时的经验和技术支持，为应急物资提供集散、中转等场所。

由于突发事件的不确定性较强，因此各个区域应急物资常出现供需不平衡的现象，导致部分受灾点物资有富余，有些受灾点物资仍有较大需求缺口，进而影响灾情控制的进度。造成这种现象的原因有以下几点：①灾情的持续变化、次生灾害的发生导致受灾地区对应急物资的需求也在不断变化，这种变化难以掌控，易造成物资供应不足的现象；②应急物流在灾区物资需求量满足的信息传回指挥中心之前，就已快速地将一些可重复使用的应急物资运往各个接收点，应急物资总量呈单调上升的趋势，可重复利用的物资在受灾地区充分发挥了可重复利用的特性，加之源源不断的物资补充，加剧了物资过剩的现象。我们可以通过提高物流转运功能、提高需求判断的准确性、合理控制资源的供应来减少应急物资供应不均的现象。

大量的物资供应主要是为了避免因应急物资不足而影响救灾行动，降低受灾群众面对灾害后续影响和其他次生灾害时的抵抗能力。由此可看出，适当供应应急物资的重要性。目前，只能通过应急物资管理中心对受灾地区需求的精准判断和应急物流中心提高自身快速运转物资的能力，才能够缓解物资不均对救灾行动造成的压力和影响。应急物资管理人员应结合灾害影响和次生灾害发生的可能制订更为合理的应急物资供应方案，协调各个受灾地区应急物资的重要任务主要由应急物流负责。应急物流管理中心应及时根据受灾地区的物资供应情况，找出物资需求量仍较大的受灾地区和距离最近的物资储备库或物资供应有富余的其他地区，制订合理的应急物资运转计划，快速完成物资的转运调度工作。

结合近年来向受灾群众发放救灾物资的多个案例的具体情况，发现物资的发放基本由政府工作人员或军队完成，效率较低，速度较慢。因此，可以通过以下几个方面提高物资的分发速度，建立完善、高效的应急物流配送体系。

（1）提高应急物流指挥中心的宏观指挥能力，全方位做好调控工作，全局掌控物流的走向和使用情况，做好应急物流的调动指挥工作。

（2）地方政府与国家军事力量强强联合，互相协调配合，尤其在大型突发事件中，可充分借用军事力量、装备、资源等，加快实现救援力量和应急物资的分发。

（3）政府应加大对国内电子商务业务的扶持力度和鼓励政策，促进国内电子商务市场繁荣发展，以便灾时能够为受灾地区提供更加快捷的物资支持。从物流行业的发展角度看，电子商务的发展有助于提高物流行业的服务水平和质量，精简和改进物流的整体环节，提高物流的反应速度和运输配送速度。

（4）政府应加大社会人员的动员力度，鼓励社会志愿者尤其是医护、防疫、消防、公安等专业性强的人才积极参与救灾行动，包括救灾物资的生产和募捐、资金的募捐、物资的运输和发放等，为受灾地区提供更全面有力的保障。

（5）改善应急物资的配送方式，增加配送人员数量，结合受灾情况制订科学的应急物资配送方案，在进行物资配送时，应合理利用一切可用资源，如网络、各种技术、工具、场地、当地居民等。可在受灾地区适当建立多个物资发放点，设置好领取物资和离开的路线，避免造成拥堵、混乱等。各个物资发放点的物资发放团队由政府或委员会、村委会等组织的成员与合适的当地居民组建。其中，政府工作人员主要负责监管、对接物流及盘点物资的工作；当地居民因熟悉当地情况负责物资的发放、登记，避免物资的漏发、重发。另外，还可以灵活采用无人机、直升机等在空中进行定点投放物资，实现精准配送、投放应急物资。

第三节　各类突发公共事件中的应急物流管理

一、洪水灾害下的应急物流管理

（一）洪水灾害基本知识

人类通过对自然资源的合理运用，创建了现在舒适、便捷的生活，但大自然带给人类的除了自然资源之外，还有不可避免的自然灾害。据统计，洪水是目前已发生的自然灾害中对人类影响最严重的一类自然灾害。洪涝灾害也是我国主要的自然灾害种类，面对严峻的灾害形势，政府十分重视减灾救灾工作。

1. 洪水的概念

"洪水"一词最早出现于我国先秦的《尚书·尧典》一书，书中讲到"汤汤洪水方割，荡荡怀山襄陵，浩浩滔天，下民其咎"。之后的《史记》《国语》《孟子》等书中都有关于洪水的记载。广为流传的大禹治水的故事更是体现了中国人民自古以来就有长期与洪水做斗争并渴望获得胜利的心愿。

中华人民共和国成立后，水利和防洪专家对"洪水"的定义进行了大体的概括，即洪水通常是指由暴雨、急骤融冰化雪、风暴潮等自然因素引起的江、河、湖、海水量迅速增加或水位迅猛上涨的水流现象。

2. 洪水的类型

洪水按照不同的划分方式，可以分为不同的类型。按发生地域划分，洪水可分为山洪、海洪、湖泊洪水以及河流洪水灾害等。按成因，洪水湖划分为以下几类：①因降雨引发的洪水。这类洪水常发生于中低纬度带地区，由于江河流域宽广，水库、湖泊蓄水充盈，大量降水的积累导致支流洪水汇集，形成迅猛、历时长久的洪峰。其中，涨落迅猛的洪峰易形成暴洪，突发性强，破坏力大；涨落稍平缓的为大洪水，对人类社会也有很大的危害。②大量的融雪也会造成洪水灾害的形成，这种洪水常发生于高纬度严寒地区，是由春、夏气温回升，积雪大量融化导致的。③在中高纬度地带，冬季河流在较高纬度时逐渐结冰，到了春季解冻期解冻不完全就会形成冰塞甚至冰坝，引发洪水。④湖泊洪水。其形成原因为湖面发生大风或湖水置换时期，或者在两者的共同作用下形成，发生时湖泊水位剧涨，涨幅甚至可达 5～6 米，主要发生地有北美洲的密歇根湖、苏必利尔湖以及休伦湖等。⑤泥石流。其形成与降水及其自然地理因素都有很大关系，降雨致使崖壁、山体等结构崩塌，雨水与大量泥沙、石头混合流泻形成。⑥山洪。其发生于山区溪沟地区，在降水和陡坡的共同作用下，支流以很快的速度汇集，形成了洪峰，这种洪峰通常涨落速度较快。⑦水库发生坍塌等事故后，大量水体倾泻，导致下游河段水位飞速上升，形成溃坝洪水，溃坝洪水不只发生在水库，有时因河道堵塞等造成水位升高后又突然溃决也会形成溃坝洪水。⑧海啸。它是发生于沿海地区的一种洪涝灾害，形成的主要原因是海底地质运动，如火山爆发、地震。⑨天文潮。它在潮汐作用的影响下，海洋水体会产生长周期性的波动现象，在这种情况下，海水涨潮时的最高点被称为高潮，落潮的最低点叫低潮，相邻潮间的高低水位差叫潮差。⑩风潮。即由台风、温带气旋、冷锋的强风作用和气压骤变等强烈的天气系统引起的水面异常升降现象。它和相伴的狂风巨浪可引起水位上涨，又称为风潮增水。

3. 我国暴雨洪水

暴雨洪水是我国最常见的一种河流洪水，于夏、秋两个季节多发，南方春季也有部分地区会发生这类洪水。暴雨洪水的发生地区主要集中在我国中东部地区，西北部地区较常见的是融雪洪水以及雨雪混合形成的洪水。1998 年长江大洪水和 1998 年嫩江、松花江特大洪水都是暴雨洪水形成的。

我国暴雨洪水主要有以下特点。

（1）季节性强，地域分布不均

我国幅员辽阔，随着季节、气温的变化，副热带会在南北方向上移动，随之雨带会发生南北位置变化，呈现季节性降水特点。季节性降水中常伴有大到暴雨，造成河流、湖泊水位快速上涨，形成洪水。另外，夏季沿海区域多发生台风，并伴随暴雨，也会造成暴雨洪水袭来。我国暴雨多发生在春、夏、秋季，因此暴雨洪水多发于这三个季节时段中。

（2）洪水量大，涨峰高，干支流常见遭遇性洪水

我国地形从西北向东南延伸，海拔逐渐降低，强化了东南湿暖气流与西北冷空气流的交锋，形成大量的降水。另外，在植被覆盖和地面坡度的综合影响下，大量水流快速汇集成洪峰，且洪峰流量大，易叠加形成大规模的暴雨洪水，各路洪峰流动汇聚时，常常对经过的干支流造成很大影响，形成严重的遭遇性洪水。

（3）年际变化大

我国拥有 7 个大规模流域，导致洪水有很大的年际变化，北方流域的各年洪峰流量的变化巨大，且比南方流域更为显著。

4.大洪水的阶段性和重复性

根据大量的洪水调查研究，可知我国主要河流大洪水在时空上具有阶段性和重复性的特点。

（二）洪水灾害应急保障物资分类

洪水灾害中，抢险救灾涉及的保障物资主要有以下四类。

（1）防汛物资。例如，橡皮船、冲锋舟、救生船、救生衣、救生圈、编织袋和麻袋、块石、沙石料、铁铲、土工布、塑料膜、铁锤、铁铲等。

（2）生活类物资。例如，衣被、毯子、方便食品、救灾物资、饮水器械、净水器等。

（3）医疗器械及药品。

（4）建材类物资。例如，水泥、钢材等。

为了配合防汛应急预案，应成立应急物流组织机构，以实现应急物流的筹措与采购、应急物资的储备以及应急物资的调度、运输与配送。

（三）洪水灾害应急物资的筹措

要确保在洪水灾害情况下筹措到需要的物资，必须建立高效、规范、安全的应急物资筹措渠道。

1.防汛物资的筹措

防汛物资的主要筹措渠道是动用储备物资。防汛物资筹集和储备实行"分级负责、分级储备、分级管理"以及"按需定额储备、讲究实效、专务专用"的原则，采取国家、省级、地方专储、代储和单位、群众筹集相结合的办法。

防汛指挥机构、重点防洪工程管理单位以及受洪水威胁的其他单位应按规范储备防汛抢险物资，并做好生产流程和生产能力储备的有关工作。

汛前要对社会团体储备和群众储备的防汛物资进行督查落实，按品种、数量、地点、责任人、联系电话等进行登记造册，以备汛期随时调度使用。

有承担防汛物资储备任务的企事业单位、社会团体以及乡（镇）、村，要认真按照防办下达的储备任务落实到位，确保完好、管用，并按落实到位物资的品种、数量、地点、责任人、联系电话等进行登记造册，报防汛指挥机构备案。防汛物资储备单位要建立主管领导负责制和业务人员岗位责任制，制订物资紧急调度、供应与运输到位的措施和实施方案。

大型抢险设备不足的部分，应与社会上有此设备的单位预先签订协议，以租赁方式租入设备，保证抗洪抢险的需要。

2. 生活类物资的筹措

生活类物资可采用动用储备（供应商库存）、直接征用、市场采购、组织捐赠等物资筹措形式。若应急物资的数量仍不能满足需求，可组织相应的供应商突击生产。可由粮食局负责组织粮、油的供应和生产；由经贸局负责组织肉、禽、蔬菜和日用工业品生产、应急调度。

3. 医疗器械及药品的筹措

这类物资可采用动用储备（供应商库存）、直接征用、市场采购等物资筹措形式。若应急物资的数量仍不能满足需求，可组织相应的供应商突击生产，甚至国外进口采购。医疗器械及药品的筹措由医药公司负责组织实施。

4. 建材类物资的筹措

建材类物资主要用于保障应急抢险和灾后重建。这类物资可采用动用储备（供应商库存）、直接征用、市场采购、组织捐赠等物资筹措形式。若应急物资的数量仍不能满足需求，可组织相应的供应商突击生产。建材类物资的筹措由物资公司负责组织实施。

（四）洪水灾害应急物资的储备管理

救灾物资的储备是实施紧急求助、安置灾民的基础和保障。1998 年 7 月，民政部、财政部下发《民政部、财政部关于建立中央级救灾物资储备制度的通知》（民电〔1998〕第 168 号），许多省份根据自身的情况建立自己的救灾物资储备中心。

在政府建立自身专门性救灾物资储备了基础上，可走市场化的道路，遵循"化整为零、分级代储、保障供给"的原则，整合储备资源。

一些有较为苛刻的保存要求和使用时限的应急物资，如药品、食品等，可以依法与供应商或生产厂家沟通，由它们代为储存，这样不仅可以节省库存成本，还能保障应急物资的质量。各级政府应对防汛物资实行分级管理或就近寻找代储场所。此外，相关部门应掌控市场的供货情况，做好各类物资的管理工作，及时更新和补充缺少的物资。

防汛物资储备历来是防汛准备工作的难点，存在资金投入多、仓储空间大、储存和保管不易等困难。储多了用不掉，储少了不够用，储备时间长了又要变质。浙江省江山市防汛抗旱指挥部本着"宁可备而不用，不可用而不备"的原则，采取"专储、代储和社会化储备"相结合的办法，有效解决了防汛物资储备难的问题，值得学习和借鉴。其具体做法如下：①专储。由市防汛指挥部专门储备。每年汛前，指定市供销社按规定地点、时间、品种、数量、质量要求储备。②代储。委托有关企业储备。根据区域分布，与浙江天蓬畜业有限公司、江山市粮食收储有限责任公司签订防汛物资储备协议，规定储备时间、物资要求、提取方法、相关责任和费用结算方法。所储物资若汛期未用，则付给一定数额的保管费；汛期调用，抢险完毕后按实际使用数付费。市防办将对物资进行不定时抽查，如发现未按要求储备物资的将追究其相应责任。受委托方专设仓库屯放，并设立值班室，落实专人负责物资的保管，汛期必须安排人员 24 小时值班，确保甲方能随时调用物资。③社会化储备。除要求乡镇、村储备一定数量的防汛物资之外，还要采取就地取材的办法。水库一般都处在较偏僻的山区，库区附近毛竹、树木等资源丰富，由水库所在乡镇政府与当地农民签订协议，指定砍伐点，既解决了山区物资运输不便的问题，争取了抢险时间，又解决了资金困难和资源浪费的问题。

（五）洪水灾害应急物资运输管理

发生洪涝灾害时，在中央政府的领导下，各级部门应全力配合进行防汛抢险工作，公安部门、武装力量以及包括铁路在内的水、陆、空领域各交通运输部门应优先保障防汛人员、防汛物资与其他各类应急物资迅速到位。开闸分洪时，应调配车辆、船舶等交通工具，优先转移下游群众及其财产到安全地区，确保人员全部转移无遗漏。分泻大规模洪水时，应注意保障河道附近群众的生命财产安全，保证渡口、航道航行船只的安全，并提前准备救生圈、救生艇、救灾车辆、药品等抢险救援的各类设备和工具。面对洪涝灾害时，气象部门、水利部门等相关部门应提前做好预警，做好提前疏散工作，建立动态数据库，及时做好灾前防控工作和物资筹备、调度工作，使用各种科技手段实时跟踪处理各项减灾救援信息。

在组织应急物流运输过程中，应急物流组织机构要统筹考虑运输需求情况（人员运输、物资运输、抢险装备运输等）、运输资源（汽车、火车、船、飞机）的供给情况、运输设备情况、道路情况（公路、桥梁是否被水淹没或冲垮）等，协调好人员、抢险设备、应急物资的运输关系，合理配置和调度运输力量，从而提供应急物流的快速保障力量。

应急物流管理部门应提前与可靠的、较大规模的运输公司建立长期合作关系，洽谈应急物流相关事宜，当气象部门、水利部门等相关部门发出洪涝灾害预警时，及时做好防汛物资的运输保障工作。必要时，也可以向中央政府申请调动军事力量，加强防汛抢险工作的力度，为防汛前线提供更大的保障。

在防汛救灾物资的物流运输过程中，物流中心应精简物资的准备、包装、运载流程，尽快将物资装载到相应的运输工具中。交通管制部门可适当开通"绿色应急通道"，为应急物流提供一条或多条专用运输道路，缩短物流时间，提高物流效率。涉及边防、海关、航空等的应简化检疫查验流程，优先保障防汛物资的供应，各部门全力支持、配合，以保障群众的生命安全，将群众的财产损失降到最低。

如果交通工具、运输设备等发生故障，可立即向当地政府部门求助，由政府派遣相关人员抢修。情况紧急时，也可动员或者征用其他部门和组织的交通工具及设施。当铁路、公路被洪水淹没或冲垮时，可以增援空中或海上救援力量。需要强调的是，常规的空中力量增援的派遣程序比较复杂，所用时间长。因此，在遇到突发情况时，精简的救援程序能够保证应急物流精准救援，节省更多救援时间，提升救援效率。情况紧急时，当地相关部门应立即联系管制部门，提出运力申请，再由管制部门向民航方面的管制部门沟通协调工作，将高度让出来，应急航路优先飞行。与此同时，需要向上级汇报协调的救援信息，在安排救援工作的同时，与上级指挥部门时刻保持联络，保证在接收紧急命令时，立即做出紧急调度反应，用迅速、高效的应急物流向灾情现场输送物资，保障受灾人民的基本生活需要，为抢险救灾的一线群众提供保障。

（六）洪水灾害应急物资配送管理

洪水灾害应急物资配送发生在洪涝灾害后，应急物流配送体系能够顺利、快速地为灾区居民供应应急物资主要取决于能否满足处于救援终端的灾区民众需要的应急物资和能否搭建精干完整的应急物资保障供应链，并为救援"最后一千米"提供有力的保障。为此，应急物流的配送活动主要从以下两点展开。

1.采取灵活的配送方式，科学确定配送需求指标体系

首先，应收集并分析灾区的受灾情况和受灾居民的需求，利用网络技术找到对应急物流的运输和配送影响大的因素和指标，再利用系统工程原理科学地分析各项指标，进而构建出灾区需求的指标体系。之后，根据三级预警体系为其划分等级，并根据灾情预警级别选择对应的供应方式，有效配送应急物资。此外，在配送过程中，还需要关注灾区居民的动态，时刻跟进灾区需求信息并及时做出配送调整，以最大限度地发挥救援力量。紧急级别的预警体系要求国

家政治、权益应享有最高级别的保障力度，各个企业、单位应遵循国家紧急指令，运用先进的技术手段和运输设备，灵活使用超常规的配送方式，如使用直升机、无人机在空中定点投送等，积极响应国家为抢险救灾做出的战略性决策，持续为受灾地区供应应急物品。应急物流配送系统要能够有针对性地调动整个社会的物流资源，在灾情发生时，要立即向受灾地区供应应急物资，为灾区救援行动和灾区居民基本生活需要提供保障，从而维护社会稳定，保障公共安全，促进国家稳定发展。

2. 充分利用电子商务平台，打好应急物流配送"服务牌"

与传统商业物流相比，应急物流的反应速度更快，时效性更高，针对性更强。因此，应重新规划应急物流的配送流程，尽量省略不必要的环节，优化配送网络，结合智能化、自动化的技术，在获取灾区受灾情况后第一时间用最快的速度计算出最佳的配送方案和流通渠道，以提高应急物流的反应速度和配送速度。我们可以通过构建与物流配送适配程度最高的第三方电子商务系统，统筹多个供应商和用户，形成庞大的流通规模，利用规模效益，为应急物流提供多元配送方式。目前，虽然我国已经实现了通过网络进行商务活动，但仍没有建立完整、有效的社会物流配送系统，仍无法做到实物配送服务适时适量、成本低廉，只有解决这一问题，做好物流配送的服务工作，才能够推动应急物流的配送业务稳定向前发展。应急物流的配送业务将支援灾区、应急保障放在首要位置上，根据受灾地区的灾情和需求，迅速做出反应和合理的分析，在预先设定的各种救援方案中选择出最合适的方案，加以调整，联合供应链供应各种物资、技术、服务等，持续进行配送服务，追踪灾区的动态信息，不断调整供应方案，做好后方支援和保障工作。此外，还需要建立服务考评机制，从全面、客观的评价中分析每一次应急物流配送行动的优点和缺点，不断提高物流服务的速度和质量，最大限度地发挥出支援作用。

同时，可通过地方干部、民兵、赈灾部队、公安、志愿者、防疫人员、医务人员等多方力量，以最快的速度将需分发的应急物资分发到受灾人员手中。

（七）应急款项的筹措与管理

各级人民政府应预先制订应急处置各种突发公共事件的应对方案，做好资金保障工作，结合社会经济的发展状况建立适配应急经费投入机制。

每年的洪水灾害都会严重威胁我国居民的生命财产安全，造成大量的经济财产损失，因此应对和治理洪灾产生的基础设施建设费用、人员安置费用、装备费、日常经费、物资、特殊救助费用等各项经费应全部纳入财政部门的年度预算中，财政部门根据每一年发生洪灾产生的费用，为下一年度预留出相关项目的经费，保障应急资金的支出需要。

二、地震灾害下的应急物流管理

（一）地震及地震灾害概述

1. 地震及地震灾害

地震也叫地振动、地动，在地球板块发生碰撞或相互挤压时，会导致板块边缘或内部出现局部破裂或者错动，在这个过程中，地壳快速释放能量引起地面振动，这种振动具有范围性，是一种常见的自然灾害。震源就是地震开始的地方，也是形成地震波的地方，其正上方的地面就是震中，震中是地面上最早表现出地面振动的位置，震中与震源之间的距离就是震源深度。

地震灾害包括直接地震灾害和间接地震灾害。

直接地震灾害是指由于强烈的地面震动及形成的地面断裂和变形而引起建筑物倒塌和损坏，造成人身伤亡及大量社会物质损失。例如，1976 年 7 月 28 日，唐山发生了一场震惊全国的大地震，导致 24.2 人死亡，造成的损失甚至达到 100 亿元人民币，将整个唐山市变成了一片废墟。

间接地震灾害有以下几种：①强烈的地震导致了山体崩塌，形成了泥石流、滑坡等灾害，对人们的生产生活造成了严重的影响；②引发了河堤、水坝决口，临海地区甚至发生了海啸、水灾等事故；③地震导致的建筑损坏引起的居民区中燃气管道发生泄漏、电线短路或火源未被熄灭造成的火灾，工业产区或运输管道等泄漏污染气体甚至有害物质等对生态环境造成了污染；④由于地震发生后，卫生环境很难达到标准，导致疾病、瘟疫流行；⑤人们快速逃生时因踩踏、摔倒、拥挤等行为而造成的伤亡；⑥由于对地震等自然灾害缺少科学的认知或其他方面的因素而流传的谣言，对社会治安造成了负面影响。

2. 地震造成灾害的原因和条件

地震作为一种自然灾害现象，本身并不等同于地震灾害，就像下雨不等于水灾，刮风不等于风灾一样。也就是说，地震只在一定条件下才造成灾害。地震是否造成灾害以及影响灾害程度的主要因素有三个方面。

（1）地震本身的状况

较强的地震才有破坏力。通常情况下，达到中强度及以上的地震就能够对人类社会的生命、财产造成损害，破坏程度取决于地震的发生时间、类型和震源深度等因素。

（2）地震发生的地点

在无人居住的山区或者沙漠地区，即使发生的地震破坏力度再大，也不会对人类的生产生活造成影响。通常情况下，发生地震的地区如果人口越稠密，经济越发达，其人员伤亡和经济损失就越大。只占全球面积15%的大陆内部地震所造成的人口死亡竟占全球地震死亡人数的85%，这是因为大陆地区是人类的主要栖息地。

（3）人类对地震灾害的抵抗能力

包括人类是否具备充分的防震知识、相关组织预报、检测地震的能力、地震发生时人类的反应速度、建筑物对地震灾害的抵抗能力、社会及政府对受灾地区的紧急救援能力以及城市生命线（水、电、气等）的抗震能力等。

3. 地震的类型

产生地震的原因通常有自然原因和人为原因。另外，也可能有某些特殊原因造成地震。比如，体积较大的陨石撞击地面时会形成冲击型地震。引发地震的常见自然原因和人为原因主要有以下五种。

（1）构造地震

当处于地下很深位置的岩石发生错动或者破裂时，将会快速释放出大量的能量，形成地震波向周围传导出去，造成地表震动，这种地震被称为构造地震。其对周围环境的破坏力最大，发作非常频繁，发生次数超过全球地震总次数的90%。

（2）火山地震

在火山运动的作用下，随之发生的气体爆炸、岩浆活动等也会导致地震的产生，这种地震被称为火山地震。火山地震只可能发生在火山活动的地区，约占全球地震总数的7%。

（3）塌陷地震

矿井或地下岩洞坍塌都可能引起地震，这种地震被称为塌陷地震。其通常规模较小，发作不频繁，一项发生于地下进行过大规模开采的矿区或者石灰岩地区。

（4）诱发地震

油田注水、水库蓄水等活动也会造成地震，这种地震属于诱发地震，仅发生在某些油田地区和水库库区。比如，向深井内部进行高压注水作业、向大水库中蓄水等活动都会增加地壳压力，诱发地震产生。

（5）人工地震

各种原因引起的爆炸都会导致地面震动，这类地震属于人工地震，人类活动为主要诱因，其中较为常见的原因有地下核爆炸、工业爆破等。

4.地震灾害的基本特点

地震在各种自然灾害中居于首要地位，具有不可预测性及突发性特点，发作频繁，影响范围广，持续时间长，对城市生命线工程破坏大并产生严重次生灾害，对社会产生很大影响等特点。具体来说，地震灾害具有如下特点。

（1）突发性强

地震的发作具有突发性，人们往往来不及做出更有利的反应。地震的每次发作通常会保持几秒到几十秒的时间，虽然每次发作的时间比较短，但会给建筑物的结构造成很大的破坏，甚至倒塌，导致人员伤亡。地震的突发性影响是其他自然灾难无法做到的。

（2）破坏性大

有些大地震会发生在经济发展较好的地区，而经济发展程度较高的地区的常住人口一般比较密集，会在短时间内造成大量的人员伤亡，导致巨大的经济财产损失。

（3）次生灾害严重

地震不仅会造成房屋建筑破坏引发灾难，还会产生泥石流、山体滑坡、海啸、有害气体泄露、疾病、洪水、火灾等多种次生灾害。1556年初，一场8级地震发生在陕西华县（现为华州区），引发了火灾、洪灾、瘟疫等多种次生灾害，本就受旱灾影响食不饱腹的人民在各种灾情的连番打击下，失去了自救的能力，难以恢复以往的生活状态。这场地震带来的伤害极大。1906年，在美国旧金山地区发生了8.3级地震，这场地震不仅毁坏了市区的消防设施，还间接引起了50多场火灾，连续三天三夜的火灾几乎将整个城市化为灰烬，带来的损失几乎是地震直接损失的三倍。

（4）社会影响深远

大地震一般都具有突发性强、难以预测的特点，造成的人员伤亡和经济损失巨大，更会引发连锁的次生灾害，对受灾地区甚至受灾国家造成巨大的影响。因此，地震问题一直以来倍受全世界的关注。虽然地震的破坏具有一定的地域范围限制，但其震感能够传播很远，周围很广泛的地区都会被波及。另外，地震还会影响社会群众的心理、情绪等，引发多种社会影响。

（5）防御难度大

与其他灾害相比，地震灾害的防御难度更大。在各种灾害的预测方面，地震与其他灾害（如气象、洪灾等灾害）相比，难度要更大。在地震的预防方面，只能定期组织地震逃生的安全演练。另外，使用抗震性强的建筑材料可以有效减少地震带来的破坏，但这一工程需要投入大量的资金，无法在短期内快速实现。要做到最大限度地减轻地震带来的破坏，需要政府部门和各个社会组织及个人等互相配合、互相协调，迅速、高效、细致且有条不紊地做好救灾工作和灾后维稳工作。

（二）地震灾害应急物流管理

1.地震灾害应急物流内涵

地震灾害应急物流是指围绕地震救灾进行的所有物流活动的统称，包括地震救灾物资的运输、储存、搬运、包装、加工、配送以及地震救灾物流设施与装备的使用、管理和地震救灾中的信息处理等活动。

地震灾害应急物流是一项复杂的自然—社会—经济的系统工程，必须以现代科学技术为依托，统筹全局，动员全社会力量协同进行。

地震灾害给人类带来了巨大的损失。据统计，2005年全世界地震死亡人数达 88 500 人，约 10 万人受伤；9 000 ～ 11 000 人失踪；毁坏民居多达 50 万栋；330 万～ 350 万人无家可归；直接经济损失达 30 亿～ 40 亿美元。我国幅员辽阔，各种灾害时有发生，历次地震灾害都造成了建筑损毁、人员伤亡、交通中断等巨大损失。

发生地震后，虽然我国相关政府部门等迅速设置救灾指挥中心并安排救援、医疗、通信等各项救灾工作，社会多个组织及个人也都积极配合救援行动，募捐大量救援物资。但目前，我国针对大规模的灾害仍未建立起完备的救援和安置体制。另外，地震带来的通信中断和各种交通问题也导致地震救灾指挥中心无法及时获取完整的受灾情报，大量的救灾物资和设备等无法顺利、迅速地供应到受灾地区，错失了最佳的救援时机。在 2004 年印度洋海啸救援中，虽然援助物资陆续抵达，但在物资的配送和发放方面遇上了很大的困难。地震引发的海啸破坏了公路，而很多受灾民众生活在比较偏远的地区，导致救援物资难以运输和发放到位，一方面，大量的救援物资囤积在码头、机场等地，无法运输到需要的地点，另一反面，受灾群众无法获得救援物资，严重缺乏药品、食品。时任联合国秘书长科菲·安南对此次救援行动深表担忧，他表示，目前在国际上多个国家的支持下，救援的物资和资金已经不是救援活动中的主要问题，眼下救援物资的运输和配送才是救援行动中急需解决的问题。在这种情况下，大量的直升机、飞机以及空中管制人员等相互配合，做好后勤支援工作，才能将这些国际救援物资送往各个受灾地区。由此可见，应急物流管理对救援行动的重要程度。针对地震可能引发的各种灾害情况，要研究应急物流的管理，建立相对完善的救灾体制和安置体制，及时了解受灾情况，快速了解受灾地区的需求，快速恢复或建立与灾区的通信，保证物资的筹集、运输、配送等环节有序进行，快速解决交通问题等，及时将各种救灾设备运送到救灾现场，争取最佳抢救时间，快速将各种救灾物资和资金配送到救灾群众和受灾群众手中，为救援活动提供有力的后勤保障。

2. 地震灾害应急物流运作的特点

地震一般无法预测，具有突发性，影响范围很大。地震灾害应急物流所使用的物流渠道和模式具有一定的特殊性。

（1）组织者的特殊性

地震灾害应急物流通常由政府部门和社会各层的团体及个人互相配合组织形成，是一种政府和民众相互配合、共同完成的政治活动。在某种特殊条件下，也会涉及其他国家或地区。

（2）环境的特殊性

地震具有突发性特点，这一特点不仅体现在时间和受灾程度上，还体现在地震灾害发生的地点上，有很多无法预测和控制的因素，给地震灾害的应急物流管理带来了很大的困难。

（3）供需的特殊性

通常情况下，在已知商品供求双方的前提下，企业物流系统会根据需要完成商品的储存、加工和运输、配送等活动，追求用更低的成本取得更大的利润。应急物流系统只能在地震发生后，才能够知晓应急物资的供应方和需求方。这时的供应方可能是不同的政府部门，也可能是多个社会组织和机构，具有不确定性。由于突发事件具有不可预测性，需求方也无法提前确定，只能按照指挥中心的指挥，接收、处理和运输、配送各种应急物资。时效是应急物流的第一追求目标。

（4）供应链模式的差异性

在地震灾害的应急物流供应链中，需求方是无法预知的，需求方的具体需求信息也无法提前获取，因此供应方处于被动状态，无法带动整个供应链的运作。应急物流供应链运作的本质是实现对受灾地区的高效救援。因此，只有开展地震救灾活动，才能够推动应急物流供应链的运作。

3.地震灾害应急管理工作的特点

（1）强调地震应急法制建设

加强建设地震应急的相关法制，高效完成地震应急工作。1995年4月1日起，国务院施行了《破坏性地震应急条例》，其目的是规范全国人民在地震灾害中的应急行为。该法规首次明确了各级政府的职能和责任，是我国首次颁布的地震应急方面的法规。

（2）重视制定地震灾害的应急预案

对地震中各种可能发生的灾情提前制订详细、可行的应急预案并在地震发生后结合实际受灾情况调整应急预案，开展应急工作，从而有效地应对地震中突发的各种灾难。地震灾害的突发性强，且整个发生过程非常短暂，往往不会给人们留下充分的准备时间和反应时间。国家能够做到的只有明确各级政府部门的职责，制定地震灾害的应急预案并定期组织应急演练，做好应急物资的日常储备盘点工作和准备工作，提高指挥中心的应急指挥能力，尽量高效实施应急救援。另外，要普及各种灾害的相关科学常识及应急逃生、救援的知识，提高群众自救和互救的能力，全面为地震灾害的救援行动奠定基础，以避免盲目、被动地开展救灾活动。近年来，全国很多地区都发生过地震，各地政府部门根据地震灾情信息启动了相应的应急预案，保证了应急救援行动高效、精准、有序地进行，取得了显著的减灾效果。

（3）培养应急意识和提高应急反应能力

地震救援行动有序进行的一个重要前提是培养全国人民的应急意识和提高全国人民的应急反应能力。突发性强是地震的一大特点，我国现有预测水平仍无法准确预测地震将在什么时间、什么地区发生，以及地震的等级。因此，只能在地震发生后争分夺秒地进行抢险救灾工作，以减轻地震产生的损失。我国要培养全国人民的应急意识，随时随地做好地震发生的各项准备，如机制准备、救援支持、物资支持、资金支持、物流支持、技术支持等，定期组织应急演练，以提高全国人民的应急反应能力。

（4）结合震前、震后进行应急救援工作

无论对我国哪个地区来说，地震都属于小概率发生的事件，但地震本身具有极强的破坏性和突发性。为有效进行地震应急管理工作，高效、有序地开展救援活动，不仅需要在震前做好修订预案工作、加强救援队伍的训练、建立应急救灾的数据库、维护指挥系统稳定运行以及做好装备、设施以及救援工具的维护工作等，还要在震后快速响应救援行动、抓紧时间抢救受灾群众的生命财产、及时发放各种救援物资、做好群众心理辅导、维护社会秩序的稳定等，有机结合震前的预防工作和准备工作与震后的救援、医疗、恢复等工作，全面提高地震灾害应急工作能力。

（三）地震灾害应急物资管理

"救灾"是在灾情发生时抢救人员及财物，抗击灾害，在调离、安置受灾群众和其财务的同时，争取在短时间内调集大量救灾的人员和物资、设备迅速开展救援行动。物资主要指地震灾害发生后，由民政部门组织的各类救灾物资，国内外社会各界组织、单位、个人通过民政部门无偿向灾区捐赠的各类救灾物资，政府统一组织的经常性捐赠的各类物资。

1. 我国救灾储备中心的情况

当发生了地震一类的突发事件后，当地政府应迅速做出应急救援反应，中央政府也应提供相应的支援和救助。我国为了满足突发自然灾害救灾应急物资的需求，建立了多个救灾储备中心。这些救灾储备中心能够在社会捐赠的物资抵达受灾地区前为受灾地区提供基础的生存保障，如为受灾地区提供衣被、食物、饮水、帐篷等必需的基础生活用品。以下是对我国设置的救灾储备中心的简单介绍。

1998 年 7 月，《民政部、财政部关于建立中央级救灾物资储备制度的通知》发布，规定了每个代储点的地理位置及储备物资的种类，构建了 8 个中央级救灾储备物资代储单位，即民政部救灾物资储备库。2003 年，在原来基础上重新调整了布局，扩充为天津、沈阳、哈尔滨、合肥、郑州、武汉、长沙、南宁、成都和西安 10 个中央级救灾储备物资代储单位。中央先后采购价值十多亿元的物资储备在这些储备库。

目前，我国在储备应急物资方面仍处于起步阶段，仓储规模有限，储备物资的品种较少，数量也不多，应急物资储备库大多分布在我国的东部和西部地区。然而，我国西部地区地表比较活跃，地震活动较为频繁，救灾物资的储备量无法满足地震灾害的应急需要。例如，2003 年，当新疆和甘肃发生地震后，由于应急物资无法满足灾区的需求，只能从较远的武汉、长沙、天津及郑州的仓库中调运救灾物资，而较长的运输距离导致实际救灾效果大打折扣。

在这 10 个中央级别的救灾物资储备库中，位于天津和郑州的储备仓库规模较大，面积有一万余平方米，而长沙和武汉的仓库是租借而来的，其余各地的仓库的规模都比较小。各地的仓库基本都是自筹建设的，筹资总量限制着仓库的规模和建设标准，导致各地仓库都不具备完善的配套设施。详情如表 3-2 所示。

表3-2 各储备点的地理位置和储备物资的种类

地理位置	城　　市	物资种类
东北区	沈阳	棉、单帐篷
华北区	天津	棉、单帐篷
华中区	郑州 武汉 长沙	单帐篷 单帐篷 单帐篷
华南区	南宁	单帐篷
西南区	成都	单帐篷
西北区	西安	棉、单帐篷

2. 地震救灾物资管理中存在的问题

目前，我国采取多部门管理救灾物资的管理办法，如民政部门主要负责储备帐篷、衣被等生活类物资，卫生部门负责提供救灾药品，交通部门管理和协调运输救援物资的车辆和道路，粮食部门负责受灾地区的食物供应。各种救灾物资由相关部门分散管理和储备，直接影响了救灾物资的信息传递速率、供应调度速率，而且应急物流中不得不使用大量运输工具，这些方面都加大了救灾的成本。地震发生时，受灾地区原有的设备及物资等多被压埋或破坏，震后紧急救援急需大批药品、器材和其他物资。为受灾地区提供的物资大多数源于应急捐赠，即发生灾害时，由政府号召社会团队进行的捐助，这种情况下往往有很多捐赠组织进行捐助，再加上受灾地区的信息难以及时、准确地向外界输出等原因，社会捐赠的救灾物资在供应时间和物资种类上常无法与灾区的需求达成一致，造成供求失衡。比如，在震后早期急需大量急救物资，但常常不能及时送到。到震后中、后期，当灾区获得了充足的物资后，仍有救援物资源源不断地被运送到灾区，造成了救灾物资种类调配不均及资源过剩的现象，引发了物资的挤压和浪费。因此，震前要有物资储备，震后要根据需要及时供给，同时必须制定有效的管理和调控措施，防止出现地震救援真空或物资供应过剩的现象。

3. 地震灾害救灾物资的运输

有了地震救灾物资后，还要合理安排运输线路，以保证及时将救灾物资送往灾区。

（1）规划最合理的运输路线

地震救灾指挥中心应安排好救灾物资的初始调运地点、接收地点，合理规划运输线路。例如，新疆巴楚地区在 2003 年发生 6.8 级地震时，由于对物流运输路线缺少科学、合理的统筹规划，因此并没有启动距离震中更近的中央库，而是从距离相对较远的郑州和武汉调运应急物资，延长了应急物流的运送时间，这样不仅增加了运输成本和配送压力，还延误了救灾时机，增加了受灾人民的痛苦，影响了救灾效率。

（2）注意针对受灾地区不同于以往的交通状况做出相应的运输规划

在未受地震灾害影响的路段，应实行和日常相同的运输规划；在受灾地区运输和分发救灾物资时，应暂时摒弃日常的交通规则，结合受灾后的具体路况信息，重新规划最佳的运输线路。例如，2004 年，在印度洋海啸发生时，由于没有合理的运输规划，导致救援物资囤积在机场和港口等地，难以运输及分发到受灾群众手中。针对这种情况，可采用图上作业法和线性规划法合理规划救灾物流的运输路线，从而使时间效益最大化和灾害损失最小化。

（3）合理支配运输力量

安排运输力量时，可根据需要征用水、路、空运力，征用相关费用及补偿由国家报销。地方物资部门针对灾情做出救灾物资划拨使用的计划，并将其提交、申报，相关政府部门应专事专办，简化手续，加急处理，确保救灾物资安全、快速送达灾区。受灾地区运输物资时采用紧急配送的办法，由当地运输公司承担并执行。另外，运管部门应主动与当地救灾中心建立实时联系，以及时获取灾情信息，了解救灾物资的贮存和运输动态，建立 24 小时维护灾区交通的值班制度，根据需要随时调整运输方案，做好各类工具和机架、装卸人员的调配工作，保证有足够的运力支持救援活动，做好救灾活动的后勤保障工作。

（4）合理安排货物运输顺序

货物的运输可分成三个阶段：①急需运输。它又分为运送救灾物资和运送受灾人员。救灾物资包含药品、食品、帐篷等基础生活用品以及救援设备、工具等救援活动急需物资，这些急需的物资可以通过空中定点投放的形式送往灾区，其中最需要解决的问题是物资的发放；运送受灾人员指对受灾人员进行转移，做好安置工作，其中受伤较重、急需进行治疗的群众应及时运送至附近医院，同时需要考虑安置地的选择、转移车辆及救护车辆的调配以及医院的选择。②网络修复。安顿灾民后，应着手修复交通运输网络，尤其是受灾害影响严重的公路、铁路以及航道。快速修复了交通网络后，后续物资及救援力量才能够顺利进入灾区，加速进行救援工作，顺利开展建筑、设施的恢复和重建工作。③分批运输。救援行动基本完成后，需要对地震灾害损毁的建筑及设备进行修复或重建，这项工作需要大量建筑材料，这些材料可由成本较低的运输设备分批次运输，如铁路、水运等，以保障建设工作顺利完成。

4. 地震灾害救灾物资的发放

为受到地震灾害的区域提供的救灾物资以及捐赠物资由民政部门提出方案，报政府同意后，依照"先急后缓，突出重点"的原则合理分配。向灾区群众发放物资时，应做到公平、公正、公开发放，并将分发明细记录下来，做到账目清楚。在发放物资的过程中，各项环节的手续应完备，发放制度应健全。救灾物资严格按规定用途专项使用，平均发放，坚决杜绝优亲厚友，对所有人一视同仁，任何个人或团体均不可截留、平调救援物资，不可肆意改变物资用途。发放救灾物资时必须严格按照国家有关部门的规定进行。1991年，民政部就对救灾物资的发放对象做出了相关规定。

（1）食品类。比如，粮、油、糖等应发放到生活困难且缺粮的受灾人民手中，保障其基本生存需要；营养品、饮品等应主要用于受灾病人和儿童补充营养。

（2）日常生活用品、小型生产工具必须发放到缺少这一类物品的受灾人民手中。

（3）棉衣、棉被等保暖用品应发放至缺少防寒防冻物品、难以过冬的受灾民众手中。如果毛毯数量较少，应优先向受灾地区的福利院、养老院、光荣院及分散供养的五保户等发放。

（4）药品、医疗器械等应统一发往灾区医疗抢救单位，由其分配安排，发挥最大的卫生医疗作用。

（5）钢材、水泥、木材等建筑材料主要用于福利院、养老院及光荣院的重建和修复，剩余材料以及油毡、帐篷等主要用于为无房户灾民提供临时住所、修建房屋或者搭建简易住所。

（6）薄膜、农药、化肥等农用物资应全部用于恢复农业生产。

（7）交通工具类物资应由民政部门统一分配使用。对水上交通工具等长效救灾物资，灾后应及时收回，妥善保管，做好建立救灾物资储备仓库的准备。

（8）通信、办公设备类物资，如计算机、传真机及配套设备等，应交由省级民政部门统一管理，用于恢复或重建灾区通信网络。

（9）机电设备类物资，如电动机、发电机、排水设备等，发至重灾乡（镇）、村，主要用于抽、排淤水及生产、生活发电、

（10）家电类物资，如电视机、收录机、洗衣机、电冰箱等，只能发给灾区光荣院、敬老院和社会福利院，绝不允许发给个人、

（11）燃料类物资。比如，煤炭可以发给缺柴的灾民；汽油、柴油由各级

救灾组织用于救灾需要，一般不要发给灾民个人。

在此过程中，应选择宽阔、空旷的场地进行救灾物资的发放，如广场、体育场、学校的操场等，还要与受灾群众的安置点和救灾物资的存放地点间隔一定的距离。在救灾物资发放点设置进出通道，方便物资的领用，避免发放混乱的现象出现。

在抗震救灾比较紧急的时期，由政府组织发放救灾物资。到了救灾活动的中后期，可以借鉴、采纳企业物流运作的相关经验，委托第三方物流企业或其他专业社会团体继续进行救灾物资的运输和配送工作。将受灾群众的实际需求和物资的供应相结合，分类划级地向受灾地区发放相应的物资。这样的分配方式不仅能够提高救灾物资的运输、配送效率，使受灾群众的需求得到最大程度的满足，还能够有效避免人为腐败，影响救灾物资的发放。此外，还能够减轻政府的工作负担，促使政府部门尽早组织恢复生产、重建社会设施、还原社会生活。

（四）应急物流的发展方向——物联网技术

结合应急物流的特点，可以分析出在应急物流中物联网技术主要有三方面的应用。

1. 应急物资 RFID 仓库管理

随着现代物流理念和技术的发展，应急物流的信息化管理水平越来越高，仓储管理作为其中的重要组成部分备受关注，RFID 技术逐渐深入库存管理中。储备应急物资有利于救援活动及时、高效地开展，节省筹集物资的时间和物流成本，有效提高物流配送的效率，进而为救援工作争取更多宝贵的时间，对整个救援活动有着重要的影响。RFID 技术的大力引用促使应急物资仓储管理拥有更加敏捷、快速的反应能力。

RFID 技术使应急物资管理中的权限控制更加严格，大幅度降低了应急物资管理的差错率，提高了其自动化水平和管理效率，缩短了指令下发到产生执行结果的时间差，并实现了自动化入库管理功能，能够自动识别应急物资的电子标签，自动统计并生成数据表，根据数据表将所有入库物资自动分类、归纳，存放到指定的仓位上。当其中有不合格的商品被检测出来时，将会自动挑拣出来并存放到暂管区，自动向供应商发出更换申请。RFID 技术能够自动收集入库物品的信息资料，方便、快捷地找到物资。

（1）在库管理

应急物资可以根据需要快速调动，结合这一特点，RFID 技术能做到及时更新仓储库存的数据信息，还能够实时查询和管理仓储库位，并为操作人员提供仓储信息，使其快速了解未征用库位存放的应急物资。RFID 能够根据不同物资的性质特点，分类储存应急物资，将灾区必需的应急物资送到配送中心，由配送中心直接送往受灾地区，并战略性地储备其他非必需品。

（2）出库管理

这项技术能自动读取并过滤出库物资的电子标签，对出库物资的信息进行验证后，自动更新仓储关联的信息数据表，并根据救灾物资的缺失情况，及时补货。该技术还能实时跟踪应急物资，并获取其物流状态，以确保救灾物资能够安全、快速地抵达受灾地区。

2.应急车辆 GPS 监控

在应急物资的运输和配送过程中，GPS 技术始终发挥着重要的作用。GPS 技术可实时为相关部门或机构提供车辆的运输状况、道路信息等，有利于指挥人员从整体上对应急物流的运作进行调控，优化运输线路，安排最优装载量，统筹整体运输规划，使物资及时、准时地抵达受灾地区。目前，该技术的主要功能是导航功能。由于地震灾害具有突发性，而运输人员不一定熟悉去往灾区的路线和路况，GPS 技术在这种情况下能够为司机提供精准的导航服务，缩减运输时间，使应急物资安全、快速地抵达受灾地区。

（1）应急车辆监控和调度

将 GPS 技术与应急物流的特点相结合，有利于应急救灾指挥中心实时了解运输车辆的数量和定位，随时调整运输计划，下达调度命令，结合路况、灾情等信息做好紧急预警工作。此外，相关部门还应根据不同的物流类型使用对应的 GPS 监控系统，结合该技术的定位功能，及时获取应急物资的动态信息，保障再去有充足应急的物资。

（2）应急线路定制

利用 GPS 技术分析运输车辆的行驶数据，结合运输应急物资的目标地点和突发情况的影响，规划出最合适的运输路线，进而节约物流成本，提高物流效率。

（3）应急配送区域路网

该技术能够使受灾地区的地图数据及时更新，以跟踪和监控应急物流的路径。有些路面受地震灾害影响严重，无法详细估量路面受损情况，这时可以利用 GPS 技术在应急物流运输区域内采集灾后路面信息，加以处理和分析，以获取较为准确的应急配送区域路网。

（4）应急车辆的地理位置及行驶状态

该技术能够实时跟踪、监控应急车辆，反馈车辆的行驶路线。通常情况下，灾害会导致灾区的路况更加复杂，随时可能发生各种次生灾害。只有利用 GPS 技术实时监控应急车辆的行驶状态和位置信息，快速采集并处理路况信息，再向车辆及时传达前方路况，才能够确保应急车辆和人员安全、顺利地抵达灾区。

（5）应急物资分配点

监控应急物资的分配点，及时获取指挥中心的指令，完成物资的发放和配送。只有利用 GPS 系统采集并准确地分析和处理灾区的地理数据，才能够保障应急物资及时、准确地运输到指定分配点，迅速将物资发放到受灾居民手中，为受灾地区提供后勤保障。

物联网将信息世界与现实世界连接起来，在应急物流管理中发挥着更大的效用。利用 RFID 技术能够实现应急物资管理数字化、信息化，能自动在物资的装卸过程中采集物资信息，把控物资的流向，节省物流时间，提高配送效率。将 GPS 系统安装在应急车辆上，便于指挥中心全面监控和了解应急车辆的动态和灾区的地理信息，掌握运输情况和路况信息，实现远程指挥、控制和管理，以便及时将物资安全送到指定地点。

三、突发公共卫生事件应急物流管理

（一）突发公共卫生事件概述

根据《国家突发公共事件总体应急预案》，突发公共卫生事件属于一种突发公共事件。突发公共事件指具有突发性，严重影响生命及财产安全，破坏公共安全及生态环境，严重影响社会秩序的紧急事件。其主要分为四类：自然灾害、公共卫生事件、事故灾害、社会安全事件。

公共卫生不单指卫生工作，也指关系到一个国家或者一个地区人民群众健康的公共事业，要通过合理配置卫生资源保障人口健康。健全的公共卫生管理体系应该包括建立疾病防治预警系统、监控系统、疫情报告体系和社区防控体系等多方面内容。

突发公共卫生事件主要指突然发生，造成或者可能造成公众健康严重损害的重大传染病疫情、群体性不明原因疾病、重大食物中毒和职业中毒以及其他严重影响公众健康的事件，也指突然发生的、不可预测的、有公共卫生属性的、危害性和影响达到一定程度的突然事件。

1. 重大传染病疫情

重大传染病疫情指在短时间内发生并以较快的速度传播的某种传染性疾病，通常有较高的发病率，波及范围非常广泛，大量的人员感染并出现明显伤亡。比如，2003 年的 SARS 时间、2004 年的青海鼠疫疫情等都属于重大传染病疫情。

2. 群体性不明原因疾病

群体性不明原因疾病具有发病快、集中性、多发性的特点，在某相对集中的区域内传播和发病，感染范围持续扩大，感染人数持续增长，且无法在短期内确定疾病的种类和诊断方式。

3. 重大食物中毒和职业中毒

中毒指由于服用、吸入或长期接触有毒有害物质，对人体产生的不良影响。食品污染或烹饪方式不当会引发重大食物中毒，而职业中毒的主要原因是职业危害。

4. 其他严重影响公众健康的事件

其具有突发性，针对的是不特定的社会群体，造成或者可能造成公众健康严重损害，影响社会稳定。

（二）我国应对突发公共卫生事件应急物流存在的不足

眼下，我国缺乏完备的突发公共卫生事件应对机制，缺少危机管理和处理的应急意识，仍在使用有缺陷的公共卫生体系，应对突发公共卫生事件的物资储备不足，无法及时、全面地处理好公共卫生的突发事件，具体体现在以下几点。

1. 缺乏能够统一指挥应急物流的系统

目前，我国医疗卫生资源分布不均且较为分散，没有形成健全的信息沟通机制和资源协调机制，很多地方的政府无法将所有资源整合，统一指挥调配。

2. 缺乏对公共卫生突发事件进行有效应对的应急物流预案

对于公共卫生突发事件的应急处理，各级政府部门既没有明确自身的职能和责任，又没有健全的监测预警制度，应急器械设施、医疗设备、药品储备等都不充足。突发公共卫生事件发生后，有的地方一度处于被动局面。

3. 缺乏健全的应急物流信息网络

应急物流信息的收集、分析缺乏顺畅渠道，政府及有关部门难以及时、准确地掌握应急物流的状况。

以上问题尤其是应急物流管理显得非常薄弱，因此在突发公共卫生事件发生时无法及时、有效地应对和控制疫情，致使病毒传播和扩散，严重威胁到人们的身体健康甚至生命安全，严重影响了经济的发展以及社会秩序的稳定。

（三）突发公共卫生事件应急物流管理

针对我国突发公共卫生事件情况，其应急物流管理可从建立突发公共卫生事件应急组织、制订突发公共卫生事件应急物流预案、构建突发公共卫生事件应急物流信息系统三个方面进行。

1. 建立突发公共卫生事件应急组织

2006 年 1 月 8 日，国务院正式发布《国家突发公共事件总体应急预案》，强调有效组织应急物流保障是从容应对突发公共事件的物质基础。突发公共卫生事件是突发公共事件的一种类型，对其组织和管理也应遵循此预案。我国应对突发公共卫生事件的部门有国家卫生和计划生育委员会、各地卫生行政部门、医疗保健和卫生防疫机构以及相应的社会单位等。其中，国家卫生和计划生育委员会设立了突发公共卫生事件应急办公室，并设置的相应指挥中心。各地卫生行政部门按相关标准设置应急指挥机制，当发生重大疫情或其他公共卫生突发事件时，应立即派遣专业人员进行病毒溯源和调查相关信息，同时进行医疗救护工作，并及时向地方政府和党委汇报疫情，针对疫情控制提出有效的建议。目前，经国资委、民政部批准，中国物流与采购联合会应急物流专业委员会已经正式成立。此外，全国突发公共卫生事件应急指挥与决策系统于 2007 年底建成。

2. 制订突发公共卫生事件应急物流预案

突发公共卫生事件应急物流预案是为完成突发公共卫生事件应急物流任务所做的全面、具体的实施方案。应急预案能使应急准备和应急管理有章可循，有利于对突发事件及时做出响应，有利于提高全社会的风险防范意识。我国在制订突发公共卫生事件应急预案上已做了很多工作，如卫健委和各级人民政府分别组织制订突发公共卫生事件应急预案。卫生部（现为国家卫生和计划生育委员会）和交通部联合制定了《突发公共卫生事件交通应急规定》。国务院有关部门根据实际需要，制订和完善应对各类突发公共卫生事件的应急预案。

制订应急物流预案时，应参考我国已颁布实施的有关突发公共卫生事件的法规，确保应急物资顺利抵达指定地点。预案中应侧重理论、原则、组织机构、统一指挥、各有关部门协调，包括专家咨询队伍与现场处理队形的组织。针对不同的突发公共卫生事件，建立具体的应急物流预案，做到未雨绸缪。此外，要根据不同性质、不同类别和不同级别的突发事件，对应急物资（如医疗设备、医药药品等）的品种和数量进行检查，防止仅凭经验办事，而无成文规定的现象发生。

3. 构建突发公共卫生事件应急物流信息系统

突发公共卫生事件应急物流信息系统的任务是搜集、整理、汇总以及报告相关信息，以便在发生突发公共卫生事件时，指挥中心能够准确掌握应急物资的全部供应及运输信息，进而做出正确的应急物流保障决策。

首先，需要依赖突发公共卫生事件信息网络平台。该平台是蓐发公共卫生事件专属的基本应急物流平台，能够保证应急物流系统灵活、可靠且高效运行。国家卫生和计划生育委员会建立了统一的国家公共卫生信息系统平台和重大传染病疫情监测报告、重大食品卫生事件报告、重大卫生事件报告、重大环境污染事件报告、放射卫生事件报告等信息系统。其中，重大传染病疫情监测报告信息系统能够让国家和省、市（地）、县（市）疾病预防控制机构联网，并与各级各类医疗卫生机构联网。目前，全国各疾病预防控制机构、绝大多数的县级和县级以上医疗机构及部分乡（镇）卫生院通过网络都能够实时报告疑似或确诊病例并获得上级防控指令，在全国范围内实现了个案化管理传染病疫情，使疫情报告更加可靠，时效性更强。

其次，需要建立突发公共卫生事件预警预报系统。所建立的预警预报系统应满足以下几点要求：第一，该系统应具有法律效力。由于公共卫生事件的发生会对众多行业造成影响，其预警预报系统也会涉及多个社会行业，只有赋予该预警预报系统相应的法律效力，才能够对相关行业产生有效的法律约束作用，促使各行业在短时间内迅速做出响应，充分发挥自身的社会功能。第二，该系统应具有良好的可操作性，以便通过简洁的操作向整个社会发出紧急预警，最大限度地减少疾病的传播，快速控制疫情，维护社会稳定发展。第三，预警应具有综合性和公开性的特征。这就意味着政府必须全面掌控各种因素，做好各个部门的协调工作，迅速组织和形成综合预防体系和疫情监控体系，及时告知民众相关信息和安排，安抚群众，做好稳定社会的相关工作及后勤保障工作。突发公共卫生事件在爆发前往往会出现一些前兆。例如，SARS初期，很多抗非用品（如板蓝根、白醋等）的价格呈现非理性上涨状态，这就为预警预报公共卫生事件提供了可能。因此，有关部门应敏锐察觉各种临界指标的异常变化，并迅速调查原因，加强预警的反应能力，为应急物流救援活动争取主动权。

最后，需要建立突发公共卫生事件应急物流跟踪系统。有了应急物流跟踪系统，就可以对救援过程中使用的物流设备、设施进行跟踪，尤其是一些重要的医疗设备、设施、医药药品等。需要注意的是，建立突发公共卫生事件应急物流跟踪系统需要使用相应的技术，如射频技术等。

第四章 物联网环境下
应急物流管理体系的框架

第一节 应急物流组织体系的构建

一、应急物流组织体系的构建原则

应急物流组织体系是突发公共事件应急物流顺利运行的基本组织保证，也是对应急物流进行科学的指挥、协调和管理的重要保障条件。在构建应急物流组织体系时，要遵循以下原则。

（一）统筹规划，协同运作

应急物流管理组织体系涉及多个层面，能够为突发的各种公共事件提供有力的物资支援。具体来说，应在了解我国城乡发展现状和发展特点的基础上，由政府部门领导，统筹规划，组织各级单位、部门及社会组织和个人，从国家到区域、从省市到乡镇，分级构建完善的应急物流管理组织体系，并充分调动和发挥人流、物流、信息流、资金流的最大效用，使灾害应急管理的各职能部门互相配合，共享资源，共同运作该体系，从而为公共事件发生后的受灾地区或国家提供及时、高效的物资保障。

（二）快速决断，实时管理

突发公共事件具有突发性，会对社会造成很大的影响，在进行决策时，应抓住时机，争取宝贵的应急救援事件，不拖延、不犹豫，尽可能地控制并减小事件的影响范围，提高救援的效率，提高受灾群众的满意度。因此，当公共灾害爆发时，紧急指挥中心应在最短的时间里做出判定并果断、迅速地采取有效的措施，下达指挥命令，调动人力、物力、财力等各方面资源，抢修受灾地区的通信网络和交通网络，及时获取受灾地区对应急物资的供需信息和其他灾情信息，调度并合理分配仓储库的应急救援物资，开通多个渠道向社会筹集应急物资，争取人力援助，以使应急物资快速、精准地运输和配送，保障受灾地区的基本需求。

（三）灵活适度，科学有序

突发性的公共事件常常伴随着范围较广、较严重的影响。应急救援的黄金时间往往在灾害发生初期，因此应急物流指挥机构应迅速对突发公共事件做出反应，抓住应急救援管理工作的重点，抓紧时间做出决策并部署救援工作，根据灾情信息快速分析受灾地区对救灾物资的需求，集结多方力量，组织起稳重、干练的物流运输和配送队伍，快速、高效地为受灾地区提供物资援助。在为受灾地区运送应急物资的过程中存在多种潜在的危险，因此应在专家的建议和意见的基础上，做好风险评估和预防工作，根据评估标准，采用科学手段制订最优运输计划，灵活调控，使用尽量低的成本实现最高的物流运输效率。

（四）重视预案，依法管理

科学制订对应的应急物流预案，以便从容应对各种可能突发的公共事件，从而快速做出判断和决策，为应急物流争取更多的时间，进而为受灾地区提供物资保障。在设计管理应急物流的组织体系时，应考虑多个层面的组织性问题，制订科学可行的应急物流预案。我国发布的应急物流相关规定中明确了各部门的职能和责任，为各部门的救援行动提供了法律支持，解决了经费问题。因此，在构建应急物流管理体系时，还应结合各个地区的实际情况和相关管理办法和规定等，在遵循相关制度和规定的前提下，开展突发公共事件的应急物流活动。

除了以上四项主要原则之外，突发公共事件构建应急物流管理体系还应遵守很多原则。在管理应急物流活动的过程中，我们仍需要分析和结合各种突发公共事件，根据各个发展阶段的特点，构建科学、可靠的应急物流管理体系。

二、应急物流组织体系的构建框架

应急物流组织体系的建立有利于实现应急物流运作体系与应急物资保障系统的有效协调、高效运转。因此，我国应基于现有基础，结合物流的运作程序，调整政府在救灾方面的分工，将国家、地区的相关救援组织和机构设计到应急物流的指挥体系之中，以便做出更科学、合理的指挥。应根据国家、区域、省市以及县乡四个级别分级构建应急物流组织体系，同时根据灾情影响的大小灵活调控该体系的大小，由灾害发生地区承担地区性灾害的应急指挥工作，由国家应急指挥中心指挥调度各方资源，负责协调国家性灾害的应急指挥工作。此外，我国应将国家应急物流指挥中心和各个地区的指挥中心联网，构建国家级的应急物流指挥系统，以便及时接收和处理各个灾害发生地区应急物流的指挥、协调工作。

应急物流组织体系由应急物流决策机构、应急物流指挥协调机构、应急物流监控反馈机构和应急物流执行机构四要素组成。

（1）应急物流决策机构由国家级、区域级、省市级、地县级四个等若干层级的应急物流上级主管部门、应急物流决策部门、应急物流预警部门组成。

（2）应急物流指挥协调机构由国家级、区域级、省市级、地县级四个层级的应急物流指挥中心构成。

（3）应急物流监控反馈机构为相应级别的监察审计部门、预警分部和情报站组成；

（4）应急物流执行机构为各加盟应急物流中心、物流企业等组成。

应急物流组织体系不仅能够满足受灾地区对各种应急设施设备的基础需求，还能够指挥该体系内各个成员进行采购、运输、仓储、配送等工作，以高效有序、实时无误地开展应急物流活动。作为应急物流管理体系的关键，应急物流组织体系自身并不负责采购、运送应急物资的具体工作，而是主要负责灾时的指挥工作和平时的应急物流业务指导。只有建立健全应急物流组织体系，才有助于灾害来临时应急物资保障工作"来之能战，战之能胜"目标的实现。图 4-1 是应急物流组织体系结构示意图。

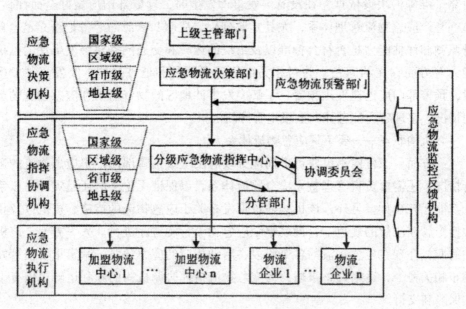

图 4-1　应急物流组织体系结构示意图

三、应急物流组织体系的要素分析

应急物流指挥系统是为应对突发事件而进行应急物资筹措、运输、调度、配送的物流指挥中心，是整个应急物流系统的枢纽。

（一）应急物流决策机构的构成和功能

1. 实施主体——各级应急物流决策部门

各级应急物流决策部门是各级政府中主管应急物流的职能部门。其要在上级主管部门的授权和监督下，根据现代物流的运作流程，依靠政策、法规、预案行使职能和开展工作，专门负责应急物资的筹措、储存、运送、配送等工作。

2. 领导主体——上级主管部门

对于应急管理体系而言，应急物流是其中重要的一环，只有与该系统的其他部门共享资源，实现与其他各部门的密切合作，才能够顺利开展应急物流工作。因此，在实际进行管理工作时，应服从上级主管部门的领导和安排。

3. 辅助部门——应急物流预警部门

应急物流预警部门作为辅助决策部门，能够及时、全面地为决策部门提供可靠、准确的决策依据。在没有突发事件发生时，预警部门应做好全面评估，检查整个应急物流管理体系，尤其是要分析"战前"资源的筹备是否充足、自身监测和评估能力是否符合标准以及组织的运转和交通网络对突发事件的抵抗能力等方面存在的问题，并对相关部门发出预警和处理提醒。突发事件发生时，预警部门应迅速发出预警，了解突发事件地区的物资需求和应急物流的运力情况，整理各类信息并向上级主管部门汇报。

4. 机构职责——要负责应急物流体系

一方面，该机构不仅要负责向地方政府及上级主管部门汇报应急物流的运行情况，还需要负责管理整个应急物流体系，以保证无论平时还是灾时，该系统都能运转自如。另外，该机构还负责发布关于应急物流的措施、规范以及相关指令，在法律的规范下，推动整个应急物流行动有序进行。另一方面，该机构的职权体现在应急物流的各个阶段，启动相应的应急预案，制定重要决策并发布相关命令，适当调整策略，为应急物流指挥协调机构的顺利运转提供有力的保障和支持。

（二）应急物流指挥协调机构的构成和功能

1.机构设置

突发事件时，各级应急物流指挥中心能够结合受灾地区的受灾情况和物资需求，做出相对应的应急指挥工作。之前，政府根据灾害类别和应急方案，紧急抽调各个部门的人，临时组建应急物流指挥机构，这种临时性的机构往往存在很多缺陷，如配合不协调而影响救援效率、灾情信息的获取与更新慢等，给政府开展应急工作造成了一定程度的困扰。因此，为保障应急物流能够高效运行，为救灾指挥工作提供更加专业的指导，常设一个专业、可靠的分级应急物流指挥中心以及完善的应急物流指挥体系是非常必要的。

应急物流指挥协调机构由分级应急物流指挥中心、协调委员会、应急物资储备与管理中心、应急运输调度办公室、情报部门、信息管理中心、财务人事部门七个职能部门组成。这些职能部门通力合作、分层次运营、分阶段执行任务，全面推进应急物流的开展和运行，如图4-2所示。

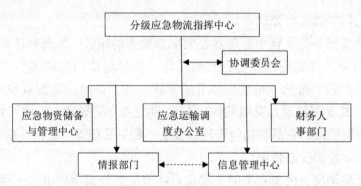

图4-2 应急物流指挥协调机构示意图

2.机构职责和功能

（1）应急物流指挥中心

应急物流指挥中心的职能在灾时和非灾时应该有两种不同的工作状态。非灾时，即日常工作中，应急物流指挥中心应对可能发生的各种类型的突发事件制订应急物流预案，从以往的应急流调工作中总结、积累可用的经验，为应急物资规划更加合理可靠的配送路线，维护信息网络和资源供应网络，了解各个物流企业的详细情况，并分类建立档案，以便灾时进行合作。此外，应急物流指挥中心还应做好各类常见突发事件的应急知识普及工作，开展宣传和教育讲座，并定期进行应急物流指挥演习，提高自身对突发事件的反应能力和工作协调能力。灾时，应急物流指挥中心应结合政府的相关政策，根据专家的专业意见，修订和应用恰当的应急预案，紧急调用各个加盟企业的人员和资源，快速对灾情分级并做出响应，指挥协调应急物流活动。应急物流指挥中心本身只负责指挥协调的工作，和向上级汇报、提交应急报告和对外公布信息。

（2）协调委员会

协调委员会是在灾时和平时协调管理应急物流的机构，由相关政府部门的领导班子和各个加盟物流中心两部分组成。相关政府部门的领导班子主要负责监督工作，督促各部门及时上报有效信息，利用行政职权调动各方资源和力量，保障灾时和平时的各项工作有序开展；加盟的各个物流中心对物流业务的运作模式和操作流程更加专业，其利用自身的专业技术协助指挥应急物流高效，利用自身的资源和丰富的经验为灾时应急物流的有序运行提供保障。从整体上看，协调委员会的主要职能是在平时和灾时衔接各个部门的负责板块，宏观调控整个应急物流活动高效、顺利运行开展。

（3）下辖机构

①应急物资储备与管理中心

应急物资储备与管理中心负责各项应急物资的储备、采购和募集工作。具体来说，负责各项物资的预算、预测工作，指导应急物资的采购、储存、调拨、使用、回收、维修、报废等环节的管理工作，保障应急物资按质、按量、按时供应。其管理机制是分级响应、分类调拨和分期规划。可按照物资类别，如医药类物资管理、食品类物资管理、被装类物资管理等，进行专项管理。

②应急运输调度办公室

应急运输调度办公室在平时主要负责本级应急物流指挥中心所辖区域范围内的各类数据库的建立和维护，在灾时负责将这些数据库内的资源按照优选路径进行调度和指派，并向邻近区域或者上级指挥中心借调不足运力，以保证自身应急物流的有效运行。

③情报部门

情报部门的主要职责是收集灾前、灾时及灾后的信息情与报并处理、上报。该部门需要与气象、疾控、地震及水利等部门长期保持联系，及时获取灾害监测信息，科学分析其可能带来的影响，并向相关主管部门汇报，以便在突发事件发生之前发出预警和做好各类保障，尽可能地避免灾害造成更大的社会损失。

④信息管理中心

信息管理该中心负责信息网络的构建、管理和维护工作。它是应急物流系统的基础部分，为应急物流管理体系内各个部门、加盟物流中心、物流企业获得和共享实时的信息提供保障。

⑤财务人事部门

财务人事部门主要负责各项财务支出的结算、分析工作，并向政府和民众汇报及公布负责应急物流业务的人员。

（三）应急物流监控反馈机构的构成和功能

应急物流监控反馈机构由相应级别的监察审计部门、预警分部和情报站组成。各级政府在日常准备期、灾时应急期和灾后恢复期对应急物流管理体系的正常、安全运转应进行有效的监督和控制。应急物流监控反馈机构是实现该任务的专职部门。

各级应急物流管理体系中的监察审计部门负责体系内应急资金、应急物资的审计，应急物流职权人员的贪污、挪用、滥用等非正常行为的监督工作。预警分部要严密监控各种应急物流风险因素和危机发展形势。分散在各地的情报站则要全面地收集灾区各类信息，及时汇总到信息管理中心，报告给应急物流指挥中心、协调委员会和上级决策部门等。

（四）应急物流执行机构的构成和功能

应急物流执行机构由加盟物流中心、物流企业等组成。它们根据应急物流决策机构分配的任务，利用自身的业务优势、技术优势、网络优势、人员优势，筹集、储备、配送应急物资，在最短的时间内保质、保量地将灾区急需的各类应急物资送到灾民手中。

平时，各个物流企业和加盟物流中心可以正常进行商务活动，而且需在应急物流指挥中心的要求下筹备完备、先进的应急设备，制定多种应急方案，规范管理库存应急物资；灾时，其应积极响应应急物流指挥中心的要求，接受指挥中心的调配，为救灾工作提供应急物资保障。

第二节　应急物流管理体系的构建

目前，在社会治理方面，我们迎来了史无前例的巨大挑战，高频率、高风险的重特大突发事件不断发生，这一系列矛盾都和当今社会快速发展的经济、技术以及人类活动和自然环境之间的关系息息相关。近年来，公共卫生、事故灾难、自然灾害以及社会安全等突发事件时有发生。每一次的前后事件都能产生联动效应，从而影响到多个领域、多个地区。这一次次的突发事件都是一次次挑战，挑战着我们的应急物流管理体系。尤其是 2019 年发生的新冠疫情事件，这次公共卫生突发事件，显示出我国应急物资储备不足，同时在重特大突发事件发生后，我国后续的应急物流管理方面的巨大问题也暴露无遗。

本节提出的应急物流管理构建思路主要结合我国当下国情，考虑重特大突发事件的特点以及应急物流管理的理论和现实需求，从而使保障机制有效实施。

一、重特大突发事件应急物流管理体系建设的背景和指导思想

我国的应急物流管理体系建设自 2003 年非典疫情以来不断地得到增强，应急物流管理体系方面的法律、法规也在逐渐完善。我国在 2007 年 11 月开始施行《中华人民共和国重特大突发事件应对法》，该法案将公共重特大突发事件由低到高划分为一般（Ⅳ）、较大（Ⅲ）、重大（Ⅱ）和特别重大（Ⅰ）四级。判断级别高低一般是以人员及财产损失情况、危害大小、涉及范围、紧急程度等为依据，从而实现对重特大突发事件的精准防控。由于重特大突发事件具有没有足够的前兆预示，常伴随较大的次生和衍生危害风险，以及事态的发展迅速等特点，所以我们还需要在应急物流管理体系有更高的建树，以解决更大的困难和挑战。

在应急物流管理体系方面，我国通过法律形式构建了应急物资储备保障策略。例如，《中华人民共和国重特大突发事件应对法》第三十二条规定："国家建立健全应急物资储备保障制度，完善重要应急物资的监管、生产、储备、调拨和紧急配送体系。设区的市级以上人民政府和重特大突发事件易发、多发地区的县级人民政府应当建立应急救援物资、生活必需品和应急处置装备的储备制度。县级以上地方各级人民政府应当根据本地区的实际情况，与有关企业签订协议，保障应急救援物资、生活必需品和应急处置装备的生产、供给。"2008年汶川地震发生之后，应急物流进一步得到重视。2009 年，国务院颁布了《物流业调整和振兴规划》，将"应急物流"列入九大重点工程和七个专项规划，这标志着应急物流已进入国家战略决策的层面。从 2010 年开始，国家开始制定应急物流相关标准。2016 年，应急物流课题列入首批国家重点研发计划项目。2018 年是一个里程碑式的节点，国家组建应急管理部，从国家层面对应急管理相关事务进行统筹，为应急物流的系统建设奠定了组织基础。

由此不难看出，我国各级政府和相关部门在政策制度、法律法规以及理论研究和实践应用方面进行的应急物流管理体系的建设当中已经投入了大量的人力、物力和财力。然而，屡次发生的重特大突发事件依然暴露出其中的短板和不足。以 2019 年的新冠疫情为例，此次疫情产生了医院等卫生专业机构需要的医用专业口罩、呼吸机、防护服等以及普通民众需要满足的一次性手套、医用口罩、消毒酒精等大量的至关重要的医疗物资需求。这些医疗应急物资不仅需要及时满足基本需求，还需要通过充足的供应来达到抑制传染病传播的目的。但是，在疫情发生的前期阶段，因为判断不准确、准备不充分、应急物资供应不及时等各种问题，致使疫情的基本需求得不到满足，病人得不到及时救治，疾病传播得不到有效遏制，而且对社会产生了负面效应。

2020 年初，新冠疫情防治过程中党中央高度重视应急物资短缺和管理薄弱问题。习近平总书记在中央全面深化改革委员会第十二次会议上强调："要健全统一的应急物资保障体系，把应急物资保障作为国家应急管理体系建设的重要内容，按照集中管理、统一调拨、平时服务、灾时应急、采储结合、节约高效的原则，尽快健全相关工作机制和应急预案。"2020 年 5 月，李克强指出，在疫情防控中，公共卫生应急管理等方面暴露出不少薄弱环节，群众还有一些意见和建议应予重视。

由此可见，构建重特大突发事件的应急物流管理体系不仅符合当前社会和经济发展以及国家重要发展战略的需求，还关系着人民生命、财产安全、经济发展和社会稳定。在应急物流管理体系的制度保障方面，我国已颁发多项方针政策和法律法规；在组织保障方面，进行以应急管理部为代表的体制机制改革，同时体系的建设应以党和国家领导人会议上的指导方针为重要方向。

由于重特大突发事件具有特殊性，并且对该类重特大突发事件应急物流管理体系的研究还比较缺乏。因此，有必要在制度保障和组织保障的基础之上，基于党和国家领导人提出的建设指导方针和指导思想，从重特大突发事件及其应急物流的特征出发，提出构建面向重特大突发事件的应急物流管理体系的思路和方法，以及重特大突发事件应急物流管理体系建设的保障机制。

二、重特大突发事件应急物流管理体系的特征

如前所述，重特大突发事件具有前兆不充分、次生和衍生灾害发生隐患大、造成的损失严重、准确预防和有效控制难度大等特点。有效的应急物资保障是减少重特大突发事件造成损失的重要手段。首先，本部分分析重特大突发

事件对应急物资保障的需求；其次，为了有效实现应急物资保障，分析重特大突发事件应急物流管理体系应具备哪些特征。

（一）重特大突发事件对应急物资保障的需求

本研究列举了应对常态事件、一般突发事件和重特大突发事件的物资需求特点，如表 4-1 所示。

表4-1　应对常态事件、一般突发事件和重特大突发事件的物资需求特点

特　征	常态事件	一般突发事件	重特大突发事件
需求时间	有规律	有规律	发生突然、无规律性
需求地点	预先可知	可进行估计	突发性高、难以预知
需求量	比较稳定	有一定波动	非常不稳定
需求可预测性	可预测，进而可事先储备	预测准确度低，难以准备储备	无法有效预测，进而无法实现有效储备
需求可持续性	需求持续发生	间断发生	需求偶尔发生、概率较小
事后物资价值	可持续满足需求，保值高	可满足可预见需求，有一定保值	需求具有偶发性，未来需求未知，导致价值低
对供应时效性的要求	要求较低	有一定要求	要求较高，否则后果严重

由表 4-1 总结的内容可以看出，重特大突发事件具有突发性特征，集中表现在难以预知时间和地点以及不稳定的需求量等方面。因此，我们不能够通过提前的预测结果来应对重特大突发事件，并且因为重特大突发事件具有不连续性，灾害发生后需求量忽大忽小，所以容易造成物资储备的浪费。物资供应的时效性在重特大突发事件面前也很重要，不及时的供应或者说不充分的供应都会对灾区人民造成二次伤害，并引发连带反应。以新冠疫情为例，疫情发生初期，由于应急物资供应不及时，不但耽误了病人的救治，而且对病人造成了更大伤害，甚至医护人员的安全都得不到保障，导致次生灾害，更多人出现了感染症状。这一系列问题还加重了供应物资的运输难度，形成了恶性循环。

根据以上论述可知，供应的及时性和准确性这两方面是在应对重特大突发事件时的基本要求。供应的及时性一方面是指能够迅速地完成灾区以及灾区人群的有效供应，另一方面是指能够满足救援方面的供应要求。供应的准确性

是指应急物资的种类和数量要与需求相互匹配。在应对突发事件时，不仅要避免因物资不够造成应急救援的不及时，还要避免应急物资过多导致的灾后资源浪费。

（二）重特大突发事件应急物流管理体系的特征

应急物流管理体系建设是指为了实现应急物流管理的目标而制订的一整套方案，主要包括组织机制设计和物流运作优化。其中，组织机制设计可以决定物流运作优化的可能结果和可行空间，是物流运作优化的载体。目前，国内外应急物流管理体系的研究主要有三类：第一类是关于应急物流管理体系的研究；第二类是关于应急物流管理的组织机制设计研究；第三类是关于应急物流运作优化的研究。本书主要讲述第一类型的研究。

通过前面的分析可以知道，应急物流管理体系与常规市场经济环境下的物流管理体系存在许多不同之处。有效的保障机制和科学的管理方法一直是应急物流实体界和学术界的热点话题，是应急物流管理体系建设和实施的有效保障。基于内外部环境的高度不确定性，应急物流管理体系不仅要具有政府引导下的各政府职能部门、企事业单位和其他社会团体共同参与的多主体特点，还需要同时考虑经济效益及基于人道救援应急物资需求等多目标的要求，这是一项很大的挑战。

应急物流管理体系是保证应急物资目标实现的有效保障，也是提供应急物资保障的重要载体。关于重特大突发事件对应急物流管理体系的要求，我们可以参考重特大突发事件对应急物资保障的相关要求，如表4-2所示。

表4-2　重特大突发事件对应急物流管理体系的要求

供应的特点对体系的要求	对组织机制的要求	对物流运作的要求
供应的及时性	高效灵活，紧密合作	技术先进，渠道顺畅
供应的准确性	掌控全局，信息精确	动态调节，决策精准

1.高效灵活，紧密合作

重特大突发事件应急物流管理体系由政府主导，由类别、职能、属性各不相同的多主体根据需要共同构成。这些主体不但包括应急管理、民政部门、粮食和物资储备等政府各职能部门，而且包括慈善协会、红十字会、志愿者协会等社会组织机构。这些主体需要做到以下两点：第一，为保证物资供给的及时性，需要构建灵活、高效的合作机制，以备在难以预料的各种情况下，各参与主体能够根据内外部环境的变化迅速做出反应；第二，在目标一致的基础上，应急物资供应的各主体之间必须紧密合作。也就是说，各主体只有紧密合作，才能保证重特大突发事件应急物资的及时供应。

2. 技术先进，渠道顺畅

组织体系不但要高效灵活、紧密合作，而且只有使在先进技术的支持下运作层面的渠道顺畅，才能保证应急物资供应的有效性。因为重特大突发事件的发生，平时顺畅的物流通道遭到各种破坏和干扰，严重影响了人民的正常工作和生活。例如，2019年新型冠状肺炎发生时，武汉市为阻止疫情蔓延而采取封城措施，因为没有考虑到各种不确定情况而出现了很多问题。一方面，省内许多应急物资生产企业因受到原材料和人工短缺等因素的影响而无法开工；另一方面，省外的供应物资因为道路不顺畅等原因不能及时送达。因此，在应对重特大突发事件时，既要善于运用物联网、无线射频等先进技术，采用无人机、直升机等先进配送工具，为应急物资的精确追踪和及时送达提供保障，又要把物流运输和配送过程中有可能出现的问题都考虑进去，重视物流运输过程中的各种不确定因素。

3. 掌控全局，信息精准

为了确保应急物资供应的准确性，组织体系需要具备在宏观层面和微观层面掌控全局的能力。宏观层面的掌控全局是指组织管理体系对重特大突发事件发展历程中各个阶段的情况有着准确的全局判断，能对协调和管理需求等供应能力进行及时、有效的调整，防止出现供需不一致以及大量应急物资和生产力浪费的状况。微观方面的掌控全局是指应急管理组织能够及时掌握供需情况以及从供应端到需求端的整个物流链状况，以便及时发现问题，从而对组织管理方式做出灵活、机动的调整。同时，供需信息的精准掌握也十分必要，需求和供应信息的实时化、动态化和透明化能够有效避免信息不对称的情况，从而保证供求的合理匹配，这一切都建立在应急管理组织高效的交互机制和信息传递的基础上。

4. 动态调节，决策精准

物流运作决策不仅包括物资的采购、运输、库存等方面的内容，还包括物流网络构建方面的内容。只有在对应急物资供需信息全面、准确把握的基础上，充分考虑信息的变动性和对未来情形的可能误判，才能保证决策的准确性。决策人员需要在避免不必要浪费和坚持人道主义救援的多目标指引下，运用高校的方法和优化理论，综合分析各种决策有可能造成的影响和在物流运作过程中各种不确定因素的干扰。另外，为保证应急救援整个过程中物流运作的精准性，除了对突发事件整个过程中外界环境的变化和应急物资供需的时变性进行分析并做出精准决策外，还需要实现物资供应在纵向时间维度上的动态调节。

三、重特大突发事件应急物流管理体系构建的原则与思路

（一）重特大突发事件应急物流管理体系构建的原则

重特大突发事件应急物流管理体系的构建应遵循集成化、协同化、自主化、信息化、智能化、的原则，如图4-3所示。

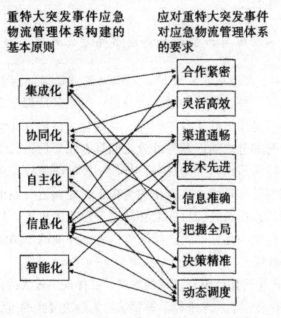

图4-3 重特大突发事件应急物流管理体系构建的原则及所提要求

1.集成化

集成化指的是各决策主体统一服从应急物流管理体系的物资保障供应的目标，这些主体的利益诉求基本一致，即整个应急物流管理体系的目标一致。

2.协同化

协同化指的是为实现应急物流管理体系的目标，各个决策主体发挥自己的职能和专业特长，彼此之间相互合作。

3. 自主化

自主化指的是为实现供应的准确性和及时性目标，应急物流管理体系各决策主体基于对当前和当地信息的准确掌握，充分发挥各自的专业特长，并且具备自主决策的能力。应急物流管理体系自主化建立在集成化和系统化的基础上。

4. 信息化

信息化指的是整个应急物流管理体系必须保障供需信息的通畅和透明，在保证信息准确的同时，实现动态信息的实时更新和及时传递。

5. 智能化

智能化指的是应急物流管理体系的决策过程是基于科学、有效的方法，以保证决策的精准和最优，并能够根据未来情形的变化，实现决策过程的动态调整，增强决策的准确性。

（二）基于分形理论的重特大突发事件应急物流管理体系的构建

分形（fractal）理论属于新理论，简单来说就是局部与整体的相似性。组成部分以某种方式与整体相似的形体叫分形。每个分形都是由若干个分形元组成的。分形的特征是相似性、自组织性、自优化、目标性和动态性。相似性指的是系统的整体与部分之间以及各部分之间具有相似性；自组织性指的是分形元能够结合任务需求组织内部的资源，行使一定的决策权；自优化指的是分形元或分形系统在内外部环境发生变化的情况下，能够适时做出调整和重构来适应；目标性指的是分形系统的目标能够知道分形元的决策，具有一定的导向性和目标性；动态性指的是分形元能够随着内外部环境的不同而发生变化，其构成具有动态化的特征[①]。

分形理论从诞生开始就得到迅猛的发展，并体现出较大的优越性，被广泛应用于自然科学、社会科学、思维科学等领域。为解决复杂的应急物流问题，增强应急物流系统对突发事件的快速反应能力，一些学者在分形理论的基础上，构建了应急管理体系的架构，以实现资源的优化配置，增强救援保障能力。

下面结合重特大突发事件应急物流管理体系构建的基本原则，详细分析分形思想与重特大突发事件应急物流管理体系的适应性，如图4-4所示。

---

① 赵秋红.重特大突发事件分形应急物流管理体系建设及其保障机制[J].江淮论坛，2020（4）：13-27.

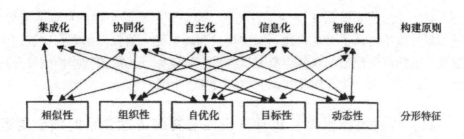

图4-4　分形思想与重特大突发事件应急物流管理体系适应性示意图

1. 相似性

分形应急物流体系的运作、协调有赖分形元之间的相似度，分形系统和分形元之间存在能力与目标、结构与机制等多方面的相似性。分形元之间的相似性越大，其运作模式的相似性就越大，应急物流系统运作的协调性九越好，系统重构后需要付出的协调成本也就越低。

2. 自组织性

分形系统的核心内容是自组织。分形元为实现组织目标，可以结合组织内部资源与任务需求进行自我组织和重构。分形元拥有自组织赋予的自主权，有助于促进重特大突发事件应急物流体系各主体之间的协调合作，同时能够调动其积极性和主动性，充分发挥其决策快速、灵活的特点，具有十分重要的意义。

3. 自优化

自优化指的是分形元能够根据内外部环境的不同，通过自身的调整与重构进一步适应变化，并发挥自我调节能力。自优化充分体现了分形系统智能化和自主化的原则，在保障重特大突发事件应急物流体系智能化和自主化的同时，对重特大突发事件应急物流管理体系的协同化起着十分重要的作用。

4. 目标性

重特大突发事件应急物流体系各决策主体在相似性基础上拥有统一的决策目标，在充分体现决策特点的同时，能够保证协同化和集成化的统一，是分形系统个体与整体之间达成一致性的前提和重要保证。

5. 动态性

在重特大突发事件中，分形元的构成和决策具有动态性，能够随着内外部环境的不同而发生变化，为物流管理决策提供指导，这对突发事件应急物流管理理来说十分重要。另外，动态性充分体现了分形系统对内外部环境的适应性。

特别需要指出的是，信息在分形系统中具有非常重要的地位。只有在信息的支持下，分形系统的相似性、自优化、自组织性和动态性的特征才能体现。分形系统组织协同、灵活构建、系统集成和动态优化的目标都有赖交互透明的信息。由此可以得出，重特大突发事件应急物流体系构建的基本原则是分形元之间信息的共享，这也是分形系统构建的重要前提。

四、构建重特大突发事件分形应急物流管理体系的核心要素

（一）重特大突发事件分形应急物流管理体系的分形元组成

重特大突发事件应急物流管理体系中，各执行主体结合自己的专业优势和岗位特点，在应急物资供应保障中发挥着各自的作用。这些执行主体主要是政府部门、社会团体组织、企事业单位等各职能机构。分形元是组成分形系统的基本要素。我们将分形元定义为"分形应急任务元"（简称任务元），以便对重特大突发事件分形应急物流管理体系的重要功能和内在属性进行重点刻画。应急物流管理体系中各职能机构与任务元之间的关系如图 4-5 所示。

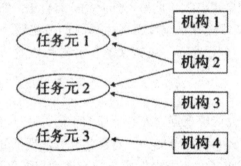

图 4-5　应急物流管理体系中各个职能机构与分形应急任务元之间关系的示意图

从图 4-5 能够看出，一个任务元不一定对应一个职能机构，它们之间并不是绝对对应的关系。一方面，一个任务元根据任务需要可能由两个或多个职能机构组成。例如，红十字会应急医疗物资的分拣和分配需要物流人员和红十字会管理人员一起完成，有可能还需要租赁存放货物的仓库，这就组成了应急医疗物资的分拣和分配任务元。另一方面，一个职能机构可能同时完成多个任务元。同样以红十字会应急医疗物资为例，作为职能机构的红十字会既要完成应急医疗物资的供需信息收集和传送工作，又要参加应急医疗物资的分配和分拣工作。"分形应急任务元"这一概念的提出有利于责权明晰，使职能机构的职责和任务进一步精细化，对应急物流保障目标的实现非常有利，尽量规避了系统能力的缺失和系统冗余等情况的出现。

（二）重特大突发事件分形应急物流管理体系任务的分配和执行

"分形应急任务元"是重特大突发事件分形应急物流管理体系的基本组成部分，每个任务元承担不同的任务。其功能主要由提出任务、分配任务、接受任务、执行任务四部分组成（不一定每个任务元都包括）。这四项功能所对应的任务元除了本任务元之外，还包括同级任务元、上级任务元和下级任务元，如图4-6所示。

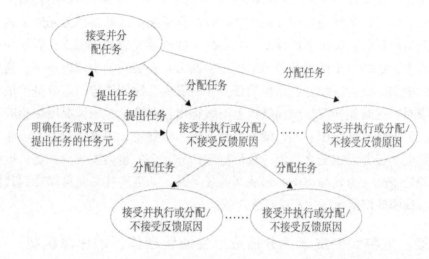

图4-6　重特大突发事件分形应急物流管理体系任务的分配和执行示意图

从图4-6可以看出，在重特大突发事件分形应急物流管理体系任务的分配和执行过程中，各个任务元的自主性和优势都能够得到充分的发挥，既拥有提出能力需求的职能，又拥有供给能力需求的职能。一个任务元不仅可以向同级提出任务，还可以向上级提出任务；同级可以根据自己能力情况选择是否接受任务，接受任务后既可以根据能力情况分配给下级任务元执行，又可以由本任务元执行。这样有利于决策优势的发挥及资源利用效率的提升。

（三）重特大突发事件分形应急物流管理体系分形元的形成和变化

随着供需信息、内外部环境的不断变化，重特大突发事件分形应急物流管理体系及其分形应急任务元也处于不断地发展、变化之中。在这个过程中，既有旧任务元的改变和消失，又有新任务元的不断形成。同时，任务元彼此之间的关系发生着变化。由此可以看出，重大突发事件分形应急物流管理体系随着供需关系和内外部环境的变化而变化，这与应急物资供应与保障需求特征及重特大突发事件的特征相吻合，充分体现了重特大突发事件分形应急物流管理体系对资源的有效配置和资源整合的优势。

为阐明重特大突发事件分形应急物流管理体系分形元的形成和变化过程，下面我们以COVID-19疫情防控中应急医疗物资的物流管理为例进行进一步分析。武汉地区在疫情初发期对医疗物资的需求两激增，在供应能力严重不足的情况下，负责医疗物资供应和保障的市级任务元向上级任务元—省级任务元提出任务。省级任务元接收到任务后，考虑道当地能力不足的问题，向上级任务元——中央任务元提出任务需求，同时结合情况，向储备任务元发出调拨任务，向生产任务元发出生产任务。在任务不能有效完成的情况下，需要新的任务元产生，如进一步增加劳动力来促进生产力，安装新的生产设备等。到疫情发展的中期，负责医疗物资调拨的任务元随着应急物资供应通道数量的激增而疲于应对，这时候，需要向同级或上下级提出任务需求，视情况增加相应的任务元。到疫情发展的中后期，随着疫情的进一步稳定，应急物资的需求能力减弱，相应的任务元也随之取消。分形应急任务元会根据需要灵活调整，把相应的资源设备和人力转移出来，形成新的任务元，如生产任务元可以转到其他疫情城市或国外疫情地区生产医疗物资等。

五、重特大突发事件分形应急物流管理体系的保障机制

重特大突发事件分形应急物流管理体系要结合分形组织的基本特征和重特大突发事件应急物流管理的需求。为达到准确、及时供应应急物资的目标，应最大限度地满足重特大突发事件对应急物资供应和保障的需求。综合上面的分析可以得出，充分的保障机制在重特大突发事件分形应急物流管理体系的构建中是不可缺少的。此保障机制主要体现在以下四方面。

（一）信息集成

重特大突发事件下分形应急物流管理体系既是一种配送过程，又是一种管理方式。在这一过程中，现信息集成是非常必要的，这是因为重特大突发事件分形应急物流管理体系作为一个智能化和集成化的体系，需要在对供需动态信息全面掌握和了解的基础上，结合各个应急任务元的信息，根据综合情况做出

有效的决策，这样才能进一步提高物资供应的精确性和及时性。由于重特大突发事件应急物流具有特殊性，所以可以采取"平战结合"的方式未雨绸缪，以储存足够的应急物资。要达到应急物流的实时控制、应急物资的精准投递、不同物流主体之间的完美配合，就必须建立联系密切、技术先进的信息管理系统。重特大突发事件分形物流管理信息系统的建立能够实现信息的共享，使各主体间互通有无，使各个任务元的位置、能力等信息都得到适时、有效的体现，从而实现应急物资资源的预测和规划、采购和征用、应急物流调度等功能，从而为应急物流的事前准备、事中决策、事后评估等提供服务。

（二）任务定位

重特大突发事件下分形应急物流管理体系以任务和分形应急任务作为基本单位，使应急物流管理体系中各职能机构之间的能力和功能进一步明晰，强调了应急物资供应在面临重特大突发事件时可能存在的不足和短板，并且能够提前做出预防和采取改进措施。因此，各职能部门特别是有可能会参加重特大突发事件分形应急物流管理的机构要准确进行任务的明确定位，对重特大突发事件分形应急物流整个体系进行有效评估，针对各种情况采取相应的措施，进一步优化、改进重特大突发事件分形应急物流管理体系。比如，针对物流管理体系存在的能力冗余的情况，为节约资源，实现社会资源的优化配置，可以考虑对机构进行精简；针对能力缺失的情况，可以考虑发动一些社会力量参与进来或者增加必要的资源能力储备，尽量弥补能力缺失的短板。

（三）能力评判

重特大突发事件下分形应急物流管理体系的任务元的输出是对应急物资的保障和供应能力。如果不能准确对能力进行评估，在能力不足的情况下会严重影响接受任务的完成度，应急物资供应保障目标也会受其影响而不能完成。因此，在任务元及其定位明确的前提下，对任务元能力的评判显得尤为重要。需要特别指出的是，分形应急任务元能力的评判既包括对主观能力的评判，又包括对客观能力的评判。对客观能力的评判主要是对财力、物力、人力及各种设备资源的评估；岁主观能力的评判主要是对分形应急任务元是否具备实现应急物资保障目标所需的使命感和责任心、是否具备自优化和自组织的能力以及是否拥有决策目标的洞察力等进行评估。

（四）监管评价

重特大突发事件下分形应急物流管理体系是一个层级系统，系统的最上层是控制单元，其组织通常为政府应急物流中心，它的功责是依据突发事件状态、应急救援需求等因素，定下救援目标，拟制应急物流计划，并对下级分形元提出任务要求；下层可以细分为几个相互协作的分形元。相对于上一层的分形元，下层分形元的职责和组织形式更明确，每一个分形元又把自己的功能进一步细化，以此类推。随着职责的不断细化，分形元的结构也越来越精细化和简约，直至分解成单个的分形元胞。同层内的分形元具有不同的职能分工，通过协作完成上一层分形单元所交给的任务。分形应急物流系统运作的协调度有赖于分形单元间的相似度。这种相似度越大，越有利于有效的监管评价的开展。监管评价是重特大突发事件下分形应急物流管理体系根据针对突发事件的处理进度，分阶段对应急物流的运作情况进行评估、调整及修正应急物流目标。评估内容包括时间概况、现场调查处理概括、物资补充情况、所采取措施的效果、应急物流运行中存在的问题和经验及改进建议。

第三节　应急物流反应机制的构建

一、我国应急物流快速反应体系现状

（一）我国应急物流机制存在的问题

应急物流体系作为应急领域重要的组成部分，在应对突发事件时发挥着巨大作用。我国的应急物流研究相对来说起步较晚，目前虽然取得了一定的成果，但总体来说，我国应急物流体系的建设还比较落后，存在许多问题。为更好地优化我国应急物流体系建设，我国应主动借鉴国外先进经验，通过政府主导、社会参与的方式，建立全民支持的物流模式，运用市场化运作手段，积极推进应急物流体系的建设。由于我国应急物流体系还存在不少薄弱之处，所以需要我们进一步探索、研究和完善。目前，我国应急物流机制存在的问题主要表现在以下四方面。

1.应急物流指挥调度系统存在的不足

目前，我国尚未建立起应急指挥调度的专门部门，这样，在突发事件发生时，临时组织的调度机构往往缺乏管理调度经验，各部门的工作、责任乃至权力等分工不明确，从而导致各部门各自为政而不能协同合作进行救援，根本无法发挥相应的整体协作优势。这就造成救援效率低下、指挥调度不科学、调度管理混乱等现象层出不穷，严重影响了应急救援工作的进度。

2. 应急物流信息系统存在的问题

应急物流的信息系统是整个应急体系的核心。在信息构建方面，我国的建设还不够完善，在应急物资信息管理方面，缺少规范的救灾物资分类标准体系，缺乏统一、标准的物资捐赠、受赠、分配方面的归档和信息统计。另外，由于缺乏统一的应急物流信息共享和发布平台，应急指挥机构无法准确掌握突发事件的详细资料及应急物流的运作情况，导致分析判断不准确等情况出现一旦出现应急物流需求，往往因为衔接不畅而延误时机。

3. 应急物流运作系统方面存在的不足

我国缺少专门从事应急物流的企业，而且尚未建立明确的应急物资储备机制及管理办法，应急物资储备工作多由当地政府结合地区实际情况开展，因此经济发达地区及物资集散地、区域交通中心等常规物资储备中心也是应急物资储备中心。从物流合理化角度看，应急物资储备中心应尽可能靠近受灾地区，以便对灾情做出快速响应。但从目前应急物资储备中心的分布来看，部分地区特别是自然灾害类突发事件多发的落后地区存在救灾物资储备库代储点少、分布不均衡、硬件设施不完善、存储物资种类单一、数量不足等问题。同时，救灾物资储备分散现象严重，各部门往往储备不同的应急物资，这就增加了储备成本和调配运输成本。另外，我国救灾物资捐赠多属于应急捐赠，而社会捐助物资很容易出现种类单一、时间供需失衡等问题。受社会响应速度影响，还容易出现救援初期应急物资缺乏而后期饱和的现象，导致供应过多，浪费严重。救灾应急物资储备体系与国家重要商品储备体系缺乏有效的联动机制，难以做到快速响应，不利于应急运作体系的整体完善。

4. 应急物流辅助保障系统不健全

我国应急物流辅助保障系统存在的不足主要表现在以下两方面：第一，预警体系有待进一步完善。由于缺乏相应的预警、预测手段，灾难发生时容易引起惶恐和混乱。第二，应急方案决策不能结合实际情况，存在误差。决策往往靠主观判断和个人经验进行，缺乏先进的科学技术的有效利用和有经验的专家的参与，没有建立相应案例的历史数据资料库。

（二）建立应急物流快速反应机制的策略

1. 加强应急物流法律、法规建设

在应对突发事件时，国家相关法律、法规也起着重要的作用。我国应急物流法律、法规建设缺乏整体规划，体系零散，立法空白较多。应急物流中的法律机制既是一种强制性的动员机制，这是一种强制性的障碍机制。我国应急物流法规是与应急物流具体作业相关的规章制度，主要规范应急物流的操作行为，以标准规范为主，包括应急物流通用基础标准、应急物流信息标准、应急物流管理标准、应急物流系统建设标准、应急物流其他标准等。为减少生命财产的损失，应急物流立法势在必行。

2. 完善应急物流通道建设

物流基础设施的发展水平对保障应急物流的顺利运行起着关键的作用，因此要完善应急物流通道设施设备建设和加强应急物流通道规划管理。应急物流通道设施设备建设是应急物流体系有效运作的物质基础，必须大力抓好其配套建设，完善功能，提高应急能力；应急物流通道的规划管理是保障应急物流畅通运行的关键。在应急物流物质基础具备的情况下，只有通过统筹规划、加强管理，才能提升应急物流通道的保障能力，使通道运行畅通、有序。

3. 合理规划应急物资储备

增加国家级应急物资储备库及物资储备，构建军地一体化的应急物流系统。在应急物资储备系统中，国家是主体，军队是骨干，地方是补充，市场是辅助。具体来说，可以从以下几方面入手合理规划应急物资储备库的选址，并且根据不同地区突发事件的发生频率、破坏程度及区域情况等数据确定不同的储备量，增加国家应急物资储备库的物资品种；建立权威指挥机构领导下的高效运行机制，保证军地物流一体化的战略效果迅速显现；军队和地方在应急保障装备设施和实用技术的共同研发上加强合作，加强应急工作的培训和演练，为软实力的协同打下坚实的基础。

4. 加强应急物流专业化团队建设

在应急体系建立过程中，人排在第一位，任何系统都是由人建立的，因此应急物流人才的培养是当务之急。政府、各大高校应联合起来培养应急物流人才，特别是指挥型人才。物流业本身就具有重经验和操作的特点，因而应急物流系统的指挥决策人员、操作执行人员、专业技术人员都应具有较为丰富的实践经验，同时具备良好的应变能力，在出现特殊情况时能审时度势，灵活机动地处理并化解危机。除了需要建立一支物流专业队伍之外，还需要培养具有工程技术、应急救援、医疗卫生等方面知识的人员。

二、基于快速反应的应急物流体系框架和运作流程

（一）知识快速反应的应急物流体系框架

应急物流系统的核心是需要在短时间内实现供给物资的最大化，在多种意外和极端情况下，实现对供给名单的有效满足。应急物流系统可以分为决策层、信息层、运行层和环境层四个层次。

1. 决策层

突发事件具有突发性和不确定性，其发生时需要应急物流系统的决策者当机立断，在短时间内做出快速、有效的反应。与普通物流不同的是，应急物流追求时间效益的最大化和灾害损失的最小化，体现出突发性、不确定性、弱经济性、非常规性的特点，其需要考虑的核心问题是如何将所需的应急物资快速准确地调运到目的地，其最重要的一环是配送，即如何合理地以解决"最后一公里"的问题。这就涉及决策层的工作。决策层在整个物流体系中处于重中之重的位置，需要在突发事件发生时快速、准确地制定出相应措施，统一指挥应急部门和其他辅助部门，确保整个物流体系的顺畅运行和物资的及时准确送达。

2. 信息层

信息化时代为现代物流提供了广阔的发展前景，物流信息平台的搭建保障着物资高效运行。因此，应急物流信息层显得尤其重要。完善的应急物流信息平台应该包括物资需求发布、物资采购清单、物流服务提供、物流运输追踪、物资入库使用等信息。完善的信息数据库能够为决策层提供有效的数据参考。

3. 运作层

运作层是应急物流体系中十分重要的一环，其能够在短时间内将救援物资送达需求人员的手中，并能及时反馈应急物流运输过程中应急物资的信息。由于应急物流具有突发性和随机性，所以应急物流系统必须具备快速反应的能力，另外，要想把大量物资快速、安全、有效地送达事发地点，需要注重应急物流的速度与实效。这方面的工作就涉及运作层。运作层需要完成应急物流的采购、存储、运输、配送等相关调度和管理，并采取相应的措施，以保障应急物流的畅通、高效运作。

4. 环境层

设立环境层是为了保证突发事件发生后，应急物流系统能够高效运转，利用系统的各项功能，实现系统的目标，是整个社会的行政制度、公共政策、法律制度和技术支持等辅助支持设备所应具备的条件。

（二）基于快速反应的应急物流机制运作流程

应急物流运作是在突发事件发生后，由应急事件的需求推动的。应急物流系统必须在最短的时间内包装应急物资，正确分析物流信息并进行传送，确保物流配送的及时性和准确性。应急物流系统通过对突发事件进展情况的实时搜集，对已经采取的应急物流方案进行分析、评估，从而对应急物流系统下一步的输出方案进行调整和优化，协调系统和各职能部门之间的合作，保证应急物资及时送达，使应急救援的效率得到进一步提高。基于快速反应的应急物流体系运作流程如图 4-7 所示。

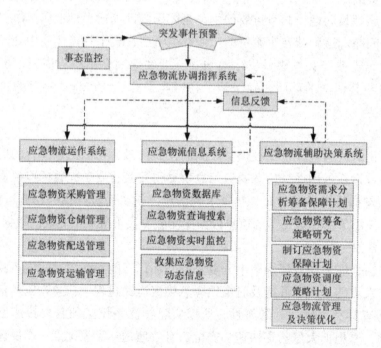

图 4-7　基于快速反应的应急物流机制运作流程

应急物流系统在突发事件发生后发出预警，在尽可能短的时间内，评估事件有可能造成的危害，通过对突发事件受灾情况、有可能造成的危害和人员伤亡情况的综合评析，对突发事件的环境因素、地理位置等信息进行评估，确定突发事件需要的应急物资的种类和数量以及应急物流的需求方。一般情况下，应从应急物流系统的目标出发，制订包括应急物资的包装、存储、运输及配送在内的整套应急物流方案。根据应急采购机制，从应急物资信息系统或数据仓库中确定应急物资供应商，并进行应急物资采购。从应急物流运载工具信息系统或数据仓库中确定应急物流需要运载工具并实施租用，从而实现应急物流的运送。通过应急物流信息系统的，采用 GPS、GIS 技术对整个运输过程进行监控、调度。通过对监控信息和数据的分析与整理，对应急救援方案进行适时调整和修正。

应急物流信息系统是一个开放的复杂系统，主要作用是为突发事件发生后应急物资的筹措、运送等物流环节提供准确的信息，力争在尽可能短的时间内将应急物资运送到指定地点。突发事件背景下应急物流需求的随机性、不确定性决定了其信息系统的设计需要具备开放性、可扩展性；随着救援的深入与灾情的缓解，不同时期的需求有所不同，这就要求应急物流信息设计需要有层次性。应急物流信息系统作为应急信息系统中的一个子系统，应从整体出发，把握规律，从而设计出性能较完善的系统。

应急物流信息系统整体规模较大、涉及主体多、信息庞杂，是一项综合性较强的工程，其流程设计需要从应急信息系统总体进行考虑。具体来说，系统设计需要考虑多源数据融合、数据挖掘、数据可视化、智能调度等方面的现实需求，以云计算、人工智能、大数据等技术为基础，从应急救援的总体架构、处理流程等方面加以论证，确保应急物流信息系统各环节紧密衔接，系统内外信息传递通畅。与此同时，应借鉴各类突发事故的应急处理方案，以便获得更快捷、更科学地获得决策信息，从而快速、高效地实现目标，圆满完成应急物流任务。

三、应急物流快速反应机制的构建

应急运输在整个应急物流中处于十分重要的地位。在运输过程中，应急物流的效率受到运输工具的直接影响。在非突发事件发生时，需要在最短的时间内提供物资和人员进行救援，这时候，运输工具选择的是否合适将直接影响救援的实效。在具体实施救援中，要尽可能选择时速快、适应强、方便运输的车辆负责物流运输工作。在突发事件实施救援中，不能一味考虑经济成本，有效救援才是第一考虑的因素。车辆的选择以能保证救援物资和救援人员快速、及时到达灾难发生地为标准，否则运输效率将不能保证，救援效果也会受到很大影响。应急物流需要大量物资的调动、配送，要想使应急物资精准、及时地送达需求地，需要满足应急物流实施的条件，建立完善的应急物流保障体系。这样，才能保证物流的信息准确、载体通畅、配送流程快捷、流向准确。保障应急物流有效实施的关键是物流基础设施建设的发展程度，物流基础设施包括通信系统、交通运输网络统等。发达的通信系统能够在灾难发生之前法出预警，有利于防护筹备工作的提前布置；交通运输网络系统能够在突发事件发生时及时反馈信息，通过交通运输网络准确送达目的地；物流信息系统能够及时收集信息和数据，了解救灾情况的进展和物流运输信息。总而言之，快速、有效的物流体系能够大大提高救援的效率，把损失降到最低。

由于突发事件随机性和突发性，在突发事件发生时，信息很难在短时间内全面送达，这就容易造成对情况的误判和决策上的失误。突发事件的应急功能应该在约束时间内启动，超过约束时间，也就错过了突发事件的最佳救援时机，应急系统的有效性也将大大降低。系统能源约束指的是应急资金以及应急物资方面的约束。运载能力是指结合应急系统目标，综合信息，针对不同情况，制定不同的应急等级。运载工具方面包括飞机、火车、轮船、汽车等，可针对不同的应急等级进行运载能力的约束。运输基础设施约束指的是突发事件的发生，有可能对公路、港口、电讯、铁路、电力等运输基础设施造成损坏和影响，从而使活动的正常运行受到限制。

应急物流具有突发性、不确定性、时间约束的紧迫性，需要政府和社会力量的参与。应急物流的实施需要动用大量应急物资，只有使应急物流的流体充裕、载体畅通、流向正确、流程简洁、流速快捷，才能使应急物资快速、及时、准确地到达事发地。因此，建立应急物流管理机制是十分必要的。应急物流管理机制必须在组织上要求政府统一管理，技术上标准运行。统一管理是指当重大突发事件发生后，一律由政府的应急管理部门统一调度指挥。标准运行主要是指从应急准备一直到应急恢复的过程中，要遵循标准化的运行程序，采用所有人都能识别和接受的标准，以减少失误，提高效率。在突发事件发生时，应开通一条应急物流保障专用通道，有效简化作业程序和提高速度，使应急物资迅速、及时地通过海关、机场、铁路、地区检查站等，让应急物资、救灾人员及时、准确到达受灾地区。应急保障机构与一些大型的运输公司预先签订协议或临时签订协议，提出紧急运输要求，开辟专用通道。应急保障机构与军方合作，动用军用运输装备、军用运输专用线路及设施，实现应急物资的运输快速化，提高效率。

第四节　应急物流保障体系的构建

一、建立应急物流保障体系的目标和意义

应急物流指的是为应对自然灾害、突发性公共卫生事件、公共安全事件等突发事件，对物资、人员、资金的需求进行紧急保障的一种特殊物流活动。根据需要，它包括物品获得、运输、储存、装卸、搬运、包装、配送以及信息处理等功能性活动。根据突发事件发生的领域，应急物流可分为突发自然灾害应急物流、突发疫情应急物流和突发社会危害应急物流。应急物流与普通物流一样，由流体、载体、流向、流程、流量等要素构成，具有空间效用、时间效用和形质效用。应急物流在大多数情况下通过物流效率实现其物流效益，而普通物流既强调效率又强调效益。

应急物流的目标是在最短的时间内，以尽可能低的成本获得需要的应急物资，以适当的运输工具，把应急物资在适当的时间运送到适当的需求地，并以适当的方式分发到需求者手中。

应急物流保障机制的系统、高效是保证应急物资快捷、及时送达目的地的关键因素和基础。应急物流的顺利运行是一个系统工程，除了完善应急物流的基础保障之外，还涉及应急物资的筹措与采购、储备与调度、运输与配送等方面，而这些工作需要一个机构组织、协调才能顺利完成。从我国以往的情况来看，这个协调机构是政府根据应急方案从各单位紧急抽调人员临时组成的，虽然取得了不错的成绩，但也暴露出灾情信息滞后、救援工作效率不高以及严重影响政府其他工作正常开展等问题。因此，我国有必要根据政府结构和物流的运作流程，建立一个常设的、专业的应急物流指挥中心专门进行救灾指挥工作，以保障应急物流高效、顺利地实施。另外，我国传统应急物资都是通过政府工作人员、救灾部队分发给群众的，具有效率低、分发面窄、效果不尽如人意等特点。因此，政府可通过应急物流指挥中心，结合实际情况，整合现有社会资源，联合配送行业内信誉高、价格合理的物流企业进行协同式配送，而且可以通过大型物流企业已建立起来的供应链、连锁网络将应急物品投放到市场上。

二、应急物流保障体系的组成

（一）监测预警及应急预案

监测预警能够在突发事件发生之前预判出形势，为应对突发事件赢得时间。政府相关职能部门要先对搜集的相关信息进行归纳分析，然后制订相应的方案上传下达，争取在最短的时间内对突发事件中的潜在危害做出评估，并制定相应的措施，以把损失降到最低。应急物流的根本目的是面对突发事件的发生能及时启动应急保障。但应急物流不能临时抱佛脚，重点应该放在平时的演练和预备上。只有多练、勤练，在面临突发事件时，才能有条不紊、临危不乱，做到"有备无患，有患不乱""来之能战，战之能胜"[①]。

在自然灾害频发地区或有可能面临突发情况的地区，相关职能部门应该制订相应的应急预案，并且结合本地突发事件的特点和规律，建立突发事件应急系统。此外，在平时还应多开展应急事件预演，积极组织相关人员进行突发事件应急的相关知识、技能和防护措施的培训并结合预演中出现的问题进行进一步评估、改进。

（二）全民动员机制

应急物流在面对突发事件时能够启动全民动员机制来实现信息的共享，从而使参与救援的人员准确获得突发事件的相关情况。其具有以下五个优势：一是能够积极调动群众的热情和能动性，发动全民参与到突发事件的应对、处理中，大家一起群策群力，共渡难关；二是能够掌握救灾工作的主动权，为救灾工作的开展争取环境、物料等有利条件；三是能够结合受灾情况，筹集应急款项和相应的应急物资；四是能够为突发事件应急体系提供必要的人员储备，使各个分系统启动时发挥积极作用；五是能够为应急物流的启动提供方便。

洪涝、火灾、地震等自然灾害发生时，不少人会因为巨大的心理压力产生惊恐不安、情绪失常等不良心理反应，甚至表现出不同程度的行为失常、语言反常、思维错乱等症状。此时，应该及时开展心理疏导和安抚工作，鼓励受灾群众勇敢面对困难，积极进行自救和他救，为救援工作的有序开展赢得宝贵的时间。

---

① 邓秀琴，倪卫红，陈太. 新冠疫情下基于区块链的应急物流和物资保障体系研究 [J]. 物流技术与应用，2020，25（10）：176-179.

全民动员机制包括主动式动员和被动式动员。主动式动员指充分调动社会大众的主动性和能动性，通过宣传、鼓励等手段发动社会力量自觉参与到救灾工作中。被动式动员指的是利用法律、法规等规范救灾工作中出现的消极思想和利己行为，运用强制手段使部分思想行为不规范的人员被动参与到救灾工作中。在突发重大自然灾害时，各级政府和相关媒体应积极开展宣传工作，对救灾工作中涌现出的英雄人物和感人事迹进行宣传报道，树立榜样，充分调动社会各界人士的主动性和积极性。

（三）政府协调

在突发事件处理中，政府部门发挥着十分关键的作用。例如，国际、国内资源的有效协调和配置，对突发事件的处理方案和相关措施的制订，紧急物资的筹备、应急资金的筹集，应急物资的存储、配送，各部门之间的协调，各种不利于救灾工作开展的因素的排出等都属于政府部门的工作范畴。对此，国家应该建立相应的突发事件协调处理机构，从中央到地方设立专门的分支机构并安排专门人员进行运作，同时以法律法规的形式给予这些机构一些特定的权力和相关资源，为突发事件的救援工作提供保障。

在全球化趋势下，各国之间的联系越来越紧密，许多突发性灾难发生时，影响的不只是一个国家或地区。在应对环境问题、重大疫情、自然灾害等突发性事件时，只有充分发挥协调处理机构的作用，加强国家间的协同合作和科学技术的交流，才能取得共同的胜利。特别是近几年来，重特大突发事件对各个国家的生态环境、社会经济等各方面的冲击更加明显，重特大事件的国际风险日益增加，只有加强国家间的进一步合作，加强相关领域的技术交流和互通有无，才能战胜灾难。

防灾减灾、抗灾救灾是人类生存发展的永恒课题。我国要勇于承担责任，大力推进防灾减灾和公共安全科技方面的创新，支持科学家开展国际间的交流和合作，共享科技成果，共同构建人类命运共同体。

（四）法律保障

建立应急物流法规一方面可以规范个人、社团在非常时期被赋予的权利；另一方面可以规范并维系在特殊时期、特殊地点，特殊人群的活动秩序和待遇公正，从而确保应急物流顺利运作。例如，在突发事件发生后，政府有权以有偿和无偿的方式征用民用和军用建筑、工厂、交通运输线、运输工具、物资等，以满足抗灾、救灾的需要；也可以通过法律、法规的形式，规范政府动员物流企业参与救灾的流程和补偿措施，为物流企业的具体运作提供法律保障。

此外，应急物流的法规建设应依托国家应急管理法规体系，或者说应急物流法规本质上就是国家应急管理法规体系在保障应急物流系统运行方面的具体体现。因此，我们在研究应急物流法规建设问题时，必须认清其与应急管理法规体系间的"子与母"的关系。

（五）"绿色通道"

在应急物流体系中，应急物流配送体系十分重要。因此，政府有必要建立一条"绿色通道"。对此，政府可以从以下三个方面入手。

一是在紧急情况下，可与军方商讨救灾抢险事宜，动用军用运输装备、军用运输专用线路及相关设施，从而实现应急物资的快速配送。

二是政府应大力推进国内电子商务业的发展，着重优化电子商务系统的应急物流配送网络，加强应急物流指挥中心与电子商务的联系，减少物流环节，简化物流过程，提高应急物流配送的快速反应性能。

三是在应对突发事件时，政府可根据应急工作的需要，通过行政手段和舆论召唤，动员人民群众参与应急工作，还可组织地方干部、民兵、部队、公安、志愿者、防疫人员、医务人员等多方力量，以最快的速度将应急物资配送到受灾地区，这样可保证应急物流配送的速度和广度。

（六）应急报告与信息公布

信息的快速收集、及时准确传达是应急物流顺利运作的有效保障。随着我国信息技术的发展，不少先进技术和手段应用于应急物流信息系统，我们应该充分利用好技术优势，进一步完善信息的搜集、分享机制，完善信息运作系统。特别是在面对疫情等突发事件时，要做到及时、准确地公布信息，在引起重视的同时，消除因缺乏信息而有可能引发的群众顾虑，缓解紧张气氛。只有及时搜集和分享信息，并对事发地信息适时进行反馈和监控，才能掌握相关情况，为应急方案的制订和适时调整提供有效的参考信息。

不仅突发事件有关灾害情况要做到透明共享，突发事件应急物流保障的有关信息也应该及时公布，以便社会各界及时了解救灾物资的供应情况和物流运输状况，方便相关职能部门和社会人员结合实际情况，制订和调整下一步的救援计划。这样，不但简化了操作流程，保障了救援的有效性，能够有的放矢开展工作，而且增加了救援工作的透明度，方便群众监督和积极参与，为救援工作赢得了更多社会力量的支持。

（七）应急基金储备

面对重特大突发事件和自然灾害，我国的财政预算部门每年都会准备相应的储备资金，但在应对突发事件和自然灾害时，还是有巨大的资金缺口。对此，我们应该发动社会各界力量，建立应急资金储备系统，并进一步使其规范化、法制化，以此应对重特大突发事件和灾难事件带来的负面影响与巨大的经济损失，为受灾地方的经济恢复和家园建设工作开展提供一份保障。同时，我们必须做好应急基金的相关管理和监督工作，积极接受群众监督，建立相应的法律、法规，建立合理、完善的监督制度，把钱用到最该用的地方。

三、应急物流保障机构的构建

（一）机构的建立及人员组成

针对重特大突发事件、公共安全事件、自然灾害，可以结合需要建立应急处理机构，这些应急机构由中央、省或直辖市、地级市或区等各级职能部门构成。各职能部门主要由专职和兼职两部分人员构成。专职人员主要是应急事件处理中的相关专业人员、技术人员、物资保障人员等，他们往往处于救援工作的一线，负责应急物流的相关保障工作；兼职人员一般指突发事件中的各级政府领导、专家，他们在救灾工作中主要负责指挥、协调、监督等相关事宜。在非灾害时期，兼职人员还要重点做好物资的储备、传达等工作，以保证不时之需。

（二）机构的职能

"突发性自然灾害和公共卫生应急处理机构"的主要职能体现在以下几点：①灾难的预测预警；②有关灾害相关信息的搜集、整理、发布；③结合灾害信息进行应急物资的筹备；④应急物流系统的运行和调度；⑤对灾害的积极应对和制定相关应对方案；⑥抗灾救灾有关工作的具体协调和处理；⑦行使法律法规赋予的突发性自然灾害和公共卫生应急处理的其他权利。

第五章　应急物流系统的整体构建与中心选址规划

第一节　应急物流系统与中心选址概述

一、应急物流系统概述

（一）应急物流系统的概念

1.应急物流系统的定义

应急物流系统涉及外部环境的概念，在这里所说的外部环境是指能够向系统中提供劳动力、社会资源、外部信息等的系统中具有"输入"功能的部分。在系统中将这种"输入"再经过相应的处理，转换为最终的成品，这个过程我们作为系统的"输出"。系统运行过程中，外部环境的资源受限、系统需求的不确定性、外部影响因素发生变化等因素都会导致最终系统的输出结果不同，对于之前预计的目标有偏差。我们可以通过反馈机制将其进行修改，在输出的结果不满意时，通过反馈对系统进行调整和修正。物流系统能对物料、包装、运输、仓储、人员配置、通信活动等进行动态的控制，以实现各自的功能，保证整个系统的正常运行。

应急物流系统包含在普通的物流系统当中，是物流系统中比较特殊的用于应对突发事件的系统，是指为了满足突发性的物流需求，由各个物流元素、物流环节、物流实体组成的相互联系、相互协调、相互作用的有机整体。

2.应急物流系统的七要素

普通物流系统和应急物流系统在构成要素方面最主要的区别是"时间"要素上。流体、载体、流向、流速、流量和流程这几个要素构成普通的物流系统，而应急物流系统在普通物流系统的基础上增加了"时间"要素。应急物流系统的成立是为了应对突发事件，在突发事件发生时，时间就成了非常关键的要素。合理充分地利用时间可以争取到更多的有利因素，避免或者降低自然灾害造成的损失。

3.应急物流系统的特点

（1）应急物流系统的快速反应能力

应急物流系统是为了应对突发性和不确定性的灾害所准备的应急预案。在应急过程中应急物流系统应具有快速反应的能力，这种能力直接影响着物资送达、活动开展等一系列的后续问题。这决定了应急物流系统区别于一般的企业内部物流或供应链物流系统的经常性、稳定性和循环性。

（2）应急物流系统的开放性和可扩展性

在进行应急物流系统的设计时，一定要根据应急物流需求的随机性和不确定性进行合理的规划。应急物流需求和供给在突发事件发生前是不确定的，而必须在突发事件发生之后将其纳入应急物流系统中。

（二）应急物流系统的和约束条件

1.结构

应急物流系统分为许多模块，每一个模块都有着不同的作用，主要包括应急指挥模块、应急物流节点模块、应急物流信息模块等。应急指挥模块是由制定指挥方案、实施保障计划、综合进行调度、分析物资需求等子模块组成的。应急物流节点模块是对中间物流节点进行的管理，如采购管理、运输过程、配送管理、仓储准备等各个环节上的把控。应急物流信息模块就是对物流的各个环节的信息进行及时的更新和整理，也是进行实时动态监管、处理应急事件的基础模块。应急物流系统结构如图 5-1 所示。

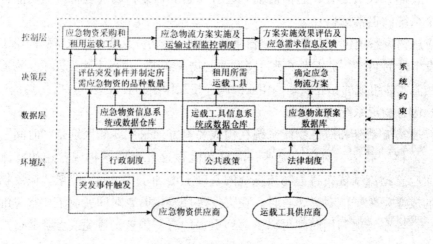

图 5-1 应急物流系统结构

2.约束条件

应急物流系统比一般的物流系统要求要高，一般我们将对应急物流系统中的约束分为五个方面进行，分别是信息约束、时间约束、资源约束、运载能力约束和运输基础设施约束。下面就针对这五个方面展开叙述。

（1）信息约束

在突发事件发生后的短时间内，系统不能全面掌握有关突发事件的信息，造成预测和决策的误差。在汶川地震发生时，通信设备被毁，灾区和外界联系中断，在灾害发生的第一时间只有阿坝藏族羌族自治州人民政府的网站可以使用，这极大地影响了救灾活动的进行，这就是信息约束所带来的严重影响。

（2）时间约束

应急物流系统的目标是指在约束时间内应该实现的系统目标。美国的紧急医疗救护时间就具有非常严格的规定，对乡村地区必须能够在30分钟之内达到现场，城市由于交通便利必须在10分钟之内到达。我国对消防救援时间也进行了详细的规定，这种时间上的约束和规定就是为了能够尽快采取应急措施。

（3）资源约束

系统资源约束是指应急物资和应急资金的约束。

（4）运载能力约束

运载能力约束是指根据系统目标，对不同种类的应急物资和人员分别给予不同的紧急等级，在满足不同紧急等级下可以获得的运载工具包括飞机、汽车、火车、轮船等运载能力的约束。

（5）运输基础设施约束

由于突发事件可能对运输基础设施，包括公路、铁路、港口、电力和运输环境等造成影响，限制了应急物流活动的正常进行。

二、应急物流中心选址概述

应急物流中心选址是应急物流系统建设的首要环节。大规模突发事件发生之前，应急物流中心的科学选址能为灾害发生时的应急救援提供充足的救援保障，确保应急救援工作高效、及时地展开，降低灾害造成的人员和财产损失，保障灾后家园重建工作的实施。国家建立的应急物流中心是为了保障物资供应，保障基本人民生活而建立的在自然灾害、突发事故、突发卫生事件或重大军事冲突时进行应急处理的部门，是政府进行统一调度、管理分配的总指挥机构。针对突发的公共事件进行的应急物流中心的指挥能够帮助政府协调工作，减少信息传递重复和资源分配的不均，这也是对救灾抢险活动的专业保障，作用巨大。

（一）应急物流中心的组织结构

应急物流中心由中心本部和加盟的物流企业两部分组成，如图 5-2 所示。

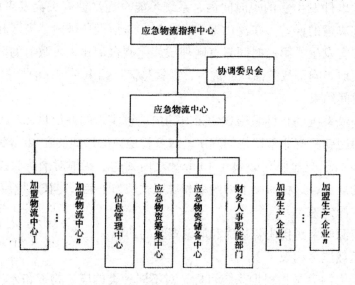

图 5-2　应急物流中心组织结构

接下来我们对各部分职能进行详细介绍。

1.应急物流指挥中心

应急物流指挥中心负责抢险救灾过程的组织和领导工作，也负责应急物流中心的其他工作事项。对上级部门负有汇报和执行命令的责任，对下属单位和部门进行集中组织管理，保证应急物流中心平日的正常运作和提升必要时候的突发事件应对能力。

2.协调委员会

协调委员会是应急物流中心平时、灾时工作的协调机构，也可起智囊团的作用，协助应急物流指挥中心保持应急系统的高效运转。协调委员会成员由两部分组成。一是政府相关部门领导成员。其职责是给应急物流中心提供各种有用信息，对应急物流中心的工作进行协调，在必要时利用行政职权支持应急物流中心的工作，保证应急物流中心平时和灾时的各项工作能顺利进行。二是各加盟物流中心、物流企业的领导人员。这些人对物流行业非常了解，是物流行业中的权威和专家人士。其职责是协助应急物流指挥中心进行决策，对各种应急方案进行审议，协助应急物流中心设计合理的运作流程，在救灾时期协助物资应急保障的协调工作。为了保证各加盟物流中心对中心工作的绝对支持和救灾时期物资应急保障的可靠性，各加盟物流中心、物流企业的领导必须是协调委员会的主要成员。

3.信息管理中心

信息管理中心包含两个部门。一个是情报部门。情报部门主要负责灾前、灾中、灾后的情报收集处理工作。长期与地震、气象、卫生防疫、环保等灾害监测部门保持密切、广泛的联系，及时掌握各种自然灾害、公共卫生、生产事故、环境污染等方面的情报，并做出准确的分析判断，将信息提供给应急物流中心的其他主管部门，以便提前做好物资保障准备。另一个是信息网络管理中心。该部门负责信息管理、网络系统的构建维护工作。应急物流中心通过该套网络系统与中心的各个部门、各个加盟的物流中心和企业网络、信息系统进行连接，以便应急物流中心各专项物资管理部门了解各个物流公司的设备情况、人员情况、运营情况、运输能力、库房容量、主要业务等。在平时与公司建立密切的联系，掌握公司动向，指导其完善应急设施等。在应急情况下根据各物流企业的特点，有的放矢，合理安排好救灾物资的筹集、采购、运输、配送等各项工作。

4.应急物资筹集中心

应急物资筹集中心主要负责单项物资的预算、预测和筹集工作，可分为医药类、食品类，被装类等主管部门。在收到情报部门或者其他可靠的灾情信息之后，指导相应的医药、食品、被装等物流中心预先做好物资的筹集、采购工作，以保证在灾情爆发或进入扩大阶段之前，便已有了充分的物资准备，可以在最短的时间内将应急物资送到灾区、灾民手中。

5.应急物资储备中心

应急物资储备中心的主要职能包括两个方面：一是负责本地区（或上级代储）救灾应急物资储存、调拨、使用、回收、维修、报废等环节管理工作；二是保障本地区紧急救助物资按质按量供应。根据这些职能，物资的储备具体包括三个层次：一是救灾物资的仓储管理；二是协同应急物流中心做好救灾物资的调拨；三是救灾物资的使用和回收。

6.财务人事等职能部门

财务人事等职能部门的主要职责是保持应急物流中心的正常运作，通过计划、组织、协调、控制等管理手段保障应急物流中心内部人力资源、资金、基础设施等方面的流畅运行，是提高应急物流中心保障能力的基础。

7. 各加盟物流中心、物流企业

加盟的物流中心、物流企业是应急物流中心得以成功运作的基础，是应急物流中心物资保障的具体执行机构。平时各自自主经营进行正常的商业活动，在应急物流中心的指导下，完善应急设施，制定应急方案，并根据情况做好救灾物资的库存管理。灾害发生后，根据应急物流中心分配的任务，利用自身的业务优势和技术优势筹集、储备、配送救灾物资，以最快的速度保质保量地将救灾物资送到灾区、灾民手中。

（二）应急物流中心的运作流程

根据事前、事中和事后控制的原则，应急物流中心的运作流程如图 5-3 所示。

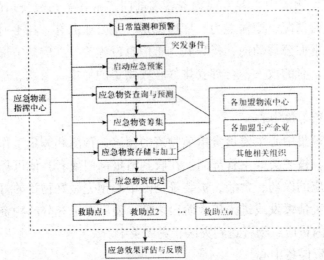

图 5-3 应急物流中心运作流程

1. 突发事件发生前

在平时，应急物流中心的工作主要是做好与加盟物流中心、生产企业的合作，进行网络维护，建立供应商档案，充分了解可能用到的应急物资的生产、分布情况，以及做好应对突发事件的宣传、教育及应急预案的制定、演习等工作。同时做好日常信息的监测，运用信息技术等科学手段评价可能发生的突发事件种类、概率、规模，并设置应急处置预案。

2.突发事件发生后

根据突发事件的具体情况有针对性地制定有效的救援方案，并且启动应急预案，积极准备、筹集物资，做出合理的安排，核对各种物资的数量、规格、品种、分布情况，紧急联系加盟物流中心和生产企业开始应急物资的筹备和运送工作，及时将物资运往灾区。

3.突发事件处理完毕后

突发事件处理完后要进行工作总结，回顾工作中存在的问题和需要改进的地方，制定相应的政策，做好应对突发事件的各项准备工作。针对应急物流系统存在的漏洞和缺陷进行弥补，以使物流响应更加准确。对突发事件应对速度、物资准备、仓储调拨、运输效率、部门配合、信息传递、人员配置等进行合理的评价，查找不足，制定整改措施，为下一次的预警做好充分的准备。

第二节　应急物流系统设计与供应链构建

一、应急物流系统设计

（一）应急物流系统的设计原则

应急物流系统的设计原则有以下三个。。

1.应急物流系统的事前防范与事后应急相结合

应急物流需求的事后选择性决定了一个高效率的应急物资信息系统和应急运输工具信息系统应该成为应急物流系统的组成部分。在突发事件爆发前，建立全国范围的以应急物资和应急运输工具为主题的大型的信息系统或数据仓库，对于突发事件爆发后，应急物流系统的高效运转具有重要意义。

2.时间效率终于经济效益

应急物流的突发性和紧迫性决定了应急物流系统的设计中时间效率重于经济效益。制定合理的规划，为物资运送、人员的前往提供道路上的畅通保障。通过先进的技术手段和高科技运输工具，使物资、人员能够在第一时间赶到事发现场并且马上开展救援。

3.市场机制与行政机制、法律机制并存

应急物流多是针对突发性的自然或社会危害而进行的物流活动，所以要依靠行政机制、市场机制和法律机制进行统一的安排。

（二）应急物流系统的核心子系统

应急物流系统包含着以下四个子系统，下面就针对不同的子系统进行详细论述。

1. 应急物流指挥子系统

应急物流指挥子系统是将政府、企业、人才、设备等各种元素组合，进行分工管理，协调工作的指挥系统。在自然灾害、重大公共卫生事件、社会环境问题、社会安全问题出现的时候，进行各种应急物资的准备和调拨是应急物流指挥子系统存在的使命。在应急物流指挥子系统的建立过程中，各级政府首先要了解当地的实际情况，如人口数量、物资结构、交通状况、天气情况等，使指挥工作有据可依。一般应急物流指挥子系统是由国家机构、军队、信息中心、物资部门、运输保障部门协同配合组建的。组建统一的应急物流指挥子系统具有以下作用。

第一，对于应急物流的各项工作来说，可以最大限度地缩短审批、传达的流程，简化流程步骤就是在为救灾争取时间，提高应急反应速度。

第二，进行各项物资的统一安排，统筹规划，不会造成资源浪费和资源不足情况的发生，也可以避免贪污腐败，便于管理。

第三，统一采购可以降低采购物资的成本，缩短筹集物资的时间，对工厂来说，只要安排人员进行连续生产，就能够保证物资的供应。

第四，应急物资统一管理有利于全国物资的安排和布局，可以充分调动近距离和远距离物资，这是对全国资源的一种充分利用。

第五，建立统一的信息发布平台，提高管理的效率，这也为信息传递和数据共享提供了查询依据，对决策的制定和信息的更新起到了重要的作用。

第六，对国家制度的健全和法律的制定提供了经验支持，为应急物流的标准制度化建设和常态化管理提供了法律保障。

2. 应急物流保障子系统

应急物流保障子系统包括法律保障、人才保障、应急预案保障三个方面。下面是针对这三个方面展开的详细论述。

（1）法律保障

完善的应急物流保障法规体系，是应急物流保障力量现代化和正规化建设的基本保证。应急物流保障法规主要包括三部分：一是地方应急物流保障力量的动员法规，包括海陆空运输力量应急动员和所在地区物流资源的应急动员，明确动员的时机确定、权责划分、实施程度、补偿标准等；二是应急物流保障力量建设的相关法规和条令条例；三是应急物流保障的有关条令和规章制度。

（2）人才保障

应急物流保障环境的复杂性及保障技术的精尖性要求适时适量、方法多样地对应急物流保障人员进行物流专业培训，以提高应急物流保障人员的综合素质。一要加强针对性的应急物流保障实战演练，根据未来可能负担的任务，不定期地在突发事件可能出现的地区进行演习，从心理、技术、指挥和保障等方面加强训练应急物流保障人员；二要改进训练手段，开发研制应急物流保障模拟训练系统，探索应急物流保障的虚拟现实模拟训练，为提高应急物流保障人员素质创造条件。

（3）应急预案保障

应急预案是实施应急物流保障的基础，是保证应急工作顺利实施的关键。在应急物流预案中，需要明确组织指挥机构以及各类人员如何筹备、如何分工实施、采取哪些步骤或必要措施以及应急保障的各种程序等。涉及全局范围、危害严重、重大事件的应急预案，应该聘请有关部门的专家参加，应急预案制定后，要经过上级政府部门的批准；一般性应急预案，可根据本地区的实际情况，针对可能存在的安全隐患和灾难性事故，综合分析制定相应的应急预案。

3.应急物流信息子系统

应急物流信息子系统是用于数据存储和调用的平台，为数据整合和信息传递提供必要的技术支持。其主要包括通信平台、信息平台和电子商务技术平台等。通过通信平台可以将应急物流系统的各种信息进行汇总和传递，为制定应对措施提供帮助。信息平台的建设可以为应急物流提供更加准确可靠的数据，为及时采取措施和主动提供应急救援做准备。在应急物流信息系统的建设上应该注重基础信息建设和应急物流模型设计，下面是针对这两个方面进行的详细介绍。

（1）基础信息建设

基础信息建设主要体现在三个方面，一是建立高效的物流信息网络，依托社会公共信息平台，建立综合指挥网、运输信息网、仓储信息网等；二是推进信息标准化建设，统一物资代码，规范文件传输格式；三是建立完善的基础数据库，将道路、企业、人才等详细信息收录其中，并实时进行更新。

（2）应急物流模型设计

应急物流体系结构模型的制定，不仅有利于信息系统的设计与实现，还有利于物流配送算法的实现。将 GIS、GPS、Web 技术与现代物流管理技术实现有效集成，其中，GIS 是地理信息系统，提供地理信息、动态信息，有利于物流配送算法的实现；GPS 是卫星导航定位系统，利用卫星进行定位计算，计算出物流货物所在地理位置的经纬度、高度、速度、时间等信息；Web 技术有利于实现物流信息资源共享。

4. 应急物资供应子系统

应急物流供应子系统包括应急物资仓储、运输、配送等部分，负责应急物资的筹措、组织运输与配送，直到送达灾民手中。相关部门应运用供应链的思想对该子系统进行管理，利用先进技术和现代管理手段，实现应急物流的集成、整体运作与管理，强调集成、协调、快速反应，对应急物资的筹措、储备和调运、配送进行科学组织。下面我们从应急物流筹措子系统、应急物流仓储子系统、应急物流运输子系统、应急物流配送子系统四个方面进行详细的介绍。

（1）应急物流筹措子系统

在自然灾害爆发、战争爆发和其他灾难发生时，需要进行应急物资的采购，以满足人们维持生存的基本需求。一般情况下，我们通过应急采购的方式对应急物资进行筹资和准备，也可以通过库存物资的调动、征用和各方的捐赠获得物资。应急采购有四种方式：第一种是单一来源的采购，一般是独家进行生产或者是由于时间紧迫无法从其他供应商处进行采购。第二种是询价采购，要在一至两天时间内进行的货源充足的采购，这种采购对货物的规格和标准进行了统一的规定，而且货源比较常见，所以可以进行短期的询价比较，最后决定采购流程。第三种是竞争谈判采购，这种采购一般是在三天内完成就可以，对供应物资无法确定具体的规格要求，或是无法计算总价的货物，可以采用谈判的方式最终确定采购方案。第四种是招标采购，这种采购的时限比较长，周期在一个月之上，供应商在招标成功后要签订购货合同，在采购数量、品种、时间上都做了具体的说明，因为采购时间充足，所以可以进行全面的考虑。

（2）应急物流仓储子系统

应急物流仓储子系统包括仓库布局规划模块、物资安排模块、储备容量模块等，针对储备物资的合理维护和管理进行有效设计。对于应急物资要进行分类管理，分类是为了能够迅速掌握物资的种类、数量、库存情况、筹备情况等，便于快速地进行资源的合理调度和布局。对于救援物资的仓储情况要进行定期的盘点，为了不影响应急情况下物资的搬运和筹集工作，一定要在第一时间能够准确说出仓储的数量、种类、耗损情况，以便能够及时地补货和调用。

（3）应急物流运输子系统

发生灾情后，根据灾情的发生地点、受灾面积、影响程度和对灾后情况的预估，临时征用汽车、货车、火车、船舶、飞机等各种交通工具，并且集中社会力量，使应急物资能够第一时间到达现场。对于应急物流运输子系统的全程指挥和调动都是在进行实时监控的情况下进行的。交通运输基础设施的建设对应急物资的配送有非常重要的作用，这也是影响应急物资送达目的地的时间的主要因素。

（4）应急物流配送子系统

应急物流配送子系统的物资中转站是建立在各个物资需求点上的，承担着接受、分发各种应急物资的重要责任。应急物流配送子系统的建立为后续工作的开展提供了便利条件，这种空间上的合理划分和配送地点的选择可以缩短救援需要花费的时间。对于救援地需要哪些物资、获得了哪些物资、后续还需要进行哪些补给等都是配送中心进行统计并上报的。通过配送中心和配送路线的合理布置，可以大大提高配送的效率，为救援提供可靠的数据支持。

二、应急供应链系统构建

（一）应急供应链管理的内涵

1. 应急供应链的概念

应急供应链就是针对应急物资的筹措、生产、运输、存储、配送、分发等各个环节组建的整体网络。应急供应链包括资金流动、信息传递、业务来往等各种各样的涉及应急物流的一切活动。

2. 应急供应链管理的概念

利用现代信息技术对应急供应链进行的管理是一种对整体和各个部分进行的全方位管理。应急供应链管理是一个广泛的概念，应将应急供应链管理看作一个完整的系统，并将其中的各个环节分别赋予不同的功能。通过各种集成方式，包括横向集成、纵向集成和端到端集成，可以进行各种应急资源的优化配置，构建一个完整的应急供应链。

3. 应急供应链管理的主要目标

从整体出发，统筹规划，利用科学的管理手段使应急供应链各个组成部分进行紧密配合，以最大限度地减少资源的浪费，从而使应急供应链保障总费用最低、保障质量最高、反应速度最快、补给周期最短、储备规模最宜、保障关系最和谐、五流（商流、物流、资金流、信息流、业务流）合一，以实现应急供应链保障绩效的合理化，我们从以下五个方面进行介绍。

（1）最终保障对象服务最优化

通过建立高效、优质的应急供应链网络结构，在降低成本的前提下提升服务质量。

（2）应急供应链总储备适度化

企业供应链希望达到零库存的目的，这说明供应链设计合理、公司运行良好、供应需求保持平衡，不压货、不浪费、不耗资，但是因为应急事件属于非正常事件，因此在应急供应链中要始终保持一定的库存储备量，目的是应急时能够短时间内进行补。这种应急供应链总储备的适度化就是为保证企业供应链正常运转而做的储备工作。

（3）总周期时间最短化

应急供应链和普通供应链之间进行比较，不同之处在于应急供应链可以提供快捷、高效的供应服务，最大限度缩短物流供给所需要的时间。在进行物资配送的过程中，我们将其消耗的时间称为总周期，相比普通的供应链，应急供应链能够快速响应、立刻执行、调配仓储、安排运送、准时到达。

（4）应急保障质量最优化

应急供应链管理下的应急保障质量的好坏直接关系到应急供应链的存亡。如果在所有业务过程完成以后，发现提供给最终保障对象的应急物资存在质量缺陷，就意味着所有成本的付出将不会得到任何价值补偿，应急供应链的所有业务活动都会变为非增值活动，从而导致无法实现整个应急供应链的价值。因此，达到并保持应急保障质量的高水平，也是应急供应链管理的重要目标。这一目标的实现，必须从应急保障资源的零缺陷开始，直至应急供应链管理全过程、全人员、全方位质量的最优化。

（5）应急供应链总成本最小化

应急供应链存在多种成本，各个成本之间都具有关联性。比如，筹集成本、生产费用、运输加工费用、配送过程中的损失等，这些都属于应急供应链总成本当中的一部分。为了使应急供应链能够更好地发挥作用，也为了使应急供应链得到充分的利用，需要对应急供应链进行成本管控。

（二）影响应急供应链系统建设的因素

影响应急供应链系统建设的因素有两个方面，分别是经济因素和非经济因素。

1. 基于经济因素的应急供应链物流系统

此类应急供应链物流系统的扰动因素是由供应链所面临的市场经济环境波动导致的，如供应波动、需求波动、价格波动、信息误差、人为商业失误等，致使供应链出现物流资源短缺瓶颈，进而造成供应链运作扰动。此类因素的扰动属于"软环境"因素扰动，其供应链物流渠道并不受扰动因素的影响，能够保持常态运行。因此，这类应急处理的关键在于打破物流资源短缺瓶颈，整合更加广泛的拓展企业物流资源，形成特定的供应链应急柔性，以加快对市场的响应速度。严格意义上讲，这类应急供应链物流系统属于商业运作的范畴，并不是本书介绍的重点。

2. 基于非经济因素的应急供应链物流系统

此类应急供应链物流系统的扰动因素是由不可控的外力而导致供应链物流渠道中断，如自然灾害、政府管制、突发社会群体事件、物流过程事故等，属于"硬环境"扰动，其常态供应链物流渠道受阻，需要临时构建一条应急物流渠道以保持供应链物流通畅。因此，这类应急处理的关键在于构建新的物流通道，选择合适的物流节点与线路，重新实现供应链物流渠道"货畅其流"。

（三）应急供应链系统的设计

1. 应急供应系统的设计原则

（1）简洁性原则

对供应链各个环节进行简化，以实现紧急物流运输的顺利进行，对供应链组织机构和业务流程进行简化处理有助于提高执行效率。

（2）动态性原则

对供应链信息进行动态监管，保证供应链运作环节的正常进行，以提高供应链信息传递的灵活性和高效性。

（3）开放性原则

扰动因素的出现导致既有供应链运作失效，其中的原因包括资源约束瓶颈、能力约束瓶颈、时间约束瓶颈等，这客观上要求既有供应链更加开放，通过拓宽供应链范围以消除或降低约束瓶颈。

2. 基于经济因素的应急供应链系统逻辑模型设计

基于经济因素的应急供应链系统是一个具备多重柔性能力的核心企业应急物流管理中心的协同管理下集成了非常态资源参与其中的柔性供应链系统，如图 5-4 所示。

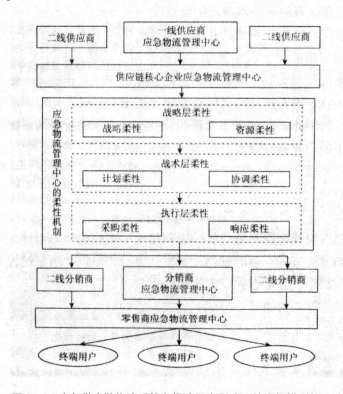

图 5-4　应急供应链物流系统在经济因素影响下的逻辑模型的设计

从图 5-4 中我们可以看出，应急供应链系统受到经济因素的影响，最终呈现出具有柔性机制的各个企业之间进行合作、协调、统一的运营，在一线、二线供应商的配合下，供应链核心企业应急物流管理中心采用战略层柔性管理、战术层柔性管理、执行层柔性管理层层递进的方式将物资供应转移到分销商部分，再由分销商应急物流管理中心或二线分销商进行零售商应急物流管理中心的配送，最终到达指定用户手中。应急供应链系统建设需要注意以下几点问题。

第一，供应链核心企业应急物流管理中心是整个运营系统的重要组成部分，起着关键的作用，它由三个层面的柔性机制主导运行：战略层柔性、战术层柔性、执行层柔性。

战略层柔性主要包含两个方面：第一是战略柔性，是指要对供应链的运行进行战略上的转换，从一般常态下的运转模式转变为应急状态下的运转模式，这种运行模式的转变能为接下来开展的战术层柔性和执行层柔性提供很好的指导。第二是资源柔性，资源柔性讲究将各种物质资源和能量资源进行整合，这种柔性管理的方式可以最大限度地使供应链在更大范围内进行市场优质资源整合，也是为收集物资、整理物资、筹备物资进行的资源上的合理规划。

在建立供应链战略伙伴关系时以直接供应源为常态运作的主要对象，以潜在供应源为非常态运作的主要对象。

战术层柔性包括计划柔性和协调柔性。计划柔性是实现战略柔性的计划功能保障，通过柔性计划为执行层面的具体执行活动提供柔性化资源安排和业务过程安排。协调柔性主要体现为协调机制的可变性，能快速针对不同的矛盾冲突采取个性化的协调措施，使冲突程度降到最低。

执行层柔性主要体现为采购柔性和响应柔性。采购柔性主要体现为采购品价格柔性、数量柔性等，实现与上游供应商之间快速协同。响应柔性主要体现为企业内部各流程之间的快速响应与对下游客户的快速响应。

第二，根据市场竞争力与价值贡献度两项指标可将供应链合作伙伴分为战略合作伙伴、有影响力的合作伙伴、竞争性合作伙伴和普通合作伙伴。

核心企业在构建常态供应链时，可在以上分类的基础上将合作伙伴归结为两大类型，即一线合作伙伴和二线合作伙伴。所谓一线合作伙伴是常态供应链运作体系下的战略合作者，即上述的战略合作伙伴；二线合作伙伴是战略合作者的替补对象，在应急状况下补充战略合作者的不足之处，此类合作伙伴可以是上述的竞争性合作伙伴、有影响力的合作伙伴、普通合作伙伴。二线合作伙伴与供应链核心企业通过签署应急合作协议，形成常态为辅、应急为主的合作机制，如签订合同储备合约、应急采购合约以代替实物储备，一旦合约中某种事先约定的紧急条件发生，该合约自动履行。这样可以节省烦琐的正常采购业务环节，节约宝贵的时间，达到时间和空间效益的最优化。

第三，在各个供应链成员企业内部成立应急物流管理中心。实行非常态时的高度集权式决策，由各成员的应急物流中心全权负责本环节的应急物流决策，并由核心企业的应急物流管理中心负责协同整条网链的应急物流计划、组织、领导和控制等工作，从而最大限度地缩短中间环节，加快物流响应速度。在遵循以上建设要点的基础上，供应链的"流体"即应急供应链物流系统所处理的各种应急物资对象将从二线合作伙伴处得到及时补充，从而使供应链物流"流量"得以持续保证，不致发生断流；同时由于实施了围绕应急物流管理中心的集中决策，精简了业务流程，使应急物资转移的"流速"加快，供给响应时间缩短；在"流程"方面，二线合作伙伴的位置可以选择最近产地或是销地，从而能大大缩短常规物流渠道长度；最终取得在突发性扰动环境中以最短路径、最快速度、最小代价保障供应链运营物资及时补充、供应链运营中断风险最小化的良好绩效。

3. 基于非经济因素的应急供应链系统逻辑模型设计

对于突发性的不可预见性的扰动属于非经济因素的范畴，这种扰动因素的影响要远远大于经济因素的扰动影响。一般这种突发性的灾难性的扰动就是使物流通道受到阻断，致使常态化的供应链物流系统在短时间内难以恢复，所以必须选择新的运输方式、运输路线，从而修补中断的常态物流渠道。

（1）基于突发性自然灾害应急供应链系统

突发性自然灾害主要包括山洪暴发、冰雪灾害、火灾、沙尘暴、龙卷风、地震、泥石流、火山喷发等各种不能预料到的突发性灾难。在自然灾害面前人类往往是弱小的，这种无力感使人们越来越重视对大自然的保护，在自然灾害来临前人们就做好了应急准备，这种提前预知也是为了能够在第一时间给予抢救，为了实现应急物流通道的顺利布局，需要动用国家、地方、军队、企业、群众等社会上所有的力量，开通抢险救灾绿色通道，共享军用资源，实施各种物资的空运和空投等，通过人们齐心协力、众志成城、万众一心进行积极救援，灾区的群众可以感受到祖国的强大、集体的温暖。

从企业微观运行角度来看，这些措施对于降低受灾企业的经济损失来说起不到直接的指导作用，因为企业不属于此类灾害的第一时间受助对象，同时企业也无法以自有力量实施以上措施，从而只有被动等待政府力量恢复常态社会物流渠道后再调整企业自有商业物流渠道。在当今时间价值至上的经济社会，等待就意味着丧失市场利润与空间。面对此类状况，供应链的应急物流系统建设模式有以下两种。

①采取"搭桥模式"绕开常态渠道的中断点的模式

在医学上有一个术语是"心脏搭桥"，在这里我们借用"搭桥"的概念，进行物流系统的建设。在常态物流渠道中，如果因为突发自然灾害使物流渠道受到了阻塞，那么就形成了类似于医学上的血管阻塞问题，血管阻塞使心脏、大脑或其他器官的供血不足进而导致身体各种疾病的产生。医生可以使用心脏搭桥手术恢复心脏的供血功能，使心脏的血管能够重新建立通路，将堵塞的血管恢复畅通。在应急物流系统的建设过程中，需要通过选择新的物流中转节点或采用三维立体运输方式重构物流回路，如图5-5所示。

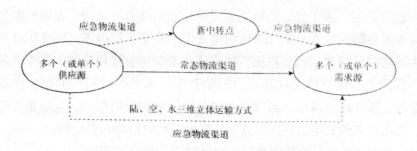

图 5-5　"搭桥模式"下的应急供应链物流系统

要提前对搭桥的成本和收益进行分析。这种搭桥模式所获得的收益主要是指经济上的收益和社会效应方面的收益。使用这种搭桥模式时应该注意两个方面的内容：第一，在选择新中转点时，应尽量选择使总流程较短、可实现快速转移的节点。通过多边市场治理或三边治理的方式短时间购买市场服务资源，从而实现成本最小化。第二，选择三维立体运输方式时，在遵循经济性和时效性的原则下，应尽量选择单一运输方式，少选择多式联运方式，以减少物流中转环节，节约时间。

②采取"自给模式"形成离散节点自满足运作的模式

自给模式是指将应急用的仓库作为临时供应源，并且在封闭的节点范围内进行物资的一种系统运行模式。由于缺乏和外部相连的物流渠道，物资无法输入和输出，需要预先储备应急库存，如图6-5所示。

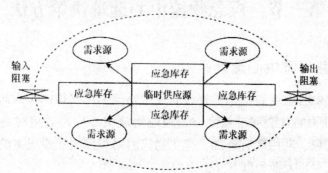

图 5-6　"自给模式"下的应急供应链系统的构建

下面从三个方面进行供应链物流运输渠道自给模式的应用介绍。第一，要注意完善供应链物流渠道的信息预警机制。在应急事件发生前会有一些预先的警示，这些警示往往容易被人们所忽略。例如，持续长时间的降温，大范围的降水，温度突然升高，动物有些反常行为，老鼠成群结队从鼠洞中跑出，羊、马等动物不进圈，狗、鸡等动物变得狂躁乱窜……这一系列的异常情况都应该

167

引起人们的关注。建立供应链物流渠道的信息预警机制是为了能够及时监测到这些灾难来临前的警告。第二，应该建立库存应急配给制度。应急库存是自给模式中的唯一供应源，也是物流系统渠道中断后能够提供物资的最主要的供应来源。因此，一定要建立库存应急配给制度，保证短时间内的物资供应。第三，要建立潜在的供应源关系储备。寻找附近的供应链节点，也就是其他的供应源，并建立契约关系，一旦应急事件发生，则启用这些供应源。

（2）基于突发性社会危害事件与疫情的应急供应链系统

突发性的社会危害事件包括集体罢工、恐怖袭击、突发性灾难等危害社会公共安全的事件。突发性的传染病具有非常严重的危害，这也给供应链物流渠道造成了一种障碍。所以，要建立一条供应链物流系统的绿色通道，借鉴搭桥模式和自给模式。此外，还应当注意以下两个方面。第一，事先了解政府突发性公共事件应急预案。企业要积极配合政府做好预案的准备工作，采取各种应急措施，做好应对准备，随时出发。第二，要与当地重点企业建立物流战略联盟关系。战略联盟关系的建立可以使常态时的物流资源得到合理的规划和利用，这也是对绿色物流通道的一种有效利用。通过对企业供应链的运作模式进行分析可知，业务外包是以较低成本较快获得资源的一种捷径，是当前我国企业发展自有物流系统的有效途径。

第三节　应急物流中心选址决策方法

一、应急物流中心选址原则

应急物流中心选址目的是更好地服务于物流工作安排的。因此，选址问题的研究有着重大的社会和经济意义。应急物流中心应本着应对突发事件、覆盖特定救援区域、利用现有资源、优化物流网络和控制建设成本的思想进行选址，具体原则主要表现为以下几个方面。

（一）统一规划原则

应急物流中心不同于普通商业性物流中心，其应由国家和各级政府工作部门根据地区易发的突发公共事件类型、储备资源特点，统一规划设计。在规划应急物流中心时，应将国家的物流网络作为一个大系统进行考虑，对宏、微观环境综合考量。

（二）高效性原则

为了能够高效高质量地完成应急物流活动，就必须重视应急物流中心的建设。借助各种检测手段，通过实地考察建立一个高效应急物流中心。

（三）安全性原则

安全性是应急物流中心建设过程中首要考虑的问题，应急物流中心选址的安全性直接影响应急保障的效率和效果。

（四）交通便利性原则

应急物流中心应靠近港口、机场、铁路编组站、公路等各种运输方式的运输据点或中转点，并应设在交通主干道附近，既便于交通疏导，有利于交通安全

二、应急物流中心选址的影响因素

在应急物流中心选址决策中，要综合考量多种因素，并主要从以下几个方面来考虑。

（一）自然条件因素

1. 气象条件

自然条件中气象条件是首先要考虑在内的，通过对天气的检测，可以使应急物流中心避开风口等地带。

2. 地质条件

充分观察周围的环境，结合当地的地质条件做出最优的选择。

3. 水文条件

应急物流中心选址要考虑洪涝灾害的发生，应急物流中心所处的地下水位不能过高，避免选择洪涝区、干河滩等地。

4. 地形条件

应急物流中心要选择地势平坦之处，面积适宜。首选完全平坦的地形，然后是稍有起伏的地方，陡坡要避开，对外形上要以方方正正的为宜，避免狭长不规则形状的地区。

（二）环境因素

1. 交通条件

应急物流中心要建立在交通枢纽，以确保交通运输。

2. 公共设施状况

应急物流中心的周边配置要完善，如水、电、热、燃气等基本的生活保障。

（三）社会因素

依据可持续发展理论进行应急物流中心的建设，要充分考虑到应急物流中心对城市生活的干扰问题。

（四）经济因素

精简人力、物力，最大限度地建立一个经济、实惠、环保、可行的应急物流中心。

三、几种常用的应急物流中心选址决策方法

（一）基于重心法的应急物流中心选址决策

应急物流中心的选址非常重要，其可以影响后续的一系列工作，因此一定要注重应急物流中心的位置、规模、面积等情况，对物流的畅通、反应速度、经济适用性等情况也要重点关注[1]。下面是针对突发事件地区建立应急物流中心所进行的详细介绍。

1. 问题描述及模型构建

应急物流中心进行地址选择时要考虑应急服务地点的需求、交通便利情况、地域范围的便利情况等。通过对应急物流中心建设的模式探讨，对地址选择也就会有所不同[2]。对于影响地址选择的因素我们都要进行一一考虑，以下是对其经济因素进行的详细分析。

① 李珍萍，周文峰. 物流配送中心选址与路径优化问题 建模与求解 [M]. 北京：机械工业出版社，2014：78-86.

② 倪卫红，陈太. 基于聚类－重心法的应急物流配送中心选址 [J]. 南京工业大学学报（自然科学版），2021，4（8）：1-10.

模型的基本框架及其求解步骤：如果有 N 个应急服务点，其各自的坐标分别为 (X_i, T_i) $(i = 1, 2, 3, \cdots, n)$，现需要建立一个应急物流中心，其坐标为 (X_0, Y_0)，应急物流中心到应急服务点 i 的运输费为 h_i，从物流中心到应急服务点 i 的货物运输量为 v_i，从物流中心到应急服务点的运输距离为 d_i，则物流中心到各应急服务点的总运费为

$$T = \sum_{i=1}^{n} h_i v_i d_i = \sum_{i=1}^{n} h_i v_i \left[x_0 - x_i^2 + (y_0 - y_i)^2 \right]^{\frac{1}{2}} \qquad （5-1）$$

$$d_i = \left[(x_0 - x_i)^2 + (y_0 - y_i)^2 \right]^{\frac{1}{2}} \qquad （5-2）$$

选址的目标是使总运费最小，从式（5-1）中分别求 X_0，Y_0 的偏导数，并令其等于 0：

$$\frac{\partial T}{\partial x_0} = \sum_{i=1}^{n} h_i v_i (x_0 - x_i) / d_i = 0 \qquad （5-3）$$

$$\frac{\partial T}{\partial y_0} = \sum_{i=1}^{n} h_i v_i (y_0 - x_i) / d_i = 0 \qquad （5-4）$$

由式（5-3）、式（5-4）求得最合适的设施地址，X_0^*，Y_0^* 为

$$X_0^* = \frac{\sum_{i=1}^{n} h_i v_i x_i / d_i}{\sum_{i=1}^{n} h_i v_i / d_i} \qquad （5-5）$$

$$Y_0^* = \frac{\sum_{i=1}^{n} h_i v_i y_i / d_i}{\sum_{i=1}^{n} h_i v_i / d_i} \qquad （5-6）$$

2. 模型求解

式（5-5）、式（5-6）中的右端 d_i 包含 X_0，Y_0，导致等式两端都含有未知数 X_0^*，Y_0^*，通常采用迭代法进行求解，其步骤如下：

（1）给出物流设施的初始地址 (X_0, Y_0)，一般的做法是将各用户之间的几何中心作为初始地址 (X_0, Y_0)，如式（5-7）、式（5-8）所示：

$$X_0 = \frac{\sum\limits_{i=1}^{n} h_i v_i x_i}{\sum\limits_{i=1}^{n} h_i v_i}$$ （5-7）

$$Y_0 = \frac{\sum\limits_{i=1}^{n} h_i v_i y_i}{\sum\limits_{i=1}^{n} h_i v_i}$$ （5-8）

（2）利用式（5-1）计算出与(X_0, Y_0)相对应的总运费T^0。

（3）把(X_0, Y_0)代入式（5-2）、式（5-5）、式（5-6）中，计算出物流设施的改善地址(x_0^1, y_0^1)。

（4）利用式（5-1），计算出与(x_0^1, y_0^1)相对应的总运费T^1。

（5）将T^0与T^1进行比较，若$T^1 \geqslant T^0$，则说明(x_0^0, y_0^0)就是最优解。如果$T^1 < T^0$，则返回步骤（3），将(x_0^1, y_0^1)代入式（5-2）、式（5-5）、式（5-6）中，计算出物流设施的改善地址(x_0^2, y_0^2)。如此反复迭代，直到$T^{k+1} \geqslant T^k$，求出最优解x_0^k, y_0^k为止。此时的x_0^k, y_0^k即为物流设施的最佳地址(x_0^*, y_0^*)，T^k即为最小总运费T^*。

（二）基于 GIS 区域的应急物流中心选址决策

1. 问题描述及模型建立

应急物流中心选址问题可采取以下模型建立方式：设有 N 个可能的灾害发生地，需要建立 M 个应急物流中心，需要预先规划出 P 个备选址区域，以合理的规模建立配送中心，为 N 个需求点配送物品，使在选出点建立的应急中心在满足配送需求的前提下，成本（包括建造成本和运营成本）最低。

当在某区域建立多个应急物流中心时，需要确定选址区域，设 $N = \{1,2,3,4,\cdots, n\}$ 表示 n 个需求点；$M = \{1,2,3,4,\cdots, m\}$ 表示 m 个配送中心；(x_i, y_i) 表示 i 个需求点；(x_j, y_j) 表示第 j 个配送中心选址位置；d_i 表示规划期内需求点的需求量；c_j 表示第 j 个配送中心的规模；a_{ij} 表示第 j 个配送中心对第 i 个需求点的需求量；h_j 为应急物流配送中心 j 每单位配送规模所需的成本。$S_{ij} = \sqrt{(x_i - x_j)^2 + (y_i - y_j)^2}$ 表示物流配送中心 j 到需求点 i 的距离，由于配送中心选址时只考虑运输成本，所以配送中心 j 的建构成本 $f_{ij} = a_{ij} \times s_{ij} \times k$，其中 k 为运费率。由于不同的配送中心位置不同，因此建构成本也各不相同。配送中心

j 的建构成本为 $g_{ij} = c_j \times h_j$。考虑到上述两项成本，则成本优化配送中心选址模型为

目标函数：

$$\min\left(\sum_{j=1}^{m}\sum_{i=1}^{n} a_{ij} \times s_{ij} \times k + \sum_{j=1}^{m} c_j \times h_j\right) \qquad （5-9）$$

约束条件：

$$\text{s.t.} \sum_{j=1}^{n} a_{ij} \leqslant c_j \quad \sum_{j=1}^{m} a_{ij} = d_j \quad \sum_{j=1}^{n} d_i \leqslant \sum_{j=1}^{m} c_j \quad a_{ij} \geqslant 0 \qquad （5-10）$$

2. 模型求解

我们将某地发生的台风灾害的救援作为案例进行分析，将 6 个潜在的应急物资配送中心作为供货点，提供给 10 个受灾的地区。这 6 个潜在应急物资配送中心在物资储备的规模上和应急物资配送的成本上都不尽相同，但是每一个潜在的应急物流中心都可以使用多种车辆为不同的灾区提供服务。在 20 千米 ×20 千米的范围内灾区点和潜在应急物流配送中心具体的配送服务将随机产生，这也就使灾区的需求量、位置坐标和应急物资配送中心的需求量、位置坐标都能够随机产生，10 个灾区和 6 个应急物资中心的供给信息如表 5-1、表 5-2 所示。

表5-1 应急物资需求点的信息

需求点	坐 标	需求量	费 率
1	（10, 13）	20	1.0
2	（12, 14）	6	1.0
3	（20, 15）	10	1.0
4	（15, 20）	12	1.2
5	（14, 17）	25	1.0
6	（13, 18）	8	1.0
7	（20, 12）	16	1.1
8	（16, 8）	8	1.0
9	（10, 8）	18	1.1
10	（16, 12）	6	1.0

表5-2　应急物流配送中心的信息

配送点	坐　标	配送量	配送成本
1	（6，10）	50	8
2	（9，11）	15	9
3	（10，10）	20	12
4	（12，18）	20	6
5	（14，17）	25	10
6	（13，18）	30	5

市区内的编号为2，3，4，6的救援中心比编号为1的救援中心的位置好，这就使编号为1的救援中心不能被选择在内，这是因为编号为1的救援中心远离市区，属于郊外，其建造成本和运输成本都比较高，相比其他的救援中心来说，费时又费力还起不到更好的效果，因此考虑将应急救援都设置在较接近灾区的中心位置。通过分枝定界算法的验证，选择了以下的救援方案作为最佳救援方案，如图5-7所示。

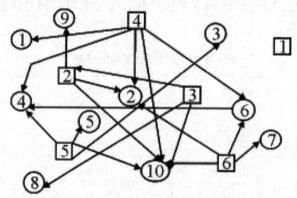

图5-7　救援中心的选择与最佳救援方案

通过对应急物流时间效益的分析，使灾害损失降至最小，在救援中心地址选择上要控制建造成本[①]。

（三）基于改进模拟植物生长算法的应急物流中心选址决策

李彤在2005年提出了模拟植物生长算法，这种算法是一种源于植物向光

---

① 刘丽娜，刘宏志，李文正. 基于GIS的区域应急物流中心选址模型研究 [J]. 软件导刊，2010，9（10）：94-95.

性机理的智能优化算法，即模拟植物的向光性，通过枝叶间的光线强弱变化影响植物生长的研究推论到优化问题可行域的运算中，将最优解作为光源，可行域作为植物生长环境。在解决设施选址问题上智能算法具有良好的应用和推广前景，模拟植物生长算法就是建立随机性的动力模型，从而得出最优解[①]。

针对应急物流中心选址问题可以先采用聚类方法将需求点分成若干子类，然后得到选址和需求点分配的初始方案，并以此为初始值运用模拟植物生长算法得出最终方案，可以极大地降低算法的迭代次数，减少算法的复杂度，从而快速得到最优解。

1. 植物向光性生长模型

植物的生长过程可以理解为同化作用和异化作用相互作用的过程，同化作用大于异化作用时植物的根部就开始生长。从数学的角度对植物的生长机制进行分析，可以得出模拟植物向光性的概率生长模型。其主要思想可概括为当一株植物破土而出，从根部 x_0 长出茎干 M，假定 M 上有 k 个比根部光照条件更好的生长点 $S_{M1}, S_{M2}, \cdots S_{Mk}$，其形态素浓度 $P_{M1}, P_{M2}, \cdots P_{Mk}$ 由式（5-11）决定，即

$$\begin{cases} P_{Mi} = \dfrac{f(x_0) - f(S_{Mi})}{\Delta F_1} & i = 1, 2, \cdots, k \\ \Delta F_1 = \sum_{i=1}^{k} \left(f(x_0) - f(S_{Mi}) \right) \end{cases} \quad (5\text{-}11)$$

其中，x_0 为初始可行解（树根，初始基点），$f(x_0)$ 为目标函数值，式（5-11）中各生长点形态素浓度是由各点对树根的相对位置以及该位置的环境信息（目标函数值）所确定的，且根据式（5-11）可得出 $\sum_{i=1}^{k} P_{Mi} = 1$，并由此构成各生长点的形态素浓度状态空间，如图 5-8 所示。

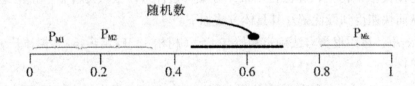

图 5-8 形态素浓度状态空间

这里主要利用计算机在 [0，1] 产生随机数，如果随机数落入哪个生长点

① 曾敏刚，余高辉. 基于改进模拟植物生长算法的应急物流中心选址研究 [J]. 软科学，2011（10）：45-49.

的形态素浓度状态空间中，那么它将获得优先生长的权利。假设这个随机数落入区间P_{MS}中，那么生长点S_{MS}将获得优先生长，假设其上长出 P 个比根部光照条件更好的生长点$S_{m1}, S_{m2}, \cdots S_{mq}$，其形态素浓度为$P_{m1}, P_{m2}, \cdots P_{mq}$，此时，植物的生长环境发生了变化，于是需要根据新系统所在环境的改变重新分配各生长点的形态素浓度，计算过程如下：

$$\begin{cases} P_{Mi} = \dfrac{f(x_0) - f(S_{Mi})}{\Delta F_1 + \Delta F_2} & (i = 1, 2, \cdots, k) \\[2mm] P_{mj} = \dfrac{f(x_0) - f(S_{mj})}{\Delta F_1 + \Delta F_2} & (j = 1, 2, \cdots, q) \\[2mm] \Delta F_1 = \sum_{i=1}^{k} \left[f(x_0) - f(S_{Mi}) \right] \\[2mm] \Delta F_2 = \sum_{j=1}^{q} \left[f(x_0) - f(S_{mj}) \right] \end{cases} \quad (5\text{-}12)$$

同理，根据式（5-12）可得$\sum_{i=1, i\neq5}^{k} P_{Mi} + \sum_{j=1}^{q} P_{mj} = 1$，此时，长出新枝干的旧的生长点将被从生长集合中消去，并将新长出来的生长点加入生长集合中，反复进行该过程，直到没有新枝干产生为止，这时一株植物就长成了。

2. 改进模拟植物生长算法步骤

模拟植物生长算法虽然可以搜索到最优解，但是需要花费较长的时间对整个生长空间进行遍历。因此，本研究在原模拟植物生长算法上进行改进。因为在运用模拟植物生长算法的过程中，初始值与最优值越接近，迭代的次数就越小，所以本研究针对应急物流中心选址问题先用聚类方法将需求点分成若干子类，然后进一步得到应急物流中心选址和需求点分配的初始方案，并以此为初始值运用模拟植物生长算法得出最终方案，这样可以极大地降低算法的迭代次数，从而快速得到最优解。其具体方法如下：

Step1：运用聚类方法确定初始基点x^0（树根），确定步长λ（树枝长），求出$f(x^0)$。

Step2：以x^0作为初始状态分别向其$2n$个方向按步长生长出新的生长点，并求出各生长点的函数值。

Step3：选取优于初始值的生长点，计算它们的形态素浓度，并保留最好的生长点。

Step4：建立$[0,1]$的概率空间，并利用计算机产生的随机数选取下一次生长的生长点。

Step5：新的生长点继续分别向其$2n$个方向按步长生长出新的生长点，并利用聚类方法求出分配方案，从而得出各生长点的函数值；若不再产生新的生长点或达到迭代次数，则找到全局最优解，否则返回 Step3。

以上步骤的流程如图 5-9 所示。

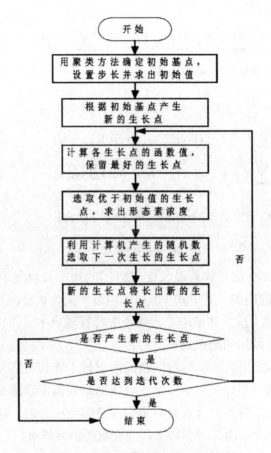

图 5-9　改进模拟植物生长算法的流程图

（四）基于灾害中后期的应急物流中心选址决策

1. 问题提出与模型构建

根据目标函数和约束条件的不同将应急物流中心的地址选择和一般物流中心的地址选择进行比较，通过强调时间目标的优选性和考虑成本的影响因素构建模型，从而进行科学的应急物流中心布局。

要对备选地点进行筛选，最终确定合适的位置作为应急物流中心的地址。在兼顾经济、时效和方便的原则下将应急物流中心的物资送至各个应急救助站[①]。

针对自然灾害中后期的管理目标的变化，本书建立的应急物流中心选址模型包含物流总成本的最小化与物资最长配送时间的最小化双重目标函数，并设定了相应的约束条件。

$$\min F = \sum_{i=1}^{m} X_i F_i + \sum_{i=1}^{m} X_i g_i \left(P_i\right)^\lambda + \sum_{i=1}^{m}\sum_{j=1}^{n} a_{ij} s_{ij} d_{ij} \qquad (5\text{--}13)$$

$$\min T = \max_{i=1,j=1}^{m,n} \left(T_{ij}\right) \qquad (5\text{--}14)$$

$$\text{s. t.} \sum_{j=1}^{d} d_{ij} \leqslant X_i P_i \quad (i=1,2,\cdots,m; j=1,2,\cdots,n) \qquad (5\text{--}15)$$

$$\sum_{i=1}^{n} d_{ij} \leqslant M_i \quad (i=1,2,\cdots,m; j=1,2,\cdots,n) \qquad (5\text{--}16)$$

$$\sum_{j=1}^{d} d_{ij} \leqslant X_i \quad (i=1,2,\cdots,m; j=1,2,\cdots,n) \qquad (5\text{--}17)$$

$$X_i = \{0,1\} \quad (i=1,2,\cdots,m; j=1,2,\cdots,n) \qquad (5\text{--}18)$$

$$d_{ij} \geqslant 0, M_j \geqslant 0 \quad (i=1,2,\cdots,m; j=1,2,\cdots,n) \qquad (5\text{--}19)$$

物流总成本最小化和物资最长配送时间的最小化就是目标函数（5-13）、（5-14）所要表示的内容，其中式（5-13）中第一项为扩建应急物流中心的固定投资成本，第二项为应急物流中心的物资中转管理成本，第三项为物资从应急物流中心到应急救助站的配送成本。

约束条件（5-15）表示应急救助站的需求量不能超过应急物流中心的物资储备量；约束条件（5-16）表示各个应急救助站的需求量都能得到满足；约束条件（5-17）表示只有当备选点被确定为应急物流中心时，应急物资才能由此点配送；约束条件（5-18）、（5-19）均为变量的值域约束。

2. 模型求解

通过将多个目标选址模型转化为单一目标选址的模型进行主要目标法的求解运算。选取物流总成本最小化为目标函数，并将物资最长配送时间最小化函数转换成模型的约束条件，如设定一个配送时限可允许值T^0，则目标函数（5-14）可转换成约束条件$\max_{i=1,j=1}^{m,n}\left(T_{ij}\right) \leqslant T_0$，计算过程中可令$T_{ij} = \dfrac{s_{ij}}{v_{ij}}$再代入运算，$v_{ij}$为应急物流中心$i$到应急救助站$j$的配送速度，一般情况下$v_{ij}$的取值是一个常数。

① 李梦秋，尚猛，雷杰，等.浅析安阳农产品物流配送的优化路径[J].商展经济，2020(12)：65-67.

同时，为体现物资配送时间的重要性原则，可通过持续改变最长配送时间约束右端的配送时限可允许值，得到不同配送时限下的应急物流中心布局方案①。

第四节　应急物流中心选址模型

在进行应急物流中心的地址选择过程中要考虑多个指标和多个方案，这是因为多个方案之间进行比较研究可以判别出方案之间的优劣，可设法从多方案比较过渡到两两之间的比较，从而解决多方案比较的问题。

影响应急物流中心选址的因素非常多，本书介绍基于层次分析法的应急物流中心决策流程，20 世纪 70 年代著名运筹学家马斯·塞蒂（T.L.Saaty）提出的层次分析法（Analytic Hierarchy Process，AHP）是指将决策问题的有关元素分解成目标、准则、方案等层次，使用相互比较的方式进行矩阵判断，然后将判断矩阵相应的特征向量作为系数，最后得出各个方案的优劣排序。该方法目前已在许多行业得到了广泛的应用。以下结合实例讲解应急物流中心选址的决策过程。

一、模型建立

案例背景：为了应对自然灾害，政府决定建立一个大规模的应急物流中心，现共有三个片区 A、B、C 可供应急物流中心选择建设地址。影响应急物流中心选址的影响因素分为自然条件因素、环境因素、社会因素、经济因素和其他因素，这些因素有些很难剖析量化。

把影响应急物流中心选址的因素表述成简单递阶层次结构，具体如图 5-10 所示。

---

① 吴竞鸿.基于灾害中后期的应急物流中心选址问题研究 [J].新余学院学报，2014，19（4）：47-50.

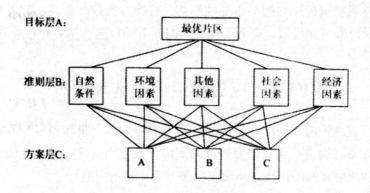

图 5-10 简单层次结构

如果为了得到更精确的结果，准则层可细分为两层，把影响因素的细分因素也加进来，如图 5-11 所示，这样可分析得更全面，得出的结果更客观，不过这就需要进行更详细的考察和调研。

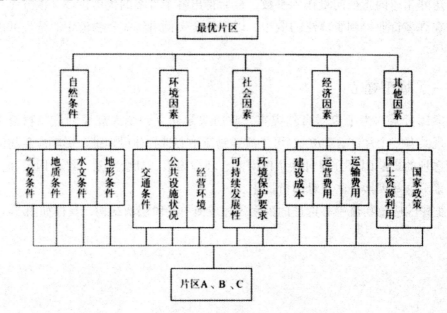

图 5-11 详细层次结构

二、计算过程

（一）构造两两比较判断矩阵

通过考察和专家的评估，对于目标层 A 来说，准则层 B 的各因素两两对比后对它的重要性表示如下：

$$a_{12} = \frac{A_1}{A_2} = \frac{1}{2}, a_{13} = \frac{A_1}{A_3} = \frac{4}{1} = 4, a_{14} = \frac{A_1}{A_4} = \frac{3}{1} = 3, a_{15} = \frac{A_1}{A_5} = \frac{4}{1} = 4, a_{23} = \frac{A_2}{A_3} = \frac{7}{1} = 7,$$

$$a_{24} = \frac{A_2}{A_4} = \frac{5}{1} = 5, \quad a_{25} = \frac{A_2}{A_5} = \frac{5}{1} = 5, a_{34} = \frac{A_3}{A_4} = \frac{1}{2}, a_{35} = \frac{A_3}{A_5} = \frac{1}{3}, a_{45} = \frac{A_4}{A_5} = \frac{1}{1} = 1$$

由此可得出准则层 B 对目标层 A 的判断矩阵为

$$A = \begin{pmatrix} 1 & \frac{1}{2} & 4 & 3 & 4 \\ 2 & 1 & 7 & 5 & 5 \\ \frac{1}{4} & \frac{1}{7} & 1 & \frac{1}{2} & \frac{1}{3} \\ \frac{1}{3} & \frac{1}{5} & 2 & 1 & 1 \\ \frac{1}{4} & \frac{1}{5} & 3 & 1 & 1 \end{pmatrix} = \begin{pmatrix} 1 & 0.5 & 4 & 3 & 4 \\ 2 & 1 & 7 & 5 & 5 \\ 0.25 & 0.143 & 1 & 0.5 & 0.333 \\ 0.333 & 0.2 & 2 & 1 & 1 \\ 0.25 & 0.2 & 3 & 1 & 1 \end{pmatrix}$$

（二）计算单一准则下元素的相对权重

以"和法"为例来求解，具体步骤如下：

（1）将矩阵 $A = \left(a_{ij}\right)_{n \times m}$ 的每一列向量归一化得 $\widetilde{W}_{ij} = \dfrac{a_{ij}}{\sum\limits_{i=1}^{n} a_{ij}}$

$$A\left(\widetilde{W}_{ij}\right)_{n \times n} = \begin{pmatrix} 0.261 & 0.254 & 0.235 & 0.286 & 0.351 \\ 0.522 & 0.489 & 0.411 & 0.476 & 0.441 \\ 0.065 & 0.070 & 0.059 & 0.048 & 0.029 \\ 0.087 & 0.098 & 0.118 & 0.095 & 0.088 \\ 0.065 & 0.098 & 0.176 & 0.095 & 0.088 \end{pmatrix}$$

（2）对 $\widetilde{W}_{ij}$ 按行求和得 $\widetilde{W}_i = \sum\limits_{j=1}^{n} \widetilde{W}_{ij}$

$$A\left(\widetilde{W}_{ij}\right) = \begin{pmatrix} 1.378 \\ 2.339 \\ 0.271 \\ 0.486 \\ 0.522 \end{pmatrix}$$

（3）将 W_{ij} 归一化，即有 $\overline{W}_i = \dfrac{\widetilde{W}_i}{\sum\limits_{i=1}^{n} \widetilde{W}_i}$，则有特征向量 $\overline{W} = \begin{pmatrix} W_1 \\ \cdots \\ W_n \end{pmatrix}$。

$$\overline{W}_i = \frac{\widetilde{W}_i}{\sum\limits_{i=1}^{n} \widetilde{W}_i} = \frac{1}{4.996} \begin{pmatrix} 1.378 \\ 2.339 \\ 0.271 \\ 0.486 \end{pmatrix} = \begin{pmatrix} 0.276 \\ 0.468 \\ 0.054 \\ 0.097 \\ 0.104 \end{pmatrix}$$

其中，$\sum\limits_{1}^{5} \widetilde{W}_i = (1.378 + 2.339 + 0.271 + 0.486 + 0.522) = 4.996$。

（4）计算与特征向量 $\overline{W} = \begin{pmatrix} W_1 \\ \cdots \\ W_n \end{pmatrix}$ 对应的最大特征根 λ_{max} 的近似值：

$$\lambda_{max} = \frac{1}{n} \sum_{i=1}^{n} \frac{(AW)_i}{W_i}$$

$$= \frac{1}{5}\left[\frac{0.276 + 0.234 + 0.216 + 0.291 + 0.416}{0.276} + \frac{0.552 + 0.468 + 0.378 + 0.485 + 0.52}{0.468} \right.$$

$$\frac{0.069 + 0.066\ 9 + 0.054 + 0.048\ 5 + 0.036\ 4}{0.054} + \frac{0.061\ 6 + 0.093\ 6 + 0.108 + 0.097 + 0.104}{0.097} +$$

$$\left. \frac{0.069 + 0.093\ 6 + 0.162 + 0.097 + 0.104}{0.104} \right]$$

$$= \frac{1}{5}\left(\frac{1.433}{0.276} + \frac{2.403}{0.468} + \frac{0.274\ 8}{0.054} + \frac{0.464\ 2}{0.097} + \frac{0.525\ 6}{0.104} \right)$$

$$\approx \frac{1}{5}(5.192 + 5.134\ 6 + 5.088\ 9 + 4.785\ 6 + 5.053\ 8)$$

$$= \frac{1}{5} \times 25.254\ 9$$

$$= 5.050\ 98$$

故有最大特征 $\lambda_{max} = 5.050\ 98$，对应的特征向量为 $\overline{W} = \begin{pmatrix} 0.276 \\ 0.468 \\ 0.054 \\ 0.097 \\ 0.104 \end{pmatrix}$。

（5）一致性检验。

计算判断矩阵$\overline{A}$一致性检验指标。

$$CI = \frac{\lambda_{\max} - n}{n-1} = \frac{5.050\,98 - 5}{4} = \frac{5.050\,98}{4} = 0.012\,745$$

$$RI = 1.12$$

$$CR = \frac{0.012\,745}{1.12} \approx 0.01 < 0.1$$

故判断矩阵$\overline{A}$通过一致性检验。

同理得出B_1, B_2, B_3, B_4, B_5对A，B，C作用的成对比较矩阵为

$$B_1 = \begin{pmatrix} 1 & 2 & 5 \\ \frac{1}{2} & 1 & 2 \\ \frac{1}{5} & \frac{1}{2} & 1 \end{pmatrix} \quad B_2 = \begin{pmatrix} 1 & \frac{1}{3} & \frac{1}{8} \\ 3 & 1 & \frac{1}{3} \\ 8 & 3 & 1 \end{pmatrix} \quad B_3 = \begin{pmatrix} 1 & 1 & 3 \\ 1 & 1 & 3 \\ \frac{1}{3} & \frac{1}{3} & 1 \end{pmatrix} \quad B_4 = \begin{pmatrix} 1 & 3 & 4 \\ \frac{1}{3} & 1 & 1 \\ \frac{1}{4} & 1 & 1 \end{pmatrix} \quad B_5 = \begin{pmatrix} 1 & 1 & \frac{1}{4} \\ 1 & 1 & \frac{1}{4} \\ 4 & 4 & 1 \end{pmatrix}$$

通过上面的计算程序可计算出决策层C的各方案对准则B各因素的权重并通过一致性检验。

（三）结果分析

上层A有M个元素，$A_1, A_2, \cdots, A_m$，且其层次总排序权向量为$a_1, a_2, \cdots, a_m$，下层B有N个元素$B_1, B_2, \cdots, B_m$，则按B_j对A_i个元素的单排序权向量的列向量为b_{ij}，根据这样的思路将前期计算结果进行整理。

如果B层次某些元素对A_j单排序的一致性指标为$CI(j)$，相应的平均随机一致性指标为$RI(j)$，那么B层总排序随机一致性比率为

$$CR = \frac{\sum\limits_{j=1}^{m} a_j CI(j)}{\sum\limits_{j=1}^{m} a_j RI(j)}$$

当$CR<0.1$时，认为层次总排序里有满意的一致性，否则应重新调整判断矩阵的元素取值。

$$CR = \dfrac{\displaystyle\sum_{j=1}^{5} a_j \times CI(j)}{\displaystyle\sum_{j=1}^{5} a_j \times RI(j)}$$

$$= \dfrac{0.276 \times 0.003\ 5 + 0.468 \times 0.001 + 0.054 \times 0 + 0.097 \times 0.005 + 0.104 \times 0}{0.276 \times 0.58 \times 0.468 \times 0.58 + 0.054 \times 0.58 + 0.097 \times 0.58 + 0.104 \times 0.58}$$

$$= \dfrac{0.000\ 966 + 0.000\ 468 + 0 + 0.000\ 485 + 0}{(0.276 + 0.468 + 0.054 + 0.097 + 0.104) \times 0.58}$$

$$= \dfrac{0.001\ 919}{0.999 \times 0.58} = \dfrac{0.001\ 919}{0.57\ 942}$$

$$\approx 0.003\ 312 < 0.1$$

故层次总排序一致性检验通过。

通过上面的计算得出层次总排序组合权向量为

$$\overline{W} = \begin{pmatrix} W_A \\ W_B \\ W_C \end{pmatrix} = \begin{pmatrix} 0.304 \\ 0.246 \\ 0.449 \end{pmatrix}$$

对于片区 A，B，C，它们建立应急物流中心的优劣权重为 $C(0.449) > A > 0.304 > B(0.246)$，因此应选择在片区 C 建立应急物流中心。

第六章　物联网环境下应急物流信息平台关键技术

物流信息平台是一个对物流信息数据进行采集、处理以及交换，从而为企业物流提供各种信息支撑的平台。在物联网的基础上构建物流信息平台能够有效提高企业内部信息资源的有机整合能力，以便实现物流信息的高效传递及共享，提高物流效率，从而实现物流业务流程智能化及可视化管理的目的。

第一节　应急物流信息平台建设

一、SOA

（一）SOA 架构

　　服务请求者、服务提供者、服务注册中心是 SOA 架构中的三种角色，其概念如下：
　　（1）服务请求者
　　服务请求者是一个应用程序、一个软件模块或需要一个服务的另一个服务，用于实现服务的查询和调用。它发起对注册中心中服务的查询，一旦发现满足条件的、可获得的服务，服务请求者将绑定到服务提供者，并调用实际的服务功能。
　　（2）服务提供者
　　服务提供者即服务的拥有者，负责服务的具体实现。它是一个可通过网络寻址的实体，负责将接口的描述信息及服务信息发布到服务注册中心。提供服务请求者可以发现和访问的服务，并控制对服务的访问及服务的维护和升级。
　　（3）服务注册中心
　　服务注册中心是一个服务中介，服务提供者在服务注册中心注册服务，服务注册中心集中存储服务信息，服务请求者在服务注册中心查找和发现所需的服务，服务注册中心是服务发现的支持者。
　　如图 6-1 所示，服务提供者负责实现并封装独立的服务实体，发布到服务注册中心供外界调用，并利用服务描述语言描述其功能、接口和参数信息；服务注册中心负责注册发布的服务，并提供服务的查找、发现；服务请求者通过服务注册中心按需查询服务描述信息，绑定服务，并根据接口参数信息完成服务调用。

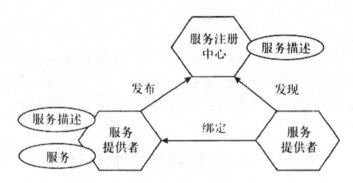

图6-1　SOA 架构

SOA 体系架构的三种基本操作分别为发布、发现、绑定。在 SOA 结构中，每个实体都扮演着不同的角色，有的扮演一种，有的扮演多种。服务请求者先发送自己的服务请求，然后在服务注册中心找到符合要求的服务描述，再按照相应的服务描述绑定相应的信息，与服务提供者建立绑定关系，从而调用相应的服务。

1. 发布

只有服务提供者将服务信息发布到服务注册中心之后，服务请求者才能调用该信息。其中，网络位置、传输协议以及参数格式都是服务信息以及所有与该服务交互必须具备的信息。

2. 发现

服务请求者定位服务，方法是查询服务注册中心服务注册中心发现满足标准的服务。

3. 绑定

在检索到服务描述后，服务请求者继续根据服务描述中的信息来调用服务。

（二）SOA 架构的实现技术

SOA 是一种标准化、松耦合、粗粒度服务架构。当前常用的实现 SOA 架构的技术包括 CORBA、DCOM、RMI 和 Jini，下面具体加以介绍。

1.CORBA

CORBA（Common Object Request Broker Architecture，公共对象请求代理

体系结构，通用对象请求代理体系结构）是由 OMG 组织制定的一种标准的面向对象应用程序体系规范。开发应用组件必须遵循标准，以保证软件组件的互操作性，只有遵循统一的标准，不同厂商的、不同时期的、不同设计风格的、不同编程语言的、不同操作系统的、不同平台上的软件或软件部件才能进行交流与合作。基于 CORBA 的对象请求代理 ORB 为客户机 / 服务器开发提供了中间件的新格式。

2.DCOM

DCOM（Microsoft Distributed Component Object Model，分布式组件对象模型）是由 Microsoft 推出的对象组件模型，由一系列微软的概念和程序接口构成。利用这些接口，客户端程序对象能够请求来自网络中另一台计算机上的服务器程序对象。DCOM 支持局域网、广域网和 Internet 上两台不同机器组件间的通信。通过 DCOM 应用程序能够任意进行空间分布。与 CORBA 不同，DCOM 只能基于 Microsoft Windows 平台。

3.RMI

RMI（Remote Method Invocation，远程方法调用）是 Java 的远程过程调用机制，是 Java 面向对象方法的一部分。它使 Java 程序之间能够实现灵活的、可扩展的分布式通信。通过 RMI 分布在网络不同地址上的两个应用程序之间可相互操作。同时，RMI 允许通信双方存在于多个指定地址空间，分布在各种 Java 虚拟机上。每个指定地址空间可以在同一台计算机上或同一网络上的不同计算机上。采用 RMI 通信的两个应用程序之间的调用方式采用经典的客户—服务器模型。

4.JINI

JINI（Java Intelligent Network Infrastructure，Java 智能网络基础设施）是 Sun 公司在 Java 和 RMI 基础上推出的新的分布式计算系统，此系统主要以 Java 为核心，主要是通过一个简易的"即插即用"模型使硬件或是软件配置进行随意改变，为快速配置提供了一个分布式的计算环境。数字相机、打印机、PDA 或者是蜂窝式电话等都支持 JINI 设备，这些机器接上 TCP 或者是 IP 网址就能自动发现附近支持 JINI 的设备。将硬件设备和软件组件联合成一个单一的、动态的分布式系统是 JINI 的目标，联合后的系统除了保持单机的灵活性、统一响应和控制的性能之外，还更利于管理与使用。

（三）SOA 的特点与优势

1.SOA 的特点

SOA 具有以下几个特点。

（1）支持企业外部访问

一些业务伙伴能够像企业内部用户一样，同时访问企业账户。业务伙伴使用 B2B 协议进行合作，或者是访问以 Web 服务方式提供的企业服务。如果业务伙伴想要进行业务信息交换，就能以参与会话的方式实现。会话也分很多类型，主要根据业务伙伴之间信息交换的内容决定。

（2）随时可用

服务使用者请求服务时，SOA 必须响应。大部分的 SOA 都能够为企业门户之类的网站或者是 B2B 之类的异步应用提供相应的服务。

由于很多应用被部署在前台，最终用户特别容易受到服务提供者短缺的影响。为了能够响应更多的用户请求，同步应用利用分布式服务提供者。但是，由于特定服务功能以及服务器数量的增长，很可能会出现短缺的情况。

异步应用采用的是队列请求设计，使用起来更为稳定，在使用过程当中，容许出现服务提供者短缺或者是推迟的情况。异步应用通常情况下是部署在后台的，因此用户很难发现短时间的短缺。在大多数情况下，异步应用能够应对短时间的短缺，但是如果是长时间的短缺就会发生严重的问题。假如服务出现短缺，就会使大量工作推到共享的应用资源当中，从而导致队列溢出的情况，将服务锁死。

通常情况下，服务使用者是根据自身理解与使用习惯来提供同步服务的。然而，不是所有情况都能采用异步设计模式，很多情况下，异步消息能够确保系统不同负荷下的伸缩性，尤其是在接口响应时间不是特别短的情况下。

（3）粗粒度服务接口

粗粒度服务与细粒度服务有所不同，粗粒度服务提供一项特定的业务功能，细粒度服务代表的是技术组件方法。通过下面的例子介绍两者的区别：如果有一个计费系统，在计费系统中添加一个客户，这属于粗粒度服务；将客户名录入计费系统当中之后，添加客户的联系方式、计费信息等属于细粒度服务。

采用粗粒度服务接口的优点在于使用者与服务层之间不需要进行多次的往复，一次往复就可以。在 Internet 环境中，有保障的 TCP/IP 会话已经不再占据主导地位，并且其建立连接的成本也过高。所以，在这个环境中进行应用开发的时候，粗粒度服务接口的优点更加明显。

往复效率在服务接口当中固然重要，但是事务稳定性同样重要。在一个简单的事务中包含多段细粒度请求可能会使事务处理时间过长，从而导致后台服务超时，然后终止。然而，从事务的角度来看，获取反馈唯一的途径就是向后台服务发送大块数据的粗粒度请求。

（4）分级

由于粗粒度服务主要用于解决专门的业务问题，所以通用性比较差、重用性设计也比较困难，在粗粒度服务上有一个争议，即粗粒度服务比细粒度服务的重用性差。要想解决这个争议，其中一个办法就是采用不同的粗粒度等级进行创建服务。这种服务分级既包括粒度较细、重用性较高的服务，又包括粒度较粗、重用性较差的服务。

在服务分级中，需要强调的是公开服务通常由后台系统或者是 SOA 平台中已经现有的本地服务组成。由此看来，在服务层建立私有服务是非常有必要的。正确的文档、配置管理和私有服务的正确使用对 IT 部门来说具有特别重要的影响。

（5）松散耦合

SOA 有一点与其他的组件架构有所不同，即"松散耦合"组件服务。这主要是将服务使用者与服务提供者在服务实现以及客户使用服务方面区分开来。

服务提供者与服务使用者松散耦合背后的关键是服务接口能够作为与服务实现分离的实体而存在。这样能使服务使用者在不受影响的情况下，将服务进行修改。

大部分的松散耦合都依靠基于服务消息的接口，基于消息的接口能够兼容多种传输方式，如 HTTP、JMS、TCP/IP、MOM 等。这些基于消息的接口能够使用同步或者异步协议实现。

当使用者调用一个 Web 服务时，被调用的对象可以是 CICS 事务、DCOM 或者是 CORBA 对象、J2EE EJB 或 TUXEDO 服务等，但是这些都与服务使用者没有关系。因此，底层实现并非最重要的。

消息类 Web 服务要优于与服务特定接口的连接，因为 Web 服务通常是松散耦合和文档驱动的。

客户在调用消息类 Web 服务时，一般情况下会发送一个完整的文档，Web 服务接收了整个文档之后再进行处理。因为客户与 Web 服务之间没有紧密耦合请求的响应，所以消息类 Web 服务在客户与服务器之间提供了松散的耦合。

（6）可重用的服务及服务接口设计管理

要想使 SOA 的使用变得更为灵活，可以按照可重用的原则设计服务。可重用服务采用通用格式提供重要的业务功能为开发人员节约了很多时间。

在服务设计管理当中，需要解决的根本问题是服务设计，而对服务设计来讲，走捷径的项目战术以及企业构建可重用的通用服务是长期的目标。

建立通用服务库和开发流程是大型组织中实现重用的一个先决条件，以保证重用的正确性和通用性。另外，成功利用服务库的关键是对记述服务设计和开发的服务文档进行评估。

简而言之，如果不按照规则编写服务，就不能保证可提供重用性的 SOA 的成功实施。在执行规则的过程中会产生一定的财务费用，这些问题都是需要在制定 SOA 实施计划时考虑的。

（7）标准化的接口

Web 服务的应用功能是通过标准化接口提供的，Web 服务可以在基于标准化传输方式、标准化协议等进行调用。比如，开发人员可以采用最适合门户开发的工具新建一个门户应用，也可以重用 ERP 系统和定制的 J2EE 应用中现有的一些服务，并且不需要了解这些应用的工作原理。使用 XML 格式时，门户开发人员不需要对特定的数据表示格式进行理解，就可以在应用的时候很轻松地进行数据交换。

2.SOA 的优势

上面介绍了 SOA 的一些基本特点，下面将对 SOA 的一些优势进行介绍。

（1）编码灵活性

编码的灵活性体现在模块化的底层服务，可以采用不同的组合方式创建高层服务，然后使用重用。另外，因为服务使用者通常情况下不直接访问服务提供者，因此这种服务实现方式可以灵活应用。

（2）明确了开发人员角色

熟悉 BES 的开发人员就可以集中精力在重用访问层，开发人员无须对 BES 有特别的了解，而是可以把精力全都放在高价值的业务问题上。

（3）支持多种客户类型

在精确定义服务接口的帮助下，能够支持多种客户类型，如 PDA、手机等新型访问渠道。

（4）更好的伸缩性

依靠服务设计、开发以及部署采用的架构模型能够很好地实现伸缩性。服务提供者能够实现彼此独立，从而满足服务需求。

（5）更高的可用性

更高的可用性可以在服务提供者和服务使用者的松散耦合关系上体现。使用者没必要了解提供者的实现细节，这样服务提供者就可以在 WebLogic 集群环境中进行灵活的部署。

二、Web Service

（一）Web Service 架构

Web Service 架构通常指用于 Web Service 的整体技术架构，提供了运行于多种平台上的软件系统之间互操作的一种标准方法，其核心是互操作性。任何 Web Service 架构都包括以下基本活动。

发布服务：服务提供者主要是向服务注册中心对发布的服务进行描述，使服务使用者能够发现，从而实现调用，发布的信息包括与该服务交互必需的全部内容。

查找服务：服务请求者直接检索服务描述或者在服务注册中心对需要的服务进行查找。

绑定服务：在绑定操作当中，服务请求者按照服务描述中绑定的细节定位服务，服务请求者一旦发现适合自己的服务，就会根据服务描述中的信息在运行时直接激活服务。

这些活动涉及以下五个基本概念。

服务：服务是一个软件模块，独立于技术的业务接口，部署在服务提供者提供的可以通过网络访问的平台上。

服务提供者（Service Provider）：它是一个能够通过网络访问的实体，可以将自己的服务和服务描述发布到服务注册中心，它是服务的创建者和拥有者，可以方便服务请求者定位，根据用户需求的改变从而取消服务。

服务请求者：从服务注册中心定位其需要的服务，向服务提供者发送一个消息来启动服务的执行。它可以是一个请求的应用、服务或者其他类型的软件模块，完成发现提供所需服务的 WSDL 文档，以及与服务通信的功能。

服务注册中心：服务注册中心主要是供服务提供者发布自己的服务描述，然后服务请求者在这里寻找合适的服务并绑定相关的信息。

服务描述：服务描述的本质是将服务内容标准化，从而提供服务内容、绑定服务地址等，生成相应的文档，发布给服务请求者或者是服务注册中心。

（二）Web Service 实现需要的协议规范

Web Service 的实现需要一系列的协议规范进行支撑，包括 XML 语言、SOAP 协议、WSDL 协议和 UDDI 协议，即使用 XML 描述数据结构及类型，使用 SOAP 作为其信息传输协议，使用 WSDL 进行内容描述，使用 UDDI 注册与发现 Web Service。

1.XML

XML 是 Web Service 中的一种基本的格式，主要用以表示平台中的数据。和 HTML 使用的标签以及描述外观的数据有所不同，XML 除了能够定义可移植的结构化数据之外，还能定义 Web Service 描述语言，如语法、词汇、交换格式等。在 SOA 架构中，一般都使用 XML 进行表示。

2.SOAP

SOAP（Simple Object Access Protocol，简单对象访问协议）是 Web Service 的基本通信协议，Web Service 依靠 SOAP 协议进行相互间的信息交换。SOAP 是一个基于 XML 的通信协议，它在两台计算机之间交换消息而不需要考虑这两台计算机的操作系统、编程环境或对象模型框架。

SOAP 主要规定了如何对两个 Web Service 之间交换的 XML 数据进行封装。但 SOAP 并没有描述 Web Service 的功能特性，也没有描述如何在交互的服务之间交换数据。因此，SOAP 服务需要文档详细叙述被暴露的服务操作及这些操作的参数，WSDL 主要用来解决这个问题。

3.WSDL

WSDL（Web Service Description Language，Web Service 描述语言）是一种基于 XML 的服务描述语言，用于描述 Web Service 暴露的所有接口的详细信息。在一个 WSDL 文档中，包括所有参数和 Web Service 方法名称的详细说明以及 Web Service 的位置。

使用 WSDL 描述语言最大的优点在于 WSDL 是一个标准的协议。通过 WSDL，任何系统都能够解释 Web Service 的方法和相应的信息。

在 Web Service 中，WSDL 负责描述 Web Services 的内容，并描述其调用规范，使用户可对 Web Service 进行查询。

4.UDDI

UDDI（Universal Description、Discovery and Integration，统一描述、发现和集成）是一套基于 Web 的分布式标准规范，同时包含一组使企业能将自身提供的 Web Service 进行注册，使其他企业能够发现访问协议的实现标准。UDDI

定义了一个集中式 Web Service 服务注册中心，也包含一组访问协议的实现标准，以用于实现 Web Service 的注册和发现。UDDI 以 XML 格式存储和管理 Web Service 的各种元信息，并以 Web Service 的形式提供基于元数据的服务发布和发现功能，使企业能将自身的 Web Service 进行注册，并让其他企业能够发现并访问这些 Web Service。

UDDI 提供了一个保存 Web Service 描述的机制。虽然 UDDI 通常会被认为是一种目录机制，但它也定义了一个用 XML 表示服务描述信息的数据结构标准。

5.Web Service 通信模式

Web Service 通信模式描述了如何调用 Web Service 及 Web Service 和 SOAP 的关系，并通过通信和编码方式定义了 SOAP 通信模式。SOAP 协议支持两种类型的通信模式：RPC（Remote Procedure Call，远程过程调用）和 Document（Document–Oriented，以文档为中心）。

（三）Web Service 的特征

Web Service 得以建立的技术基础是 Web 技术。该技术以 XML 为主，且具备优良的开放性。下面介绍 Web Service 的主要特征。

1. 跨平台性

Web Service 利用 XML 技术描述服务并封装信息，因此不同的平台并不影响 Web 服务的正常使用，即能够实现跨平台集成应用。

2. 封装性良好

作为一种被部署在 Web 上的对象，Web Service 具备良好的封装性。用户在使用时，无法看到 Web Service 提供的功能列表以外的其他内容。

3. 松耦合性

Web Service 的松耦合性主要体现在，只要 Wed Service 的调用接口不变，Wed Service 实现的任何变更对调用者来说都是透明的。

4. 基于开放的标准

对于 Web Service，其所有公共协约使用开放的标准协议进行描述、传输和交换，如 XML 技术、SOAP 技术、UDDI 技术等。这些协议具有完全免费的规范且基于开放标准技术，使组件的集成更为容易，解决方案的选择更为多样，移植也非常便利。

5. 高可复用性

Web Service 应用程序由松散耦合的组件构成，易于与其他平台和其他的标准技术进行集成，具有高度的可复用性。

三、中间件技术

中间件技术具备高度专业化、开发效率高的特点，也是软件技术未来发展的一个趋势。该技术有利于变革传统的生产方式和部署方式，促进生产方式由个别生产变革为建立在构件基础上的标准化分工协作，使软件生产的效率得到大幅度提高，同时质量也得到了保障．中间件实际上是软件构件化的一种表现形式，利用该技术将典型的应用模式抽象出来后，应用软件制造商能够在标准中间件的基础上实行二次开发，这是一种对软件构件化进行具体实现的操作方式。由此可知，中间件可以称为分布式计算机系统中将各个组成软件进行集成的软件黏结剂。

（一）中间件的架构

中间件的架构如图 6-2 所示。

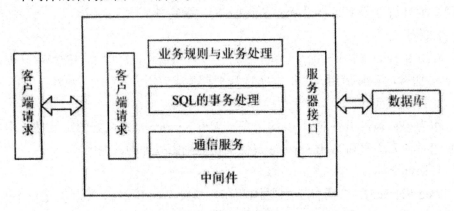

图 6-2　中间件的架构

（二）中间件的分类

中间件不仅是一个实际的软件产品，还包含了一组标准或技术。一般来说，中间件产品可以从不同的角度进行分类。可根据功能的不同将中间件细分为以下几类：通信处理中间件、事务处理中间件、数据存取中间件、分布式对象中间件、安全中间件、网络服务中间件、专用平台中间件等。

（三）中间件技术的关键特性

中间件技术的关键特性有①异构性，可以屏蔽软件平台和硬件平台。②构造出具有可伸缩性的分布式系统。③将一定程度的分布式透明性提供给最终用户。④改善应用系统的服务质量。⑤提高系统的可用性。⑥提高系统的可靠性。⑦增强系统的性能。⑧提高系统的可维护性。⑨提高用户的友好性。

中间件的优势已经在众多的 IT 应用中得到了体现。对于企业用户而言，不断扩充已有应用以及不断增多的新应用，促使系统软件或工具软件更新。当企业面对不同硬件平台、网络环境、数据库之间的互操作，数据加密，多种应用模式并存，开发周期过长，系统效率过低，传输不可靠等各种复杂问题时，急需新技术支撑。中间件技术为用户提供了一种简洁、方便的工具，便于企业轻松便捷地完成计算系统的开发、部署与管理。因此，中间件已经在信息技术应用中发挥出无可替代的、承上启下的作用。

物联网环境下的物流信息平台是一种基于分布式处理的软件应用，因此中间件在应用终端和服务器端发挥了重要的作用，并扮演了 RFID 硬件和应用程序之间的中端桥梁功能，从而成为物联网应用解决方案的中枢。基于物联网的物流信息平台中所需要应用的中间件技术主要包括企业集成应用（EAI）中间件、无线应用中间件（如 RFID 中间件）、自适应中间件和嵌入式中间件等，其中，RFID 中间件是企业进行物联网物流信息平台建设的基础，是必不可少的平台架构关键技术。

RFID 中间件将企业级中间件技术延伸到 RFID 领域，由于 RFID 中间件屏蔽了 RFID 设备的多样性和复杂性，因此它能够为后台业务系统提供强大的支撑，从而可以驱动更为广泛和丰富的 RFID 应用。具体地讲，RFID 中间件是一种面向消息的中间件（MessageOriented Middleware，MOM），RFID 相关数据是以消息的形式从一个程序以异步（Asynchronous）的方式传送到另一个或多个程序。RFID 中间件功能不仅包含传递信息，还包括保证安全性、错误恢复、解译数据、数据缓存、数据广播、定位网络资源等高级服务。

四、EAI

（一）EAI 的定义

企业应用集成（Enterprise Application Integration，EAI）建立了一种底层

结构，可以将横贯整个企业的异构系统、应用和数据源等联系起来，便于企业内部系统共享和交换数据。比如，ERP、CRM、SCM、数据库、数据仓库以及其他重要的内部系统均可使用该技术。EAI 将进程、软件、标准和硬件联合起来，在两个或更多的企业系统之间实现无缝集成，使它们就像一个整体一样。尽管 EAI 常常表现为对一个商业实体（如一家公司）的信息系统进行业务应用集成，但当在多个企业系统之间进行商务交易的时候，EAI 也表现为不同公司实体之间的企业系统集成，如 B2B 的电子商务。

（二）EAI 的内容

EAI 涉及结构、硬件、软件及流程等企业系统各个层面的内容，因此其构成十分复杂，主要包括业务过程集成、应用集成、数据集成、标准集成。

1. 业务过程集成

在集成业务过程时，为了便于操作，提高业务响应速度，同时减少企业成本，企业必须在各种业务系统中定义、授权和管理各种业务信息的交换。业务过程集成不仅包括业务管理、进程模拟，以及综合任务、流程、组织和进出信息的工作流，还包括业务处理中每一步都必备的工具。

2. 应用集成

应用集成是指将两个应用中的数据和函数进行集成，这种集成基本上接近实时。在一些 B2B 集成中，应用集成还用来实现 CRM 系统和企业后端应用及 Web 的集成，这样构建的电子商务网站可以充分利用多个业务系统资源。

3. 数据集成

只有优先解决数据和数据库的集成问题，才能完成业务过程集成和应用集成。在集成之前，以下三步必须要完成，即标识数据、编成目录、确定元数据模型。以上三步完成后才能在数据库系统中实现数据分布和共享。

4. 标准集成

只有对数据的标准格式进行选择后，才能实现完全的数据集成。集成的标准化有利于共享和分布信息以及业务数据。

第二节 应急物流联合体信息平台架构

一、物联网环境下的应急物流联合体协作模式

物联网是一种通过信息传感设备，如射频识别（Radio Frequency Identification，RFID）、红外感应器、全球定位系统、激光扫描器等，按照约定的协议，将任何物品与互联网进行连接，从而完成信息交换和通信，并最终实现智能化识别、定位、跟踪、监控和管理的网络。物联网已经在很多领域得到了广泛的应用，如智能交通领域。RFID 相关产品的成本不断下降促进了物联网技术被广泛应用于应急物流活动，并逐渐成为一种发展趋势。为适应物联网环境，笔者在原有文献的基础上，将研究的应急物流联合体进行了扩展，如图 6-3 所示。

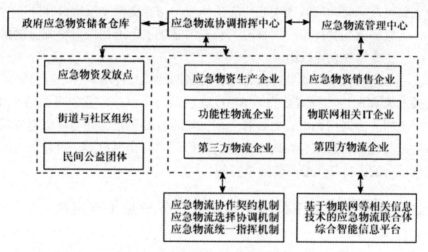

图 6-3 物联网环境下的应急物流联合体

从组织构成来看，应急物流联合体主要包括应急物流管理中心、应急物流参与企业、应急物流协调指挥中心、政府应急物资储备仓库、应急物资发放点、街道与社区组织、民间公益团体等。其中，联合体的核心是应急物流管理中心，该中心隶属于突发公共事件应急管理委员会（应急办公室），是其常设下属行政机构。应急物流管理中心既要负责应急物流中的财务、情报、物资、应急预案编制与演练管理工作，以及灾时整个应急物流活动的组织、管理、指挥、协调工作，又要负责上下级之间、同质部门之间、各相关职能部门之间的协调工作。

应急物流协调指挥中心一般在灾时或平时应急演练时成立，其组成人员包

括政府相关职能部门工作人员、应急物流参与企业的业务主管、领域专家等，该中心负责指挥与协调整个应急物流任务。

应急物流参与企业包括专项应急物资的生产企业、销售企业、仓储代理与运输代理等功能性物流企业、具有仓储和配送功能的第三方物流企业、第四方物流企业、互联网相关信息技术企业等。根据突发事件影响的严重程度，应急物资发放点的规模和数量也有所不同。应急物资发放点既要负责发放应急物资并反馈物资信息，又要管理需要专业回收的废弃物。因此，街道与社区组织的配合对应急物流发放点的工作来说是很有必要的。

联合体参与企业可与应急物流管理中心之间进行应急物流合作协议的签订，由此明确权利义务关系，根据突发事件爆发与否，应急物流联合体的协作模式可以分为"平时"与"灾时"两种状态。在"平时"状态下，应急物流联合体主要包括应急物流管理中心与应急物流参与企业两个层次；在"灾时"状态下，应急物流联合体将在"平时"状态的基础上，追加应急物流协调指挥中心、应急物资发放点等机构。

应急物流联合体各成员应具备支持物联网的信息环境，参与应急物流活动的有关仓库和配送车辆需要安装 RFID 读写器与天线；应急物资要贴 RFID 标签；应急物流协调指挥中心更要有全域视觉的 GIS 平台，并与应急物流联合体各成员以及包括交管部门在内的应急协作部门实时交换数据。因此，强大的综合信息平台的支持是十分必要且重要的。

二、物联网环境下的应急物流联合体信息平台架构

（一）应急物流管理中心信息平台

应急物流管理中心信息平台不仅要能实时采集并快速传递海量数据、对数据进行处理，还应具备强大的智能决策支持能力，使最优行动方案的快速制定成为可能。从体系结构上看，应急物流管理中心信息平台可划分为数据层、决策支持层和应用层。

其中，应用层的功能模块主要包括政府物资储备仓库管理、应急物资发送点管理、联合体参与企业信息管理、综合指挥调度管理、应急资金管理、应急物资管理、情报信息管理、公共信息平台、应急预案编制与演练管理等。数据层提供数据源，便于决策支持层与应用层做出决策。其中，数据主要通过数据采集工具获取，并经城市突发事件应急管理委员会与有关职能部门、灾害监控

机构与救援机构、应急物流联合体成员以及各类公共网络平台发布。

作为整个应急物流活动的中枢，应急物流管理中心不仅具备"平时"和"灾时"状态的综合管理能力，还具备与上级主管部门、周边城市同质部门、协作职能部门进行综合协调的功能。虽然在图6-3中，应急物流协调指挥中心是一个临时成立的非行政机构，不隶属于应急物流管理中心，但应急物流协调指挥中心的工作要接受应急管理中心组织领导。所以，从这个角度看，应急物流协调指挥系统应该纳入应急物流管理中心平台。如图6-4所示的应急物流管理中心信息平台因数据处理能力和决策分析能力足够强大，因此可以帮助联合体内的参与企业分析计算。

物联网环境下应急物流管理体系与信息系统构建研究

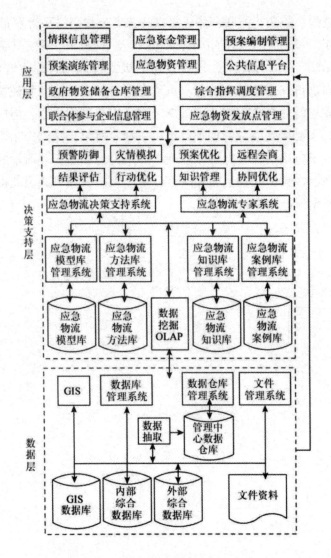

图 6-4　应急物流管理中心信息平台架构

（二）应急物流参与组织信息平台

应急物流参与组织主要包括政府应急物资储备仓库、应急物资的生产与销售企业、单一从事仓储或运输的功能性物流企业、功能完备的大型第三方物流企业等。相关企业原有信息系统的仓储、配送、结算等功能往往难以适应城市应急物流的特殊要求，与应急物流管理中心实时交互信息也存在很大难度。在这种情况下，应急物流管理中心提供了一系列通用系统，以帮助成员选用相应

202

的通用系统搭建自己的应急物流专用信息平台，从而更好地完成在应急物流活动中承担的任务。这些通用系统包括 RFID 处理系统、专项物资调拨系统、专项资金结算系统以及基于物联网技术的仓储管理系统、配送车辆终端系统、物品回收管理系统、综合指挥终端系统等，如图 6-5 所示。平台预留了统一接口以便于和联合体成员原有信息系统互通数据。

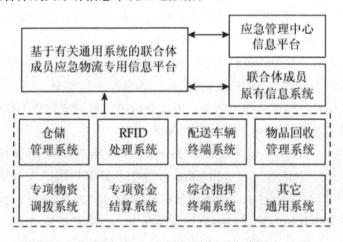

图 6-5　应急物流参与组织信息平台架构

本书以通用模块中的仓储管理系统为例，该系统适用于政府应急物资储备仓库、仓储企业、生产与销售企业仓库以及第三方物流企业的仓库。仓库在使用该系统之前，首先要完成诸如标识库位、托盘、物资的各类 RFID 标签、分布在不同位置的 RFID 天线、RFID 读写器与数据终端、叉车与巷道堆垛机的车载天线及车载电脑等一系列相应的物联网设备建设。仓储管理系统主要包括入库管理、在库管理、配货管理和出库管理等功能模块。

入库管理模块的工作流程如下：首先有关发货方（包括应急物流管理中心在内）会在物资起运前，将入库物资信息和运输车辆信息发至仓库管理系统，仓库管理系统接收到信息后，会选择适合货物规模与种类的仓库，并分配货物的库区和储位，同时将仓库位置信息发送到运输车辆的终端系统中，并引导运输车辆到达目标仓库的卸货区域。在车辆到达正确区域后，仓库会利用 RFID 阅读器以获取车辆与货物的 RFID 标签信息，并与应急物流管理中心或有关发货方之前发来的信息进行校验，若有错误系统会自动报警。校验无误后，仓库信息与到库时间将被写入物资 RFID 标签中，并自动输入仓储数据库。之后，系统会结合当前日期与货物标签中的保质期校验货物，遇到过期或即将过期的物品时，会提示报警。最终验收成功的货物将会被叉车运送并堆放到指定位置,并将货物库区和储位信息写入 RFID 标签。这些功能的实现离不开叉车中带有的 RFID 读写器和车载电脑。

在库管理模块工作流程如下:首先,仓库中的货物信息能被实时获取,当货物快到保质期或者某一类物品库存数量较低时,系统会自动更新物资并提示补货;其次,由于 RFID 标签上有物品的体积信息,因此便于计算相应储位内的物品体积,由此可判断储位的剩余空间,并最终为新入库货物的位置存放提供依据。

配货管理模块的工作流程如下:配送应急物资时,应急物流管理中心会通知有关仓库进行配货,其中货物的名称、数量、承运车辆、目的地信息等都会被写入读写器。根据货物的名称,配货管理模块可以定位货物存放位置,随后仓库管理员会配合搬运人员将货物搬离储位。当然,这其中离不开便携式 RFID 读写器的协助。搬运完成后,管理员会将货物离开储位的时间、承运车辆以及目的地等信息追加到货物 RFID 标签中。最终货物进入自动分拣系统,根据货物 RFID 标签中的承运车辆信息和目的地信息,分拣系统会对货物进行分类,并将分拣开始与完成时间追加在标签中。出库管理模块会通过 RFID 标签核对配货信息以及车辆身份,如果发生不匹配情况会自动报警,如果匹配成功,出库时间会被追加到货物标签中。

(三)应急物资发放点信息平台

作为应急物流的末端节点,应急物资发放点既要接收、临时存储、发放、回收应急物资(包括应急物流管理中心组织配送的物资和民间公益团体自发捐助的物资),以及管理富余物资和特殊废弃物,又要收集应急物流末端的情报、上报物资需求信息、发布物资信息、指挥与协调应急物资派发。

应急物资发放点信息平台架构包括应用层与数据层。其中,应用层的功能模块主要有物资接收管理、物资存储管理、物资发放管理、物资需求管理、富余物资管理、特殊废弃物管理、发放指挥协调、人员设备管理、多媒体通信、情报收集与信息发布等。数据层包括应急物资末端发放预案库和外部数据库。由于应急物资发放离不开街道社区组织和民间团体的支持,信息平台必须有能力同街道社区组织、民间公益团体的信息系统或通信终端,如网站、即时通信工具、移动通信工具等交互数据。

第三节　平台应用标准及规范

一、物流信息分类与编码标准

物流信息平台就是在物联网的基础上形成的，物品编码标准是其中必不可少的要素，制定相关物流信息分类与编码标准能够更好地实现其功能。物流信息分类与编码标准的研究可以从基于条形码应用的编码标准和 EPC 系统编码标准进行展开。物流企业应在国际通用标准和国内物品编码标准化体系的指导下，结合物流信息的特点，制定物流企业内部关键的基础性标准，统一企业内部物流信息编码标准。

物流仓储单元编码标准、运输单元编码标准、货物包装单元编码标准、贸易单元编码标准、载运工具编码标准等都是需要重点进行研究的标准。物流信息分类与编码标准应该与传统的物流信息标准相结合，在既有的商品资料标准代码、危险品等级代码、车型标准代码和地域资料代码等基础上进行制定，以实现物流信息标准化的统一。

二、物流信息采集技术标准

物流信息采集技术标准主要应用在物流信息感知层，感知层是建立在物联网的物流信息技术体系之上的。具体来说，企业会统一规范平台的采集技术手段和设备，这是通过制定相应的采集技术标准实现的。制定此类标准必须以物联网采集设备和技术提供商的生产标准为依据，同时结合物流企业的基础设施环境、物流货物的技术特性、信息采集的实际要求以及数据传输技术标准等。

三、平台数据交换技术标准

目前，提炼出一个基础的元数据（Meta Data）标准作为物联网数据交换的核心（好比互联网的 HTML 标准）是物联网平台数据交换技术标准的研究方向。当然，此标准的制定是建立在已有的 XML 数据交换标准基础上的。物流行业应用的数据交换技术标准可以基于元数据标准进行扩展，根据企业内网数据交换的特点制定适用于物联网环境下物流信息平台的数据交换技术标准。物联网平台数据交换技术标准主要应用于物联网三层架构中的应用层和感知层，同时配合网络层的传输通道。目前，国外已经提出很多标准，如 EPCGlobal 的 ONS/PML 标准体系，还有 Telematics 行业推出的 NGTP 标准协议，以及

EDDL、M2MXML 等。物联网环境下的物流信息平台建设需要融合这些现有标准，结合平台所应用的中间件产品，制定适用于企业应用的物联网数据交换集成应用标准，如数据存储格式、消息格式规范、数据接口规范，以及通信协议标准和空中接口规范等。

四、安全标准与规范

基于物联网的物流信息平台的开放性特点，信息平台下的数据传输安全对整个平台的正常运转非常重要，为了实现物联网环境下物流信息平台的安全性需求，必须在平台内制定 Wed 服务的安全标准及规范。除此之外，建立相关的 RFID 安全标准、XML 密钥管理规范，以及信息隐私保护规范等也是十分重要且必要的。

第四节　应急物流信息云平台

一、应急物流信息云平台数据处理和传输技术

（一）云存储技术

1. 数据存储技术

数据存储技术主要是指管理文件存储、读取、修改的一系列技术，主要是为了以文件系统的形式实现分布式环境下的数据存储，同时兼顾高效可靠的性能需求。

云计算的文件系统和数据处理方法是目前云计算中比较主流的数据存储技术。云计算的文件系统和数据处理方法为数据存储提供了一套较为成熟的解决方案，其中包括设置用于提供客户端接口并记录存储到数据节点中的数据路径目录节点和连接所述目录节点，用于存储数据的数据节点。目录节点生成数据存储列表，并将数据和所述数据存储列表发送到数据存储列表中的第一数据节点；当前数据节点接收数据，并在接收到预定大小的数据块后，将接收到的数据块及所述数据存储列表发送到下一数据节点；直至获得预定数量的冗余存储份数。该方法通过目录节点对数据进行存储、读取、修改，并通过冗余存储保证数据的可靠性和存储的高效性。

2. 存储管理技术

云存储系统中往往存储着海量的数据，且数据分布在各个存储服务器上，如果没有很好的存储管理系统，云存储系统的效率、可靠性等都会大幅降低，甚至无法使用。存储管理系统主要负责存储系统的动态扩展管理，如增加或减少存储服务器；故障维护，如果出现服务器宕机，应立即启用备份服务器，维护备份数据等；负载监控，监控存储服务器的负载情况，并及时进行存储调整；数据的复制、分区、备份、恢复等；安全管理，主要是控制用户的读写权限。

基于云计算架构的云存储系统中涉及的云存储管理技术是目前比较主流的云存储管理技术。基于云计算构架的云存储系统由主服务器、存储服务器、监控服务器组成，其中主服务器和监控服务器构成该系统中的存储管理子系统。存储服务器实现与用户终端连接，同时存储服务器还连接主服务器，监控节点的存在促使存储服务器与监控服务器进行连接，监控服务器的另一端连接着主服务器，主服务器通过网络与用户终端连接。该存储管理系统具有高效、安全、易操作的优点。其中，主服务器主要用于索引存储服务器以及对存储服务器进行管理。监控服务器主要是监控各个存储服务器的状态，如果监测到存储服务器宕机，则启动备份的存储服务器，并更新主服务器的索引状态。这样，用户只需要两次寻址就可以准确定位到每个数据的存储地址。用户在不经过主服务器的条件下就能访问存储服务器，从而实现了用户与存储服务器的直接连接，既促进了数据访问效率的提高，又防止了主服务器降低数据访问效率。存储服务器中的每份数据都会有三份以上的备份副本，分别存储于不同的存储服务器中，这样做是为了使数据的可靠性得到保障。这些存储信息也是在主服务器中进行维护，并且由监控服务器进行监控。当用户修改某份数据时，只有所有副本都更新完毕，更新操作才算完成。

3. 存储虚拟化技术

虚拟化技术在异构集群存储系统中起着关键性的作用，是数据中心虚拟化的核心技术。虚拟化技术可以将集群中的空闲资源进行虚拟划分、组合，从而满足客户的数据存储要求。此外，虚拟平台的池化技术可以动态满足系统变化，提高存储系统的可扩展性。

目前，很多 IaaS 框架的云存储模块都提供了存储虚拟化技术，如 CloudStack、OpenShift 及 vSphere 等。存储虚拟化已经成为云存储中不可或缺的技术之一。

4. 网络传输技术

存储服务器之间的数据传输采用 NFS/CIF 数据传输协议，该协议可以实现异构平台间的数据无障碍传输，在分布式平台上已经比较成熟且表现良好。然而，它有一个缺点就是传输效率低。如果可以拥有自己的专用网络，就可以使用 iSCSI 协议，该协议在集群环境下效率较高。如果费用允许，甚至可以采用高速光纤通道，这会使数据传输的效率大幅提高，但成本会非常高。

（二）分布式缓存技术

分布式缓存系统包括如下关键技术，以保证缓存的高可靠性、一致性，以及高吞吐、低延时的访问服务。

1. 数据存储策略

数据存储策略是缓存系统的关键技术。将数据存到内存以提高数据访问效率，但是内存又是一个极不安全的空间，一旦断电，内存中的数据就会。因此，无论是单机还是分布式环境，都需要对缓存数据进行持久化操作，防止缓存数据丢失。另外，一台服务器的缓存数据一般不会太大，因此可以选择固态硬盘（Solid State Drives，SSD）作为存储介质，其与硬盘相比访问效率明显提高；如果缓存数据非常巨大，也可以将其持久存入硬盘中。数据存储功能模块可以提供一套自适应的数据存储技术，提供内存 /SSD/ 硬盘三级缓存策略。

2. 数据可靠性与一致性

分布式缓存通过多副本机制以保证数据的可靠性，但是多副本带来的一个弊端就是缓存数据一致性难以保证。这里主要有两种解决方案，NRW 多副本机制和主从备份机制。

NRW 多副本机制中，N 是一个数据的副本数，R 是读取操作时至少需要读取的副本数，W 是写入操作时至少需要同步写人的副本数。分布式缓存的访问模型满足 $R+W>N$ 时，就能保证数据访问的可靠性和一致性，但是系统的访问性能和可用性会受到影响；相反，如果 R、W 值偏小，又会使数据一致性与可靠性降低，因此 NRW 理论一定要在真实环境中经过一定量的模型训练，以找到最合适的 N、P、W 值。

主从备份机制可以较好地保证数据的一致性以及在缓存服务器中缓存数据的高可靠性，提高网络服务质量。在主从备份机制的设计中需要考虑不同数据的访问频率和负载特点，设计适当的分布式缓存策略。

3. 负载均衡

负载均衡主要是指各个缓存服务器数据负载的均衡，一方面可以使分布式环境中的缓存节点均匀地负载缓存数据，另一方面也保证了不会因为部分缓存服务器的宕机导致大量缓存数据的丢失。目前比较主流的技术有负荷分配技术和基于一致性哈希的负载均衡策略。

对于分布式缓存系统中的负荷分配技术，根据节点的状态信息和负荷处理所有服务器节点分配负荷权重，根据各服务器节点的负荷权重生成路由信息，提高系统的可用性、运行效率及稳定性，从而提高集群的访问能力。

基于一致性哈希的负载均衡策略原理是通过哈希散列算法，将缓存数据散列到环状编号排列的服务器集群中。较为均匀地将负载数据分布到各个服务器节点。如果需要达到更为均匀的负载分布，可以采用虚拟节点的思想，即将哈希环状结构上的节点作为虚拟节点，并非直接对应物理节点，而是将其用散列算法分配若干个（视集群规模而定）虚拟节点对应一个物理节点，这样就能更好地实现缓存数据的均匀分布。

4. 路由数据一致性

分布式缓存系统中为了最快、最准地定位各个缓存数据的位置，一般会有一张全局路由表。为了提高路由效率，各缓存节点上会保存全局路由表的副本，因此需要实时保证路由数据的一致性。为了保证路由数据的一致性，该表采用分布式同步锁系统存放，从而保证了路由表在数据更新时，其他服务器无法读取数据，只有当路由表更新完毕后，分布式系统释放锁，各个服务器才可以重新读取路由表数据进行路由。同时，为了在路由数据发生更新时，所有服务器节点同时更新本地路由表，需要定时发送路由交换信息，保证路由数据变更在所有服务器节点中迅速生效。

5. 故障检测及服务器控制

需要对分布式缓存集群中各个服务器的状态进行实时监控，以保证缓存数据的可靠性和及时性。现有的技术主要提供了一种分布式缓存控制方法，这种方法支持多种数据访问协议，并能够灵活控制分布式缓存。这是由于该方法可以根据缓存服务器的状态信息灵活切换所使用的缓存服务器。

（三）消息中间件技术

1. 高级消息队列技术

为了提供可靠的数据传输，消息中间件使用队列的方式进行消息管理，数据按照用户自定义的尺寸，被拆分成若干的消息放入消息队列，消息中间件以同步或异步的方式进行消息的发送和接收。为了进一步保证数据传输的可靠性，消息中间件还提供附加技术。例如，消息优先级、断点续传、遇见连接、可靠消息队列、内存队列、流量控制等。

另外，超大规模的应用往往被部署到不同的计算节点上，分布式的部署应用常常是出于平衡多计算节点计算负载的考虑。因为消息中间件所负责传输的消息是应用的输入，所以需要在消息的分发上做到负载均衡。所谓消息的分发，是指在同时有多个可用的目的队列的情况下，将消息投到最适合的消息队列中。在分布式消息中间件架构中，RabbitMQ 支持分布式的应用。当有多个可用的目的队列时，RabbitMQ 默认会开启轮询模式，将消息按次序发给不同的消息队列。这样的机制可以在绝大多数场景下平衡应用模块之间的消息负载。但也有个别情况仍会导致消息负载的不均衡，这时 RabbitMQ 可以提供非常智能的队列管理，保证将消息分发到消息个数小于某个阈值的消息队列中去。

消息中间件传输消息使用标准的 IP 包封装，从而能够提供跨平台的数据通信和信息交换。消息中间件通过提供非常丰富的 API，为几乎每种平台都提供相应的接口，因此各种主流平台都可以找到相应的接口，从而完成跨平台的数据通信和消息交换。

在消息中间件架构中，JMS 是较为常用的 Java 平台下的消息中间件 API，许多产品都会尽可能地支持 JMS 的 API。mom4j、Apusic Message Queue、ActiveMQ 等使用 Java 开发的消息中间件系统，具有很强的跨平台和操作系统的特性。在客户端开发方面，主流的消息中间件系统往往会支持多种开发语言，服务端系统提供各种语言的 API 接口，客户端的开发只需要面向这些接口就行。以金蝶的 Apusic 为例，它提供了 Java、NET、C/C++ 的接口，也提供了 Oracle、MySQL、SQL Server 等的数据库服务专用接口。

跨平台的 API 接口在为用户提供统一的消息中间件解决方案的同时，尽可能地兼容了用户的使用环境。但要将不同语言、不同平台下的 API 做到一致，对开发者而言是一个不小的挑战。

2. 异步通信机制

分布式环境的对象调用往往需要涉及大量的网络传输，这样的同步调用会带来大量消息阻塞。相比于传统的分布式对象调用，消息中间件通过消息队列实现异步通信机制，大大提高了通信效率，从而提高了平台的数据处理效率。

在 IBM 的消息中间件 WebSphere MQ 中，异步通信机被认为是通信的首选方式。因为一套可靠的消息中间件系统足以保证消息传输的准确性和可靠性，并不需要收发端通过同步握手、确认反馈保证通信质量。消息的收发端作为应用的主体，本身的职责在于完成各自的业务，如果在业务系统中减少了对消息传输 QoS 的确认功能，则可以提高代码的内聚性。

要实现异步的通信机制，消息中间件客户端与业务系统主体是线程独立的，业务系统的线程运行并不完全依赖于消息中间件的消息。如同 WebSphere 所强调的，异步通信在速度较快的情况下，效果可以与同步通信相当。异步通信实现同步应用的效果，其实是分别从收发端各进行一次异步通信。因为异步通信数据对消息中间件系统的网络压力较小，用它实现的同步应用往往在性能上较直接的同步通信更胜一筹。

3.远程过程调用通信机制

RPC（远程过程调用）是专门用于进程间远程调用的通信方式。它的特点在于发送方的消息将启动接收方程序的某个过程，在接收方运行出结果后再调用发送方的进程继续执行。

远程过程调用通信需要发送方和接收方分别设立两个专门用于远程过程调用通信的队列，也就是在客户端启动后，会创建一个专门为远程调用异步回收消息服务的独占消息队列。之后在需要发送一个远程调用的通信请求前，客户端发送的消息中需要指定依赖的异步回收队列和它的关联号，相当于消息队列的注册。客户端发送请求给异步消息队列，接收端接收到一个请求，完成请求的计算并将结果返回给客户端指定的异步回收队列。之后客户端在回收队列接收到反馈消息，检测反馈消息的关联号。如果关联号与请求的关联号相符，则客户端接收该反馈消息，否则客户端将忽略该消息。

4.分布式环境下的进程间通信

在云环境中，单个服务应用可能分布在不同的物理机上运行，如何实现高效的进程间通信成为较为迫切的需求。经过相应的扩展，消息中间件不仅可以实现分布式环境中应用间的同、异步通信，还可以实现分布式环境下的进程间通信，从而更加高效地完成分布式环境下的信息交换。

二、应急物流信息云平台安全技术

（一）云平台的安全风险

1.云安全技术风险

（1）虚拟化层面风险

虚拟化技术是云计算的核心技术，通过虚拟化技术可以衍生出更多的虚拟操作系统，以满足多租户、高利用率以及资源共享的特性。要想提高各层面（如基础设施、平台、软件等）为多租户提供云服务的能力，可以利用虚拟化技术的可扩展性，但虚拟化技术也存在一定的安全隐患。具体来说，如果物理主机遭到破坏，那么其管理的客户端服务器也有可能被攻克，这是因为虚拟服务器与物理主机存在交流；若物理主机和虚拟机不交流，则虚拟机逃逸的现象可能会发生；如果物理主机上的虚拟网络被破坏，则虚拟机也会受到损害，这是由于物理主机和虚拟机进行交流时，一台虚拟机可以监控另一台虚拟机。

（2）数据加密存储和内存擦除技术风险

云计算环境改变了用户数据的存储方式，即用户数据可以直接存储在云中。为了保护数据的隐私，数据在云端以密文形式存放，通过最小的计算开销实现可靠的数据保密性。同时，在云计算中，信息检索是一个常用的操作，因此支持搜索的加密是云安全的一个重要需求。传统的基于关键字的加密搜索存在三个问题：一是只支持精确匹配，对输入内容的格式要求严格，本身容错性较差；二是不支持返回结果排序；三是不支持多关键字搜索。针对这三个问题，目前的研究主要关注加密数据的模糊搜索、搜索结果的排序和多关键字搜索。

内存擦除技术是指云服务器在不关机的情况下，租户的机器在关闭之后，其内存上的内容是否会被擦除，如果被擦除会不会有数据残余留在内存上，这种残留数据是否能够恢复出完整的数据信息，造成隐私的泄露问题，所以云服务商应该对所释放的空间进行完全地清除后再给其他用户。

（3）脆弱的 API

随着时间的推移，越来越多的云计算产品出现在网络上，开源度也越来越大，如业界使用最多的云平台管理工具 OpenStack、CloudStack 以及 Eucalyptus 等都可以在开源网站上下载其源代码。源代码的脆弱性也就暴露出来，使黑客有更多的机会和时间找寻 0DAY 漏洞，这些漏洞是潜在的威胁，会对云环境造成不可估量的损害。

由于应用集成的影响，API 的流行度也在与日俱增，它们有助于应用（与互联网连接目标）之间相互请求数据。然而，通过 API 的核心业务数据更容易受到黑客的攻击，增加入侵攻击、数据盗窃和 DOS 攻击的风险。

2. 云安全管理风险

（1）企业风险管理

企业风险管理（ERM）植根于每个组织向股东提供价值的承诺。所有的业务都存在不确定性，管理层的挑战之一是决定一个组织如何衡量、管理和降低不确定性。不确定性既是机遇也是风险，可能增加或减少组织及其战略的价值，信息风险管理是识别和理解风险暴露、风险管理能力以及数据所有者偏好和承受能力。在为云计算管理选择方案时，存在许多的不确定性收益和风险，这些都会影响到从风险或业务收益的角度决策是否应用云计算服务。每一家公司都必须权衡这些不确定性，以决定是否采用云计算解决方案。

（2）安全审查

云计算为企业带来许多好处，包括优化资源利用率、为云计算租户节约成本、转换资本开销、资本开销（CAPEX）转化为运营成本（OPEX）、客户的IT动态扩展能力、缩短新应用程序开发或部署的生命周期、缩短新业务实施的时间。

用户应该将云服务和安全视为供应链安全问题，这意味着需要最大限度地检查和评估服务提供商的供应链，这也意味着需对服务提供商自身的第三方管理进行审查。

3. 云计算法律风险

云计算最大的风险之一源于其数据特性，它允许数据被传送和保存在几乎任何地方，甚至分开保存在世界的不同位置。各国监管法律的不同导致对数据安全的界定会有所不同，这样产生的法律风险是难以避免的。

纵观全球，众多国家有着不计其数的法律、法规，它们要求公共组织和私营机构要保护个人数据的隐私性、信息和计算机系统的安全性。例如，在亚太地区，日本、澳大利亚、新西兰以及许多国家已经通过了数据保护法律。这些法律要求数据的控制人依据经合组织的隐私及安全指导意见，以及亚太经合组织的隐私框架采用合理的技术、物理和管理措施来防范个人数据遭受丢失、滥用或是篡改。

4. 云计算其他风险

云环境的复杂性是由其混合技术的融合使用所导致的，因此未知的不可预见的风险也会产生。一种可能是，技术上可以实现但带来了安全风险，解决起来可能会导致一定的威胁性；另一种可能是，技术上暂时实现不了，无法应用到云计算当中去。在云环境下，管理、法律和技术三种不同行业融合到一个体系中，必然会带来各种各样问题。有可能是以前遇到过的，也有可能是没有遇到过的，这种未知性与盲目性很大程度上会抑制云计算的快速发展。

（二）云安全架构及关键技术

1. 用户层

（1）安全问题

①身份认证

Web浏览器是一个典型的客户端应用程序，可以用来访问Web网页、Web

213

应用程序、云服务（SaaS）或者 Web 2.0 服务。它使用 SSL/TLS 协议进行安全身份验证，因此基于浏览器的云身份验证攻击直接影响到云应用程序的安全。攻击者可以获得其他用户的 XML 标记（在浏览器中的身份验证相关凭证），并访问受害者的页面。

解决方案：可以通过 XML 签名和 XML 加密增强浏览器的安全性。然而，XML 签名包装攻击使攻击者能够改变签名数据包的内容而不使签名失效。

②不安全的接口和 API

云计算服务商需要提供大量的网络接口和 API 来整合上下游客户、发展业务伙伴甚至直接提供业务。但是，从业界的安全实践来看，开发过程的安全测试、运行过程中的渗透测试等，不管测试工具还是测试方法等，针对网络接口和 API 都还不够成熟，这些通常工作于后台、在相对安全环境中运行的功能被开放出来后带来了额外的安全入侵入口。

可行对策：加强接口和 API 在功能设计、开发、测试、上线等覆盖生命周期过程的安全实践，广泛采用加密、认证、访问控制、审计等安全措施以及更加全面的安全测试。

③服务可用性

首先，云计算以宽带网络和 Web 方式提供服务，其可用性方面将会受到挑战，针对云计算服务的拒绝服务攻击，需要云计算服务提供商认真调查、采取相应的专门保护措施。其次，云计算快速弹性的特征要求服务提供商自身必须具备非常强大的网络和服务器资源来支撑，按需自服务的特征又对业务开通和服务变更等环节提出了灵活性的要求。这两个特征结合在一起，使得云计算服务很容易成为滥用、恶意使用服务的温床。

可行对策：加强抗拒绝服务攻击的能力。在云计算服务的设计阶段加强安全考量，对可能的安全威胁建立场景用例，并在业务逻辑设计过程中予以专门防护。严格设计首次注册和验证过程，实施欺诈行为监控和协调，监控公共黑名单，查看用户是否被列为垃圾邮件和恶意软件来源而被阻止。针对来自网络的投诉和监管机构的问询快速响应。

④数据泄露

云计算为企业和用户带来便捷的同时，也造成了数据泄露。不可否认，该问题普遍存在于云计算中，公共"云"中尤其如此。评估云计算提供商对数据的保护能力是组织的管理层和 IT 决策人必须仔细评估的问题。

为解决上述问题，可以尝试采取以下可行对策：首先，从设计到运行的整个过程中，对数据的传输、处理和存储等各环节提高加密和核查能力。定义良好、组织得当的密钥生成、存储、管理和销毁策略非常重要。在合同中明确规定云提供商的数据备份、恢复、销毁等各个环节的数据安全控制。

（2）关键技术

①可信访问控制技术

在云计算模式下，研究者关心的是如何通过非传统访问控制类手段实施数据对象的访问控制。其中，建立在密码学方法基础之上的访问控制得到了众多研究者的关注，具体包括基于层次密钥生成与分配策略实施访问控制的方法；利用基于属性的加密算法，如基于属性加密方案的密钥规则；基于代理重加密的方法；在用户密钥或密文中嵌入访问控制树的方法等非传统访问控制手段。

②数据存在与可使用性证明

数据规模很大时，用户所要付出的通信代价也就很大，在巨大的代价面前，对用户来说，先下载数据再验证数据正确与否几乎是不可能的。在这种情况下，云用户要在少量数据的基础上，通过某种知识证明协议或概率分析方法，以高置信概率判断远端数据是否完整。方法包括面向用户单独验证的数据可检索性证明（POR）方法、公开可验证的数据持有证明（PDP）方法、NEC实验室提出的 PDI（Provable Data Integrity）方法等。

③数据隐私保护技术

不可否认，数据生命周期的每一个阶段都离不开云中数据隐私保护。为了对数据隐私进行保护，Roy 等在云中的数据生成与计算阶段融入了集中式信息流控制（DIFC）和差分隐私保护技术，并且提出了一种隐私保护系统 Airavat，以防止非授权的隐私数据在 MapReduce 计算过程中遭到泄露，该系统还能够自动解密计算结果。

④云资源访问控制技术

云计算环境中存在着数量众多且分工明确的云应用，各个云应用会对不同的安全管理域进行管理。其中，本地的资源和用户分属于不同的安全域并服从其管理。如果用户需要跨域访问资源，需要在域边界通过认证，并接受统一的身份认证管理，这是针对访问共享资源的用户进行设置的。

2. 云服务提供层

（1）安全问题

云服务是基于互联网的相关服务的增加、使用和交付模式，通常涉及通过互联网提供动态易扩展且经常是虚拟化的资源。

①云服务的安全性

将越来越多的系统迁移到云架构上促使越来越多的大型企业开始对云计算进行尝试，公共云计算更是备受青睐，然而其带来的不良影响是，很多不良网络用户开始非法攻击大型公共云服务供应商，如大量数据被窃取。2012年，世界各地出台了众多相关法律，从法律层面对数据安全和隐私安全做出规定。

②云服务的可靠性

除了云计算服务的安全性之外，云计算服务的可靠性也备受关注，这是因为有很多与企业日常运作有关的应用和服务被迁移到了云环境中。可靠性问题与云服务的两个因素有着密不可分的关系，一个是云服务的复杂性，另一个是云服务的架构。目前，且不说几乎不存在完善的公共云架构，更进一步地，在设计可移植到云环境的企业服务和应用程序时、在企业追求最佳体验的过程中，云架构的可靠性还可能进一步降低。

（2）身份识别和访问控制的安全技术

① IAM（Identity and Access Management）

IAM 是"身份识别与访问管理"的简称。通俗地讲，IAM 是一种为自然人提供服务的模式和平台，具体的服务内容包括为用户管理数字身份并进行认证以及审计身份信息，使用 IAM 的自然人可以在恰当的时间内访问已被授权的信息资产。通过标准与规范化的 IAM 平台，相关机构能够有效进行用户访问管理。

② SAML（Security Assertion Markup Language）

SAML 是成熟的、应用广泛的单点登录规范集，是建立在浏览器的基础之上的。为了防止云计算专用的单点登录程序，用户可以在认证身份后享受信任域内提供的云计算服务，而且可以自由访问。由于 SAML 支持代理（单点登录），通过使用基于风险的认证策略，用户可以为某些云计算服务选择实施强认证（多因素认证）。使用机构的 IDP（身份提供商）可以很容易实现，支持强认证和委派认证。简言之，SAML 将使云计算服务提供商无须了解用户的认证需求。

③服务供应标记语言（SPML）

SPML 是基于在 XML 框架，由结构化信息标准推动组织开发，用来在合作组织间交换用户、资源和服务供应信息。SPML 是新兴的标准，可以帮助机构为云计算服务自动化用户身份的开通。

④ CA 认证

云服务的快捷、便利、开放性是其快速发展的根本，但"云"的应用不能以泄密为代价，安全由此成为云应用的迫切需求。确保云服务安全的根基在于云入口的身份管理，在身份管理领域，CA电子证书安全认证系统是较可靠的管理方式。通过CA系统建立"身份可信任机制"将是"云安全"实现的关键点之一。

（3）信任的安全技术

信任问题是云计算中的一个关键问题。因为用户缺乏对资源的控制，因此在使用云服务时，他们必须依赖信任机制和带有补偿规定的合同。信任是一个非常模糊的概念，并且在异构环境下，信任程度很难被准确计算。服务承包商可能在用户不知情的情况下进行二次分包，用户对网络和系统所拥有的有限可见性是信任的主要来源。信任问题可以通过向用户提供对检测系统具有足够多的观察权限进行解决。

下面介绍两种方法以提高云计算服务和云存储服务的可信性。第一，建立云计算的问责机制。平台可以对用户的操作信息进行记录，若发现用户有恶意操作，就立即对该用户做出追踪和问责。该机制可对提高云计算平台的可信度有显著作用。第二，构建可信的云计算平台。该方法需要一定的技术支撑，如可信计算、安全启动、云端网关等。

（4）安全相关的法律、法规、标准

审计内部、外部流程必须要与常规的要求、用户的协议、法律、法规相一致。云计算的多租户特性增加了虚拟机监控和日志记录的难度。针对云计算有几种不同的符合性要求。

隐私符合性：数据的拥有者要对外包数据的安全和隐私负责，即使该数据被服务提供者所持有。之所以这样要求是因为每个国家有不同的法律法规。这种情况也形成了数据的安全性、机密性和可用性方面的风险。因此，需要为用户提供一个透明的、可控的管理数据环境。

地理符合性：如果租户或云客户在欧美国家，他们将会面临相当多的监管要求，包括信息及相关技术的控制目标。这些法律可能涉及数据在哪里存放或者传输以及数据在安全保密性方面是如何被保护的。

3.云虚拟层

（1）虚拟机安全

①旁通道攻击

旁通道是存在于共享同一台物理机的虚拟机之间的，可以利用该通道进行攻击。这种攻击方法要经过以下两个步骤：首先，需要判断两个虚拟机是否同在一台物理机上；其次，如果上一步骤成立，则可以通过缓存级旁通道达到窃取数据的目的。

②虚拟机监督程序安全性

云基础设施中的虚拟机需要依靠物理机进行运行，而虚拟机监督程序则对其运行进行监督，因此可以说，虚拟机监督程序在物理机上享有最高权限，虚拟机监督程序的安全性必须得到充分保证。Azab 等提出了 HyperSentry，即通过设计安全硬件，促使虚拟机监督程序的完整性得到提高。

（2）虚拟机镜像安全

云中共享虚拟机镜像带来了安全风险。镜像的拥有者担心的是镜像的保密性，如是否未经授权的访问。镜像的使用者关心的是镜像的安全性，如镜像中是否有病毒破坏或窃取使用者的个人信息。亚马逊的 EC2 平台上运行的实例可以很容易被各种各样的攻击所破坏，如 Signature–Wrapping 攻击，跨站脚本（XSS）攻击和 DoS 攻击等。攻击者可以创建、修改和删除虚拟机镜像，改变管理密码和虚拟机配置。另外，使用过期软件和盗版软件也是虚拟机的安全威胁之一。

4. 物理资源层

网络方面的漏洞会直接影响云的安全性。安全问题在网络层次上需要考虑网络外部和网络内部。一个位于云网络外部的攻击者通常会发起 DoS/DDoS 攻击以降低带宽、增加阻塞，从而使提供给用户的云服务质量变差。云计算具有分布式特征，所以很难阻止 DoS/DDoS 和 EDoS 之类的攻击。另外，网络层常见的外部攻击还有 DNS 病毒攻击、嗅探攻击、端口扫描、跨站脚本攻击、ARP 欺骗、IP 欺骗和钓鱼攻击，利用这些攻击，攻击者可以获得云资源的合法访问权限。

对于内部攻击者而言，他可能是具有授权的合法用户或者体系内的用户，所以比外部用户更容易进入云系统。作为一个内部的攻击者，他比外部攻击者具有更高的权限发动攻击。因此，内部攻击者发动攻击要比外部攻击者容易得多。

网络层主要的安全问题有网络协议的漏洞、访问控制、后门漏洞攻击、会话劫持和明文传输等。

为了解决网络层的这些安全问题，主要的云提供商，如 Amazon、Window Azure、RackSpace、Eucalyptus 等，将它们的应用程序放在了防火墙之后。然而，防火墙只能保障网络边界的安全性，而不能保障网络内部的安全性。所以，可以使用 NIDS（Network Intrusion Detection System）解决这个问题，并且要将 NIDS 设置为检测内部、外部入侵的工作模式。同时，对加密流量的攻击，NIDS 也应该能够进行检测。

第七章　物联网环境下应急物流
信息系统整体架构

第一节　物联网环境下应急物流信息系统的规划

一、系统的基本目标

本书对物联网应急物流信息系统的介绍是基于社会公众的立场，从这个角度分析，系统的基本目标如下：该系统要允许众多参与方参与进来，不仅包括应急救灾中心，还包括社会慈善组织、基金、救灾团体、个人、应急物资供应商和应急救援指挥中心等。其中，应急救灾指挥中心要对所有参与方进行统一指挥协调。该系统要包含应急物流的各大环节，必须能够对应急物资需求进行统计分析，能够实现采购、仓储、运输、配送、分发应急物资的功能。以上目标的实现离不开物联网技术的支撑。物联网应急物流信息系统可以根据各个相关部门提供的数据，如水文气象、地理交通、公共信息等方面的数据，对救灾行为进行综合分析，从而提升应急物流的快速响应能力和救灾效率，应急决策和指挥的效率也会得到提高，从而把灾害带来的影响降到最低，并且使救灾更加科学高效。

在紧急情况下救灾时，不仅要把收集和处理灾害信息的时间控制到最短，还要保证数据和信息的正确性以及传输的准确性，一旦出现误传，就会造成更加严重的损失。因此，与普通物流信息系统相比，应急物流信息系统必须要对整体质量进行更加严格的把控。以物联网为背景建立起来的应急物流信息系统必须具备以下特点才能更好地发挥其作用。首先，系统必须准确完整地采集信息。从应急物资的采购到配送，物联网可以与各个环节实现全面互联，从而能够准确识别、采集并记录救灾物资的运输方式以及运输节点等各种信息。其次，系统必须实时控制信息的传递和共享。物联网的传感器等技术要能够采集、记录、储存和监控救灾物资在物流各个过程中的信息，并将这些信息实时地传递到系统中，系统管理人员和用户都可以看到，从而实现救灾信息的内外部共享。为了及时处理应急物流中的异常情况，就必须动态监控物资的相关信息。最后，系统的救灾服务要保证科学高效。物联网为科学救灾决策的实施提供了非常大的便利，因为有了物联网，就可以更加准确且快速获得救灾物资的物流信息。为了进一步发挥物联网的优势，提高救灾能力，必须对应急信息系统反馈的信息进行及时处理，并完善救灾方案，这样受灾群众的生命和财产安全才能得到进一步的保障。

下面将对采集与传递受灾信息、整理与发布受灾信息和应急指挥与实地救灾三方面进行详细介绍。

首先，采集与传递受灾信息。为便于便捷读取管理对象的动静态信息，可以按照业务管理的要求，将感应装置安装在不同位置。举例来说，受灾地带的空气土壤干湿度的测定、常发地质灾害地区的地质状态的检测、道路上的车流量信息的感知、公共基础设施状态的检查、农田中土壤的干湿度和酸碱度的获取等状态信息可以实现随时随地的获取。

事实上，为了提高应急救援的效率，可以将地理信息系统（GIS）、全球定位系统（GPS）等技术广泛应用在物联网中。利用这两种技术手段能快速收集地理环境、位置以及交通运输线等必要信息，根据这些信息，获取最近救援路线以及受灾地点就变得容易很多。获得地理位置信息后，借助系统可以准确地查明受灾地区的人口分布密度和分布状况，这些信息会被收集并传输到相应的信息子系统中，以便于预测和评估当地突发事件风险级别和灾害损失。除了上述两种技术手段之外，气象卫星也被广泛应用在救灾活动中。

其次，整理与发布受灾信息。科学且有针对性的救灾方案能够使救灾工作顺利开展，因此必须得到重视。利用物联网技术，不仅能够收集和处理受灾信息，还能够高效统计和总结这些海量信息。假设，某地区发生了紧急突发事件，在该事件周边的交通状况无法确定的情况下，可以利用物联网技术调查受灾信息，如灾区桥梁、房屋以及路面的受灾情况等，应急指挥中心得到这些信息后，同时结合其他方面的信息以及救灾的时间限制等，做出决策，寻找最优救援路线。物联网可以利用联机处理技术对海量数据进行处理，除此之外，数据挖掘技术和云计算技术也是处理海量数据的关键技术。这些技术能够有效梳理整合海量救灾信息，以便于相关人员通过电视、互联网等媒体发布信息。

最后，应急指挥与实地救灾。应急指挥中心应该在收到突发事件的报警信息后，应第一时间确认信息的准确性，若信息无误，相关部门要根据应急信息系统尽快收集所有受灾信息，这是科学制订救援计划、成立救灾指挥中心的重要依据。具体来说，根据受灾信息，应急指挥中心能够确定受灾的区域和范围，并对突发事件类型和级别进行有效估计，最终启动相应的救灾预警[①]。在实施救灾工作时，根据这些受灾信息，同时结合应急预案内容，可以迅速调运救援人员与物资，及时有效地展开救援。与此同时，统计和上报救灾工作也是十分重要且必要的。应急指挥中心负责安排和调度现有的应急救灾资源，在对各救灾小组进行救援任务的具体分配时，不能忽视实际受灾情况。为了提高救援效率，应急指挥中心应该依托于应急信息系统，对整个救灾活动进行统筹和协调。在受灾情况严重的情况下，应急指挥中心应及时请示上级部门，请求增派其他救援人员或增加其他救援工具。例如，如果灾区道路损毁严重且无法在短时间进行修复，可申请增加直升机等救援方式。面对重大突发事件时，相关救援单位需要对各项救灾工作进行有效的统筹与协调，结合应急信息系统所提供的灾区天气情况、总人口分布、地理环境等信息，科学合理地安排临时避难、医疗救护点等，充分发挥各个救援单位、组织以及个人在抗灾救灾中的积极作用，促进整个应急救灾活动高效开展且稳步进行。

二、现行系统的初步调查与分析

通过对现行应急物流信息系统的现状进行调查和分析，对相关数据和资料的收集和整理，分析我国现有应急物流系统的质量，判断现行系统能否有效处理我国目前的应急工作，分析系统存在的问题，不断完善我国应急物流信息系统。总体来说，我国的应急物流目前处于起步阶段，针对应急物流的各项研究工作已经开始，并且已经建立了相关的应急救灾机构。但应急物流管理体系仍不够完善。首先，我国应急物流信息化程度比较低，基本上靠简单的办公软件进行。其次，由于监管措施不够到位，在应急救灾过程中收集和汇总灾害信息时，错报灾害信息的现象时有发生。

三、系统的可行性研究

（一）技术可行性

当前物流企业在实际运营时，物流企业网站、信息系统、RFID、EDI、、GPS、GIS、EOS、POS 等先进的技术和理念在物流企业中的应用越来越广泛，物联网技术作为新一代信息技术的重要组成部分，也是物流企业提高竞

[①] 杨磊，石永强，石园，等.物流信息系统与物联网[M].西安：西安电子科技大学出版社，2015.

争力的重要手段，因此物联网在物流企业的应用也越来越广泛。在这种情况下，与物联网相关的各种芯片、器材、设备，如 RFID 芯片、GPS 定位、POS 仪器等都已经大量上市，且价格不断下降，一般的企业也能负担。目前，物联网在智能家居、智能电网、智能物流等方面已经在一些居住小区和企业中得到实际应用。2009 年 8 月，温家宝在视察物联网产业研究院时，高度肯定了"感知中国"的战略建议。2009 年 9 月，无锡市与北京邮电大学就传感网技术研究和产业发展签署合作协议，这标志着物联网进入实际建设阶段。不仅如此，我国拥有许多大型的软件开发公司和数量众多的优秀软件开发人员，这为我国物流软件供应商自行开发高水平的应急物流软件提供了技术层面的支撑。

（二）经济可行性

由于物联网技术刚被推广普及，加之以前成套的设备、芯片价格比较贵，现行的物流企业很少采用 RFID、GIS、GPS 等技术。实际上，这些基于物联网的新技术和设备可以促使信息的传输速度得到提高，从而促进物流企业的运作效率。但这势必引起高昂的系统升级成本，因此在许多企业中，进行系统升级和技术改造的企业并不多。在物联网环境下，全新信息系统的开发既不会浪费之前的设备和设施，又不会增加相应的转化成本。一方面，结合使用已有的条码技术与新的 FRID 技术可以避免浪费已有资源，从而减少开发成本；另一方面，为满足效费比的要求可以升级已有系统的部分模块。基于应急物流使用频率的考虑，我们可以把系统分为"应急状态"和"平时状态"，这样可以防止浪费系统本身的资源。

随着 IT 产业的不断发展和升级，相比五六年前物联网对应的设备、仪器、芯片的价格，现在的采购成本确实低了很多。举例来说，2007 年，大约需要花 0.3 元才能买到一片普通的 RFID 标签，而一张 PVC 材质的 RFID 标签的价格几乎是普通标签价格的 10 倍，而现在 0.6 元就能够买到一张漂亮的 RFID 卡片，价格下降了很多。

（三）社会可行性

从 2003 年的非典疫情，到 2013 年的雅安地震，这中间我国经历了多次地震、泥石流、雨雪冰冻等严重灾害。毋庸置疑，整个社会开始重视应急救灾物流，而且越来越多的专家、学者、组织机构也对应急物流信息系统的开发进行了探讨和研究。我国于 2006 年成立了第一个专门从事应急物流的组织——中国物流与采购联合会应急物流专业委员会。国务院办公厅于 2007 年印发的《国家综合减灾"十一五"规划》中提出，加强中央和地方救灾物资储备网络建设。目前，我国已经建成了储备库并已经投入使用。另外，许多省市建立了适用于自身的物联网应用方案。例如，2009 年，北京市经济和信息化委员会表示，要着力打造世界级城市，初步形成物联网产业链和产业群。2010 年，上海市经济和信息化委员会发布了《上海推进物联网产业发展行动方案》。由此可见，物联网在我国受到了前所未有的重视，得到了政府的大力扶持，这极大地促进了应急救灾的信息化发展，我们应该牢牢把握时代的机会，大力发展基于物联网的应急物流信息系统。目前，很多发达国家已经开始使用高技术含量的信息系统，这有利于在紧急情况下进行应急信息和数据的高效处理，从而为应急物流方案的制定提供科学依据。例如，美国国家海洋和大气管理署（NOAA）避难所危险事件应急物流数据库系统能够为美国国家海洋水族馆及其合作者提供偶然事件的应对方案，这在很大程度上提高了应急物流的应对能力。

四、结构化系统开发方法

（一）结构化开发方法的思想

信息系统的常用开发方法有很多，例如结构化开发方法、原型法、面向客户开发方法等。每种开发方法既有优点又有不足之处。结构化开发方法被广泛应用在信息系统开发中，这是因为该方法具有开发思路清晰、符合人们处理问题的习惯、模块层次分明、便于分工开发和调试、程序可读性强等优点。

结构化系统开发方法（Structured System Analysis and Design，SSA&D）又称结构化生命周期法，是在计算机上建立信息系统的过程，能够对信息系统进行组织、管理以及控制。该方法起源于 20 世纪 70 年代，设计和使用该方法的人员必须遵循用户至上的原则，分析设计时要自上向下，具体实施时要自下向上逐步进行。结构化方法以软件生存周期模型为基础，与早期的个体化软件开发过程相比，该方法克服了诸多缺点，如系统开发情况不清、通信误解、步骤混乱、只注重编程、产品只有代码等，在新的系统开发工具的协助下，深入挖掘和分析用户（使用者）的需求，编写并保存信息系统文档。但该方法仍有其缺点，如程序的可重用性较低以及软件的可扩充性略差。结构化系统开发方法的开发过程包括系统规划、系统分析、系统设计、系统实施、系统运行与维护阶段等。

（二）结构化系统开发方法的各阶段工作

通常情况下，信息系统规划阶段需要完成以下工作内容：首先，在用户开发要求的基础上，明确企业中各个管理层对信息系统的开发需求以及新系统的开发目标；其次，调查企业目前的系统并掌握企业的基本业务流程，在此基础上大致确定新系统状态的开发进度和框架，然后进行技术和经济层面的可行性分析，判断能否开发新系统，若当前条件不允许，则停止开发；若条件允许，则将开发规划交由用户批准，用户同意后进入下一阶段。

信息系统分析阶段要完成以下工作内容：首先，系统分析的任务是实现新系统的逻辑模型，并进行综合性的分析且形成报告，交由用户审核。对于企业级开发，一般还要专门召开评审会以确定新系统的总体需求；若用户认为不合适，则继续修改，直至用户确认并批准同意之后，开始对系统进行设计。

信息系统设计阶段要完成以下工作内容：首先，设计系统的总体结构，确定子系统及其相应的功能，然后进行编码设计、数据库 / 文件设计，输入 / 输出设计、功能模块结构设计与物理配置方案的设计。其次，根据系统总体设计方案和现行计算机的应用水平，选择合适的系统开发工具，购置有关设备。最后，给出信息系统的物理模型并编写系统设计报告。系统报告也必须提交用户审核。若用户不认同，则继续修改，直至用户批准同意后，进入系统实施阶段。

信息系统实施阶段主要包括以下内容：首先，在系统设计阶段的成果基础上，进行程序编码、程序设计、程序调试等工作；其次，印制用户人员手册；再次，对使用人员进行培训，录入初始化数据；最后，测验和试运行系统。

信息系统运行与维护阶段主要包括以下内容：系统的日常运行管理、维护；系统综合评价及系统开发项目的审计监理等结尾工作。

总的来说，结构化系统开发方法在系统分析和系统设计时有很大的优势，因此目前使用较为广泛，在实际的企业级软件开发过程中，此方法经常和XML、Java、NET 等结合起来使用。

第二节　物联网环境下应急物流信息系统的分析

一、系统主要功能和需求分析

在整个应急救灾活动过程中，以物联网技术为基础的应急物流信息系统主要发挥以下作用。

第一，获取信息。系统要准确且及时地收集受灾信息、物流运输各个阶段的信息、应急物流运力信息等，以便于应急救灾管理部门全面及时了解受灾群众和受灾地区的状况，了解应急救援物资、救援设备的数量、分布情况，应急物流存储能力和收发能力，机场车站的吞吐量等。全面掌握这些信息有利于应急救灾管理部门高效科学地做出救灾决策，以便于后续应急救灾工作的顺利实施。

第二，实时指挥并控制。在应急救援过程中，系统要及时采集与管理救灾人员的位置信息，设备和运输工具的吨位、类别以及位置信息，整个运输组织及其状态变化和情况处置等信息；如救灾过程中出现意外情况，系统要指挥调整保证运输过程顺利进行。

第三，管理应急物流业务。一方面，系统要对救灾物资、救灾装备和器材的数量和质量进行管理。相关部门和受灾群众可以在系统中查询救灾物资等信息；另一方面，还要制订应急采购计划，及时补充救灾物资，监管救灾物品的分配、运输、调拨以及供应等过程。受灾用户安全进入系统后，可以申请救灾物资，审批通过后，系统可以按照流程规定向受灾用户发送需要物资。

第四，辅助决策。应急物流模型的建立可以为应急指挥人员提供多个备选方案，以提高应急决策的科学性。

第五，其他功能。从国家相关信息标准来说，系统要对救灾物资进行标准化编码，提高内部管理的效率，实现救灾信息的内外部共享；从现代物流的发展方向来说，要提高系统的扩展性、易用性和可维护性。

二、应急物流业务流程分析

（一）应急物流系统的业务运作流程分析

相比于一般的企业物流活动，应急物流更"急"，因此应急物流系统追求的是时间效益的最大化以及灾害损失的最小化。应急物流系统必须对救灾物资进行高效配送，以最快的速度在最短的时间内将救援物资和设备送到灾区。一方面，对自然灾害和突发事件的快速响应可以将灾害带来的损失降到最低，且及时解决灾区群众缺乏必备生活物资的难题，完成各级救灾组织的任务；另一方面，要最大限度降低应急物流的运行成本。应急物流系统和普通物流系统有诸多差异，下面对两者进行比较。

首先，从系统目标来看，一般物流系统以损失最小化以及利益最大化为主要目标，而应急物流系统则以时间效益最大化以及保护人们生命安全为目标。

其次，从系统运作特点来看，一般物流系统较常规，可满足日常使用需求，而应急物流系统适用于突发且紧急的情况。

最后，从系统配送方式来看，一般物流系统通常为往返式的，而应急物流系统有单向和往返两种配送方式。

应急物流过程中几乎没有时间间隙，因此要系统性地分析和设计应急物流的整个业务运作流程，构建一个高效运作的应急物流信息系统。实施快速应急救灾，一方面可以将自然灾害或者突发事件对人民生命和财产安全造成的损害降到最低，另一方面又能大幅度降低物流成本。基于对应急物流系统特征的分析，结合物流供应链的管理思想，可以将应急物流的整个活动过程划分为以下四个环节：受灾需求端信息的统计环节、应急物流协调指挥中心、物资仓储采购供应端以及应急物流配送中心。

1. 受灾需求端信息的统计

发生灾害时，受灾地区的交通、社会秩序等会被破坏，无法维持正常生活节奏，灾情、医疗援助等信息混杂且短时间内难以向外界传递。因此，灾情发生的第一时间可能很难了解到第一现场详细的受灾信息，无法详细了解受灾需求，进而无法精准实施救援。通过借助外部工具，如直升机航拍、卫星遥感等技术手段的帮助，能够获取第一手灾情资料，再结合灾区地理信息、人口分布、气候、产业结构以及社会发展程度等，进行详细的分析和预测，根据险情的后续发展情况制定详细的救援方案，包括救援物资的种类、数量以及救援手段等。之后，随着救援活动的有序展开，灾区需要的救灾物资种类、数量以及急迫程度更加明晰，从而快速调整救援方案和物资运输方案，为灾区群众的基本生活提供保障。此外，政府有关部门需要持续、高度关注灾区，尤其是灾害频发区及重灾区的险情变化，及时调整更有效的救援保障方案。

2. 应急物流协调指挥中心

为灾区提供救援服务时，应设置多个应急物流协调指挥中心，各个指挥中心共享灾区受灾信息，互相配合指挥整个抢险救灾活动，统筹救援物资的采购、筹集、申领、调度、运输以及配送等工作。这些工作不是由应急物流协调指挥中心直接执行，指挥中心只负责指挥、调控各个救灾组织的具体救援行动，从整体层面协调应急救援工作顺利、高效地进行。例如，指挥中心收集并汇总各个灾区的详细需求信息，再指挥各个物流配送中心完成物资采购、出库、装配以及运输配送等工作。

3. 物资仓储采购供应端

目前，国家已经在全国范围内建立了多个中央级别的应急物资储备库，以便在灾情发生后迅速做出响应，第一时间向灾区运送救援物资。此外，也会有很多民间团体出于人道主义募集捐赠资金、物资等送往灾区。一般情况下，物流企业通常与供应单位有着较为稳定的合作关系，运输时间比较固定，而应急物流有所不同，其运输的物资可能是国家储备的应急物资，也可能是社会组织募捐的救灾物资，后者是种类繁多的，如水、食物、衣物、帐篷以及药物等。

4. 应急物流配送中心

由于社会各界提供的救灾物资种类多样，因此就需要对其进行分类整理，再根据各个灾区的需求配送，否则很有可能会造成物资重复配送，浪费物资且降低配送效率。因此，应急物流配送中心科学地统计和归纳救灾物资很有常必要。应急物流配送中心是整个配送活动的中心，利用网络时代信息传播速度快的优势，充分发挥自身强大的流调功能，精准、高效、有序地安排应急物资的运输。由应急物流配送中心收集并整理各个受灾地区的物资需求情况，再结合这些信息对国家应急物资储备库的物资和各地提供的社会救援物资制定合理的分配方案，再安排运输车辆，将物资输送到各个再去，在整个运输途中尽可能减少转运及装卸的次数，使物资能够尽快送往灾区分配到受灾人员手中。

（二）物联网对应急物流现有业务的影响

物联网技术对应急物流现有业务产生的影响表现以下五个方面。

1. 业务流程自动化

目前，物联网技术具有高度自动化、信息化的优势，其对应急物流业务流程产生的影响包括以下几点：①实现信息自动化采集处理，辅以物联网的感知技术，如射频识别、传感设备以及信息扫描等，全面、实时地完成非接触式、自动化的信息采集工作；②目前，各大物流企业采用了先进的感知技术与电气化技术，甚至应用大量半自动化机器人来操作物流业务；③云计算处理技术、数据挖掘技术等进一步推进了信息处理的自动化，物联网环境下应急物流信息系统可以通过这些先进的技术手段更加精准、高效地处理信息，以达到自动化处理系统数据的目的。

2. 业务流程智能化

现代物流采用了多种先进的数据处理技术，优化了应急物流的业务流程，将流程中很多需要人工处理的部分交给了机器，系统操作准确率有了很大程度的提升。

其三，信息流与应急物流的无缝连接。救灾物品的调拨、请领与存储流程都需要根据上级的指令计划来实施，也就是物流必须随着信息（命令、计划）才能开始，在物流的下一个阶段，物体发生位移或者状态发生变化后，需要重新对物流信息进行详细的采集和记录，在物流信息处理完成之后，制订相应的调度与配送计划，紧接着才能实施下一阶段的物流活动。也就是说随着物流位移状态的变化，信息也在改变，即两者会紧密地结合在一起。在物联网环境下，只有当这两者高度的匹配、吻合，才能发挥整个应急物流活动的最大效率。这是因为应急物流业务流程过程的控制以及与之相关业务流程的操作，都离不开动态信息的全程控制；且信息的采集以物体转移流程为基础，并需要对物流信息进行动态收集。

其四，应急物流横向流程延长。应急物流的横向流程是指在物流各个环节上，为应急物流环节如采购、仓储、配送等基本流程服务的其他业务活动。随着物联网技术在物流业务中开始大规模应用，一些新的应用，如信息的准确收集和处理、自动化控制、智能化操作和辅助决策支持等，对原有的物流体系内容进行了扩充。这些应用服务有利于物流信息被更精确地挖掘、高效利用，可以为决策提供更好的参考依据，自动生成救灾计划和救灾策略，提高救灾的科学性、合理性和时效性。

其五，应急物流纵向流程缩减。现代管理理论强调管理的扁平化，这有利于信息的准确、快速传递和管理目标的实现。借助物联网技术能使传统的应急物流业务流程更加自动化、信息化、智能化，进一步优化业务流程结构，减少不必要的人工操作，简化物流业务流程的环节。因此，从应急物流纵向来看，这样可以进一步减少救灾的时间，提高救灾的响应速度。对业务流程的纵向压缩，对于时间就是生命的应急救灾来说，这是十分重要的改进。

三、系统运行环境分析

（一）计算机应用现状

就计算机行业在社会上的整体发展水平来看，其目前的发展情况如下：

（1）新技术的产生为计算机行业注入了新鲜血液，软件制造商与硬件制造商积极推行新技术。近年来，CPU 的核心技术不断更新，计算机行业的发展势头迅猛。2010 年，双核处理器作为领军技术在处理器市场占据了主要地位。

Intel 推出了酷睿双核处理器，该处理器无论是在功能消耗方面、计算性能方面，还是散热及核心频率等方面，优势更加突出；随即，AMD 等厂商也发布了自己的双核处理器，大大优化了计算机的硬件性能；微软相继发布了多种操作系统，新的操作系统操作界面更加直观、简约，功能上更加强大，逐渐取代了之前的操作系统，在全球范围内流行起来，进一步提高了市场占有率。

（2）数字技术逐渐深入人们生活的方方面面，相关产品尺寸逐渐向微型化发展，应用量呈指数级增长。随着低碳节能环保理念逐渐深入人心，许多节能环保技术被应用于 PC 的设计中，节能、低功耗逐渐成为 PC 发展的新趋势，获得了更多用户的认可。

（3）目前，在云计算基础上研发生产的相关产品和服务已经广泛应用于网络技术中心和科技产品中。许多先进的数据处理技术使人类社会生产活动变得更加快捷，相关产品和服务随之迅速扩大了应用范围。云计算技术的发展为科技产品提供了基础设施、软件服务及平台服务等，打造了全新的 IT 服务模式，实现了从概念提出到现实应用的成功演变，更为下一代数据处理器的发展提供了核心技术。云计算技术的应用为信息产业的发展注入了更多的动力，为传统产业与新兴产业的革新发展提供了更加广阔的空间，有利于进一步加快社会发展进程。

（4）随着科技的进步，组装电脑必需的软硬件价格逐渐降低，各种款式的计算机，无论是在性能、应用方面还是价格方面的差距进一步缩小。

（二）信息系统的模式选择

目前，信息系统主要有两种开发模式：一种是 C/S 模式，即客户端 / 服务器模式；另一种为 B/S 模式，即浏览器 / 服务器模式。以下将对比介绍这两种开发模式。

首先，B/S 开发模式是基于互联网的需求而出现并发展起来的，其实质就是以网页 Web 技术作为核心支撑技术，把信息系统开发平台的模型应用到其中。通过把 C/S 开发模型中的服务器直接换成根信息服务器和多个子数据服务器，从而实现多个层次构架的用户服务。

B/S 开发模式具有以下优势：①在该开发模式下，操作客户端变得更加简单便捷。与 C/S 模式不同的是，在 B/S 模式中不需要在电脑上安装各种程序的客户端，只需要在浏览器上进入相应的网站，注册或登录相关账号，就能够进入和使用系统或程序，进而完成相关操作，这样的访问形式不仅比 C/S 模式更加快捷，还能避免频繁安装不同的软件造成的麻烦。②B/S 开发模式更便于开发系统，维护系统和升级系统也更加方便。开发者利用 SMTP、TCP/IP、HTML 和 HTTP 等技术，可以在 Web 服务器中集中多项服务功能，根据用户的级别开放不同程度的使用权限，不需要再为不同的用户量身设置客户端应用程序，就可以满足各级别用户的需求。使用 B/S 模式，在 Web 服务器上升级总服务程序就能够完成对系统的维护或者升级，不需要对客户端做出任何操作，这一点 B/S 模式比 C/S 模式的操作更加灵活便捷。此外，B/S 模式对计算机的配置并没有太高的要求，通过简单的操作就能够对系统进行升级，避免盲目升级硬件而产生其他的错误操作。③在 B/S 模式中，信息的发布和交流更加灵活便捷。互联网技术强化了 MIS 的功能，实现了信息的实时传输和共享。越来越多的用户使用电子文件代替纸质文件办公，既节省了办公用纸，又简化了办公手续，大大提高了办公效率。此外，B/S 模式所具有的高集成性、开放性等特点以及众多优势逐渐获得了更多的开发者和用户的认可，超越了 C/S 模式成为开发信息系统平台的首选开发模式。

C/S 开发模式主要由三大部分构成，分别是 Client、Middleware 和 Server。Client 代表用户应用程序，能够实现系统与用户的信息交换；Middleware 为中间软件组件，用于连接 Client 和 Server，并协助客户完成数据管理业务的具体操作，如查询、删除或修改信息等；Server 为服务器管理程序，可以根据用户的操作指令调度和管理信息系统资源。

C/S 开发模式的优点主要有两方面。一方面，在 C/S 模式中都有一套完整的客户端应用程序，整个系统具有很强的交互性，在提示错误、在线帮助等方面都有强大的功能，这是 C/S 一个内在的优点。系统的客户服务端有较为完善的应用系统程序，客户端和服务器交互的方式也可以通过自定义协议、公共协议（ftp、http）等方式进行。另一方面，C/S 模式的数据存取模式更为简单、安全。由于 C/S 是点对点的配对模式，而 B/S 采用多点对多点这种开放的模式，因此 C/S 的安全性更高一些，如杀毒软件、输入法等都采用 C/S 模式。但 C/S 模式最大的缺点为在新增功能、调整界面、变更逻辑、修改程序时，需要对服务器和客户端所有的程序进行更新和修改，工作量大而且难度相对较大。

目前，很多开发商将两种开发模式进行了有机结合，以便对各种系统问题进行灵活的处理。系统开发人员需要了解客户的需求，适当结合两种开发模式的特点，研发出相应的系统。在研发新系统时，研发人员需要交互并行运用这两种模式，对子系统做出分类处理，结合相关的要求和标准，决定分别使用两种模式开发哪些对应的子模块，并将其详细地标注于使用说明书中。设计程序时，开发人员需要使用不同的编码方式对相应的子系统进行编码。例如，在QQ系统中，使用C/S模式开发了IM部分，其余部分使用了B/S模式完成开发。这种开发模式虽然比较灵活，但在进行模式的选择时难度较大，开发成本较高，难以保证系统的兼容性。

（三）系统开发工具的选用分析

在开发信息系统时，首先应该对相关开发工具有充分的了解，根据系统的开发要求，结合各种技术的特点，从中挑选出适合的开发工具，完成信息系统的开发工作。在选择开发工具时，不仅需要考虑其适用范围，还需要考虑四项"最少"原则：①维护最少原则，选择开发工具应优先考虑开发人员工作强度低的，且可以提供多种便捷功能的，这样的开发工具有利于提高整个开发团队的工作效率；②错误最少原则，使用常用的编程语言开发信息系统时，应充分考虑试运行的便利，设计简易的测试检验流程；其三，最少技巧性原则。在开发过程中，开发人员最好不用经过培训学习或很少学习新的开发方法就能开发信息系统，尽量减少开发的间接成本。其四，最少工作量原则。即花费最小的工作量和时间成本，在保证系统质量的情况下，让信息系统按要求正常、顺利地进行开发。

实际上，在开发企业级信息系统时，应将开发单位的信息化现状考虑在内，此外还需要考虑以下几点：①对用户的要求必须做到精准掌握，虽然有些用户本身没有明确的目标系统和具体要求，但开发人员仍需要充分了解用户的业务情况，挖掘其需求，为其开发信息系统。②选择开发类型，不同类型的信息系统对应不同的程序编写要求和不同的数据库，大多数情况下，在进行信息系统的开发时，需要频繁操作DBMS，生成的数据量非常庞大。因此，选择的开发工具应具有强大的数据库操作能力，常见的大型数据库有Oracle及SQL Server等。③考虑开发人员的熟悉程度和开发经验，在开发系统时，应该尽量挑选有类似开发经验的开发人员，开发工具也应尽量选择开发人员熟悉的工具。

根据目前信息系统常用开发工具的特点和应用范围进行分析，本书主要采用以下系统开发工具进行物联网环境下应急物流信息系统的开发。

（1）选择开发工具时，应优先考虑开发效率、开发模式、用户界面、数据接口等方面，开发工具需要满足开发团队中的所有人都能够使用这一要求，还要能够支持面向对象技术，如 Delphi、PowerBuilder 等具备数据处理能力强、运行速度快以及兼容性强等优点。

（2）选择系统建模工具时，应优先选择可以提供图形化界面、系统设计和分析等支持的工具，如 Rational Rose 工具，使用该工具建模时，可以实现以图形代替编码、快速进行需求定义等功能。

（3）选择数据库系统时，首先应考虑操作是否便利、流畅；其次要考虑该系统中数据是否安全，能否进行信息备份、内容扩充、数据共享等工作；最后还需要考虑该系统组织与处理数据的能力和系统的可靠性，要求该系统能够及时发现并解决出现的问题。综合以上各种因素，Oracle 11g 更适合用于开发企业级的数据库系统。

选择应用信息系统的服务器时，应主要从服务器的安全级别、响应速度、管理功能、外设挂接以及吞吐量等方面进行考量。WebLogic Server 9.0 既有图形化的浏览器用户界面 GUI，又有磁盘阵列、纠错内存等功能，还支持分布式实物功能，支持任何操作系统平台上的多语言应用程序和热插拔等功能，因此推荐选用其作为系统应用服务器。

第三节　物联网环境下应急物流信息系统的构建

一、系统整体结构设计

（一）系统设计原则

物联网环境下应急物流信息系统的质量取决于用户是否满意、该系统是否实用以及该系统的开发目标是否已经完全实现。在开发应急物流信息系统时，应重点考虑以下几点：

1.用户界面必须非常友好

由于开发系统的本质目的是应对应急事件，用户的每次使用都需要争取在最短的时间内尽可能地解决更多的问题。所以，系统应充分考虑这一点，操作流程越简单、方便越好，系统的反应速度越快越好。由于情况紧急，操作系统的人员可能是第一次接触该系统，为了保障应急支援行动有序进行，系统必须具有高度的友好界面，极易理解和操作。

2.操作系统必须可靠

操作人员因需要协调各方面的工作，难免出现错误的操作，在这种情况下，系统应给出提示，避免影响后续应急救援工作。

3.系统实用性强，具有可拓展性

系统通常会涉及非常多的单位部门和社会组织，开发难度较大。一方面，在开发系统时，应充分考虑系统各项功能的实用性，所有功能必须围绕着应急物流、支援救灾的主题设计，突出主要功能。另一方面，随着科技的进步，更多现代化手段的运用能够丰富应急物流的筹备、运输及配送等工作，这就需要系统能够结合科技的发展增加相关的功能或者服务，以适应当下社会发展。

4.易维护性和集成原则

信息在该系统中经历了从收集到处理再到传递的流程后必须与最初的信息高度一致，且能够在一定范围内共享。开发者在开发过程中必须要考虑该系统在使用过程中的维护工作，实现用简单的操作就能够完成对该系统进行日常维护和更新升级。

（二）子系统和功能模块划分

该系统可分为四大功能模块，分别是事前预防模块、事中救护模块、事后总结和系统管理模块（图7-1）。本书将系统划分为以下10个子系统。

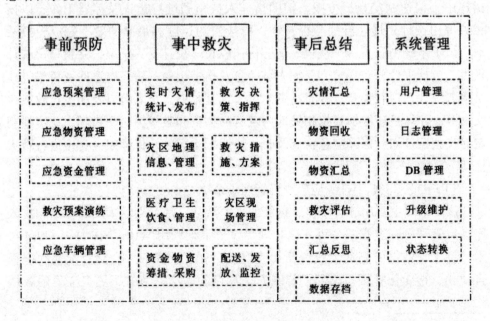

图7-1　系统的功能模块划分

1. GIS 和卫星遥感灾情实时公布子系统

利用GIS系统中的地理信息模块,可以获得我国地貌地形等全面测绘数据,并与交通、水利、国土及统计等部门共享这些数据信息,在情况紧急时为抢险救援活动提供更多的保障。采用卫星遥感技术,即通过卫星收集气球表面受灾地区的信息数据,传输到国家相关部门中,这些数据也可以共享,在灾情紧急时,可以进行调用及发布。此外还有很多公司,如谷歌、百度、SOSO 等,能够提供免费的地图服务,在发生灾情时,也能够支援国家相关部门快速获取受灾信息,减少受灾地区的伤亡和损失。在 GIS 和卫星遥感技术的支持上,指挥中心能够第一时间收集到受灾地区的受灾情况,如房屋等建筑是否有倒塌、路面等是否受损影响车辆往来等,将灾情信息与相关部门做出的预测结合起来,从而了解和掌握灾害造成的影响和灾害的级别,以最快的速度提出并实施救援计划。例如,芦山地震时,我国就使用了卫星遥感技术第一时间采集了受灾地区的实时图片信息,结合中国地震台对地震等级的判定,以最快的速度确定了地震灾害的大致级别以及灾害造成的损失①。

2. 应急救灾辅助决策指挥控制 DSS 子系统

随着计算机等行业的发展,各种技术逐渐成熟,利用其中先进的辅助决策技术,有助于在全面分析受灾情况的基础上快速做出应急救灾的决策,帮助指挥中心快速制定救援方案,辅助指挥人员顺利进行指挥及部署工作,以便相关部门按计划迅速开展救援行动,以最快的速度和最高的效率完成救援活动。该子系统中涵盖多个模块,能够快速收集、统计受灾情况,并整理出统计报表,包括灾情分布详情,受灾人员信息及伤情记录,房屋、道路及桥梁等建筑损毁统计,现有物资及补充物资清单,现有救灾人员名单以及相关行政指令文书等。计算机还能够根据相关部门现有的物资和救援力量,科学、快速地制定初步救援计划,保障应急物流及时、快速抵达灾区,保证灾区有序进行救灾活动。

3. RFID、GSM、Wlan 应急物资管理子系统

该子系统主要用于管理应急物资的采购活动,从计划到采购、存储和出入库盘点管理等,全程实现可视化管理。该子系统利用 Wlan、RFID 及 GSM 技术,可实现数据的高速无线传输和读取,实现了在盘点、仓储及配送的全程自动化、智能化管理,改变了传统人工盘点的做法,节省了更多宝贵的救援

---

① 申凤平,蔡克绳.基于物联网的应急物流信息系统的可行性和必要性研究 [J].科技创新与应用,2013(31):73.

时间。

4. 应急物资 GPS 装配、运输管理子系统

将具备 GIS、GPS 功能的设备安装在救灾物资的运输车上，就能够实时掌控车辆的位置信息和路况信息，根据路况随时调整应急物流的运输方案，争取用最短的时间将应急物资运送到受灾地区，分发到每一个受灾居民手中。该子系统提供了择优选用及设计最佳路径功能、管理运输计划功能以及实时跟踪应急物资定位信息功能。

5. 救灾资金、物资发放监管子系统

该子系统主要负责监管和发放资金、物资。在救灾过程中，由于大部分受灾群众的情绪比较激动，现场秩序比较混乱，所以在发放资金、物资时，应做到公开、公平、公正，保证受灾群众都能获得救灾物资和资金。该子系统具有实时查询救灾物品与资金和计划、监管救灾物资及资金发放的功能。

6. 应急预案管理子系统

该子系统包含了应急车辆与设施器材管理模块、救灾预案演练模块以及应急预案管理模块等，提出重在预防及防治结合的救灾思想，预先提出多种预防和应对各类灾害的方案。另外，还应科学设计应急预案，定期进行应急演练，定期更新盘点应急物资，做好应急救灾车辆的维护检验工作。

7. 医疗卫生和饮食管理子系统

该子系统主要实现对医疗卫生救援的统筹管理和伤病员的及时医治，保障灾区人民的生命和饮食安全。

8. 灾区现场管理和救灾情况实时公布子系统

该子系统的设置有助于指挥中心远程管理救灾现场，实时跟踪、了解以及发布受灾情况，还能对受灾地区投放物资、资金的情况做出统计，以便进行后续物资支援安排。政府及其他救灾机构等不仅可以利用该系统科学安排受灾人员和救灾人员，还可以通过该子系统发布救灾活动的进度状态，将救灾资金及物资的使用情况和来源通过电视、广播等及时向社会公众公布。

9. 灾害汇总留档子系统

该子系统由灾情汇总、救灾能力评估、救灾数据存档、救灾资金物资统计汇总、通用物资回收以及灾害汇总反思等模块组成，以便相关部门在每次应急救灾活动结束后，对灾害造成的损失、救灾中得力措施进行总结；对应急救援活动中存在的不足之处加以改进，提高救灾效率，全面提升国家的救灾能力。做好通用物资的回收工作，如帐篷、救生衣等，实现救灾物资的循环利用。

10. 系统维护管理子系统

该子系统主要有两种使用形态，一种是"平时"，另一种是"灾时"，两种形态能够互相转换，从而提升系统的利用率。该子系统包括 DB 管理模块、升级维护模块、日志管理模块以及状态转化模块等。

（三）硬件平台

在设计了应急物流信息系统后，就可以着手分析运行该系统需要的硬件平台了。目前，我国实行各级人民政府对各自管辖地区的应急救灾行动负责的管理制度。假设应急物流信息系统每天的访问量约为 2.4 万人次，在高峰时段，每分钟的访问量约为 2.4 万人次 ×2.5 倍 /8 小时 /60 分钟，约等于 125 人次。如果每一个用户在使用过程中，平均需要访问 10 个应用服务子系统，大约产生 10 笔增、删、改、查的记录，每次记录产生约 10 个数据库事件，数据库系统的访问数量 TPC-C 约为 125 人次 ×10 笔记录 ×10 个数据库事件 ≈1 万，即 TPC-C 值就会超过 1 万。最高值估计至少是平均值的 4 倍，即至少为 4 万。再加上其他救灾相关部门的访问数据，按照约 3 倍 TPC-C 的值估算，数值大概为 12 万。坚持节省经费的原则，以不影响系统的性能和保证系统安全为前提，在满足系统开发要求的基础上，结合访问量和相关信息数据，研究配置出的硬件平台如下：省级以上的平台在硬件配置上稍高，省级以下的平台在硬件配置上也能够满足系统运行的基本要求。关于硬件平台的具体配置如表 7-1、表 7-2 和表 7-3 所示。

表7-1　省级以上系统硬件配置

设备	硬件相应配置和性能要求
CPU	CPU 个数：≥ 20 个 CPU 主频：≥用投标的方式，选择目前主流且性价比较高的酷睿 i 系列 CPU
内存	内存实配≥ 16 GB，采用主流的 DDR3 内存，内存容量与 CPU 数量比例为 1：2
磁盘	磁盘容量≥ 80 GB；目前硬盘性能比较低，根据情况可以扩容，提高性能
网络及存储接口	网络接口：500 M 以太网口≥ 3(光纤)，10/100 M 以太网口≥ 3（光纤） 存储接口：3 Gbps FC 接口≥ 3
操作系统	Windows 操作系统安全性：Cl 级
磁盘镜像软件	实现信息系统内部的磁盘镜像

表7-2 其他的技术要求

指标项	技术要求
接口	光纤（包括磁盘接口），光纤通道数量 ≥ 3，速率 =300 MB/s
配置容量	≥ 25 个标准热插拔硬盘，每个容量 ≤ 80 GB
硬盘指标	≤ 8.2 ms，=5 600 转
硬盘接口	采用光纤通道接口，端口速率 ≥ 300 MB/s
可配置能力	≥ 50 块硬盘
控制器	双控制器或更高级别
控制器缓存	单控制器高速缓存 ≥ 2 GB，单控制器缓存最大扩充值 ≥ 4 GB
高可靠性	随时更换电源、风扇、磁盘驱动器组和硬盘控制器，N+2 冗余风扇、电源、硬盘
线缆长度	≥ 20 m
兼容性	支持微软、IBM、HP 等供应商的服务器系统，软硬件兼容
交换机光纤要求	技术标准
光纤、交换机端口数量	≥ 10 个
端口	端口速率 ≥ 300 MB/s
管理软件	内有可使用的管理软件
可管理型	支持 HTTP、FTP、TELNET、WEB、S-NMP 等应用服务

表7-3 省级以下系统硬件配置

设　备	设备说明	数　量
数据库服务器	64 或 32 位 CPU 芯片，10 个主流型号 CPU：16 GB 内存；4 × 250 GB 硬盘；4 块 8 GB HBA 卡；4 个千兆网口	2
应用服务器	安装中端系统服务器，8 × 英特尔主流 I 系列处理器；16 G 内存；3 块 160 G 硬盘；3 个千兆网络接口，N+1 冗余电源、风扇、硬盘	3
中间件服务器	安装中端 PC 服务器，2 个英特尔一般中等系列处理器；8 G DDR3 内存；3 块 160 G SAS 硬盘；3 个千兆网口	4

二、代码设计原则与说明

代码即编码，能够以符号的形式反映客观事物的名称、状态以及属性等，常表现为一串有规律的数字及字母的组合，用以实现人与计算机之间的沟通。计算机能够识别的是二进制的编码。编码时有一定的原则依据：①唯一性，即一个客观对象对应一个唯一编码，无重码。在现实生活中，一个客观对象可能对应多个名称，但在编码体系中，代码必须与客观对象具有一对一的关系。②简单性，即编写代码时，为保证计算机能够将其中的信息准确地识别出来，编写人员在编写代码时不仅要做到准确无误，更要做到编制的代码结构简单，信息易于确认，这样能够使计算机快速完成计算，避免产生差错。③标准化。目前，计算机已在全球范围内普及应用，各个国家对编码都有了一定的了解，分别规范了各自国家的编码规范，因此在进行编码时，应参考各个国家和行业标准。④可扩充性。客观事物都具有持续发展、不断变化的特征，为满足未来发展的需要，编码体系应具备可扩充的特点，以便为编码中的某对象添加新属性或向系统中添加新的代码时，不会对编码体系造成影响。

信息编码指使用代码将整合归纳出的大量信息表示出来。使用标准的形式分类编码信息并发布的编码就是标准信息分类编码。美国于 1945 年着手研究标准信息分类编码，从 1952 年开始，用了六年的时间研究并完成了标准化的物资分类编码工作。我国制定编码的相关标准工作是从 1979 年开始进行的，目前已经制定出来的信息分类编码标准达几十个。

物流信息编码工作是物流行业信息分类标准化工作中的重点，主要是加强现代物流系统的信息化标准化建设，将信息分类编码标准化技术应用其中，实现物流信息系统自动数据采集和系统间的数据交换与资源共享，推进物流活动的现代化、信息化、合理化发展。物流信息的分类编码可分为门类、类别以及项目三个层次。其中，门类层面有三个标准：①基础标准，即国家的统一标准，长期保持稳定且具有一定的指导作用；②业务标准，即一种技术标准，涵盖物流活动中搬运、装卸、仓储、流通加工、包装、运输等流程，对编码物流业务的流程有指导性的意义；③相关标准，即一种随着社会进步、技术升级而形成的专门的领域标准，尤其与通信和信息处理技术密切相关。该标准涵盖与物流活动相关的 EDI、政府审批、贸易、报关等活动。

编写物联网环境中的应急物流信息系统的代码时，应依据国家的相关标准以及代码的编写原则，参照国际编写标准，借鉴国际中成熟的工业标准，使用国内的编码标准，在尽可能节约人力、财力及物力的情况下完成标准化的信息系统编码工作。

三、数据库的概念和逻辑模型

（一）数据库的概念

数据库是由大量数据按照一定结构有组织地储存在计算机上的数据总和，是一种有秩序、有组织的数据集合。通常情况下，信息系统储存了大量的信息。为大批量处理这些数据，人们研发了数据库技术。数据库技术是信息系统的一个核心技术，是一种计算机辅助管理数据的方法。

数据库有三个特点：①冗余度低，数据按照一定的结构和形式储存在 DB 中；②数据具有较强的独立性，应用程序和数据之间的依赖程度低；③统一的数据管控，所有数据由数据库的管理系统统一管理，以便为某个应用程序提供最优良的服务。

通常情况下，数据库设计包含以下几个方面。

1. 数据库概念模型

它从用户的角度描述了数据库的内容和联系，是纯粹现实世界的反映，仅涉及数据库所有对象的逻辑关系，而不是它们的物理存储情况，是数据库管理员概念下的数据库。它的通过对现实世界的信息数据进行分析、选择、分类、命名、抽象之后建立的模型，现在一般用 ER 图来表示数据库概念模型。

2. 建立数据库逻辑模型

在上一阶段工作完成之后，从概念模型进行改进和优化，再将其变成数据库系统可以识别的信息数据模型。它指出了每个数据的逻辑定义及数据间的逻辑联系，也是用户所看到和使用的数据库，表示一些特定用户使用的数据集合。目前使用的数据库管理系统大多是关系模型，数据库不同层次之间的联系是通过映射进行转换的，主要通过 ER 图中的对应关系来完成模型的转化。

3. 数据库的物理设计

它是从数据库逻辑模型演进开发出来的，是数据库的最内层，是物理存储设备上实际存储的数据的集合，可以得到数据库的物理结构，包括其中具体的物理细节，如数据的存取路径、索引的确立、存储结构、数据存取位置等。这些数据是原始数据，是用户加工处理的对象。

4. 数据库的实现

在上面工作完成的基础上，将已经确定的数据结构、存取路径、索引等，按照数据库管理系统的相关步骤、描述命令、操作指令，在计算机上进行实现，建成所需要的数据库。

（二）数据库的逻辑模型

数据库概念数据模型是对现实世界到信息世界的第一次抽象表示，现在主要用 E-R 图表示。该模型不用于在计算机中实现信息，只能对信息的特征进行描述，在实体联系图中，用矩形符号表示实体，用菱形符号表示联系，用椭圆形表示属性。实体代表客观存在的事物，这些事物能够互相区分，如一瓶矿泉水、一个采购部门等；联系表示可以使用信息的方式将客观事物之间的某种关联呈现出来，通常有一对一、一对多以及多对多的联系形式；属性表示客观事物本身带有的某种特征，通常情况下，一个客观事物具有很多属性，如一个受灾群众可以用名称、性别、年龄、地址、联系方式、身份证号等属性描述。

20 世纪出现了关系数据库理论，1970 年，埃德加·弗兰克·科德（E.F.Codd）博士提出了关系模型的概念，并发表了很多篇文章，为关系数据库奠定了基础。关系模型主要通过"二维表格"将对应的实体与联系表示出来。在关系模型中，表格具有静态稳定的结构，表格中的列一旦确定，整个表格的结构就不能再进行随意更改，表格中的行是动态变化的，可以对其进行查询、更改甚至删减等操作。

关系：一个关系通常对应一个规范化的二维表格。

属性：二维表格中的一列用于表示元组的属性值，也可以视为一个字段，在表格中的前后位置对其本身不造成实质上的影响。

元组：二维表格中的一行，代表一组记录，因此也称为一个元组。

域：一个属性的取值范围称为一个域，也就是二维表中相同数据类型的值的集合。

码：表中的某个具体的属性，若用户选用某一属性（也就是列）来唯一标识某组记录，则该属性称为候选码或者候选键。若一个关系中有多个候选码，则选定其中一个为主码，这个属性称为主属性或主键。一般情况下，键指主键。

关系模式：对关系的描述，实际就是对应记录的类型，包括模式名、属性名、值域名及模式的主键。它不涉及表格在计算机物理存储方面的描述，只是对数据关系特性的表述。

数据库主要用于处理以下三项数据：①查询救灾信息，如参与救灾的政府部门信息、募捐及采购物资和资金的信息、运输及配送信息、救灾物资的仓储信息及使用信息、应急车辆信息等；②插入新的救灾信息，如增援救灾人员信息、增援救灾物资和资金的信息、新的应急物流运输配送信息等；③修改、删减救灾信息，如删除使用过的救灾资金的数额记录，修改已使用过的救灾物资的领用记录，修改配送和发放应急物资的相关信息。

（三）数据库 E-R 图

有很多方法能够将数据库的概念模型描述出来，实体联系 E-R 图，就能够描述出现实中数据的属性、实体及联系。使用实体联系图不仅能够将用户的需求准确地体现出来，还能够为数据库建立逻辑模型提供基础。图 7-2 为数据库的实体关系图。

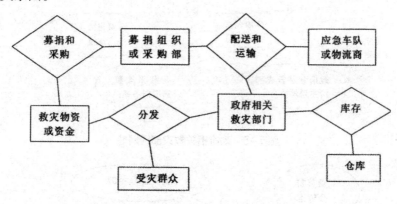

图 7-2　数据库的实体关系

实体的属性如图 7-3~ 图 7-8 所示，表示数据库中各个实体和其所具有的属性。

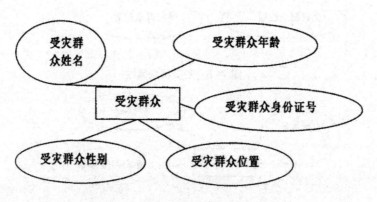

图 7-3　募捐组织或采购部门属性

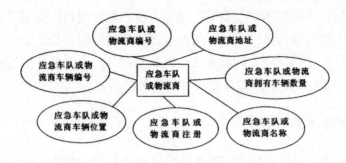

图 7-4　应急车队或物流商属性

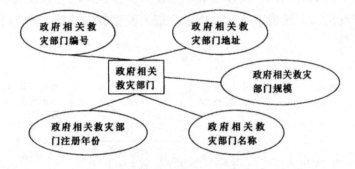

图 7-5　政府相关救灾部门属性

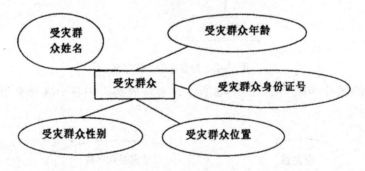

图 7-6　受灾群众属性

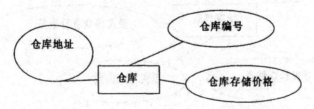

图 7-7　仓库属性

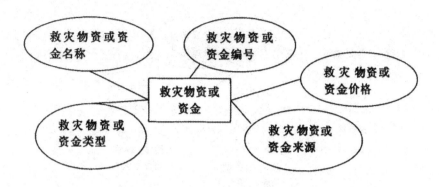

图 7-8　救灾物资或资金属性

数据库中相关关系的属性如图 7-9~图 7-12 所示。

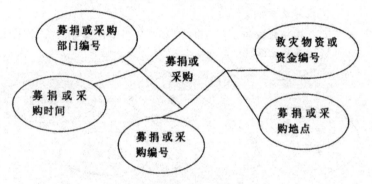

图 7-9　募捐或采购的关系

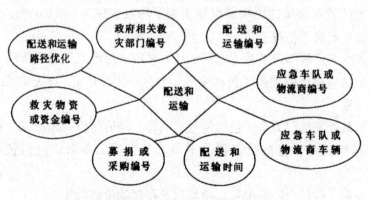

图 7-10　配送和运输的关系

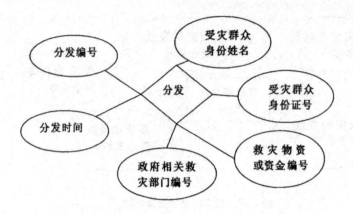

图7-11　政府相关救灾部门编号的关系

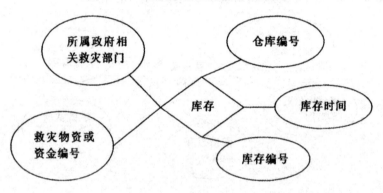

图7-12　库存的关系

从以上的关系和属性图中可以导出如下的数据库关系。（说明：下面加下划线的为关系表格的主键）。

募捐组织或采购部门关系（包括编号、名称、地址、类型以及注册年份）。

应急车队或物流商关系（包括编号、名称、注册年份、地址以及车辆的数量和具体位置）。

政府相关救灾部门关系（包括编号、名称、注册年份、地址以及规模）。

受灾群众关系（包括受灾群众的姓名、性别、年龄、身份证号及位置信息）。

仓库关系（包括仓库的编号、地址以及存储的价格设定）。

救灾物资或资金关系（包括其编号、类型、名称、价格及来源）。

募捐和采购关系（包括募捐和采购编号、救灾物资或资金编号、募捐组织或采购部门编号、募捐和采购时间、募捐和采购地点）。

配送和运输关系（配送和运输编号、政府相关救灾部门编号、募捐组织或采购部门编号、救灾物资或资金编号、配送和运输时间、应急车队或物流商编号、应急车队或物流商车辆编号、配送和运输路径优化）。

分发关系（<u>受灾群众身份证号</u>、受灾群众姓名、政府相关救灾部门编号、救灾物资或资金编号、分发编号、分发时间）。

库存关系（<u>库存编号</u>、救灾物资或资金编号、仓库编号、库存时间、所属政府相关救灾部门）。

（四）数据库的物理设计

在对数据库进行物理设计时，可在计算机的物理设备上，结合计算机实际软硬件环境为数据库设计科学、恰当的存储结构和存取方法。总结之前分析的数据库的概念和构建的逻辑模型，得到的关系表格如表7-4~表7-13所示。

表7-4　募捐组织或采购部门表

字段名	类　型	属　性
募捐组织或采购部门编号	Char（25）	主键
募捐组织或采购部门名称	Char（25）	not null
募捐组织或采购部门地址	Char（25）	not null
募捐组织或采购部门类型	Char（25）	not null
募捐组织或采购部门注册年份	datetime	not null

表7-5　应急车队或物流商表

字段名	类　型	属　性
应急车队或物流商编号	Char（25）	主键
应急车队或物流商名称	Char（15）	not null
应急车队或物流商注册年份	datetime	not null
应急车队或物流商地址	Char（25）	not null
应急车队或物流商车辆数量	int（3）	not null
应急车队或物流商车辆编号	Char（15）	not null
应急车队或物流商车辆位置	Char（25）	not null

表7-6　政府相关救灾部门表

字段名	类　型	属　性
政府相关救灾部门编号	Char（25）	主键
政府相关救灾部门名称	Char（15）	not null
政府相关救灾部门注册年份	datetime	not null
政府相关救灾部门地址	Char（25）	not null
政府相关救灾部门规模	Char（25）	not null

表7-7　受灾群众表

字段名	类　型	属　性
受灾群众身份证号	Char（25）	主键
受灾群众姓名	Char（15）	not null
受灾群众性别	Char（2）	not null
受灾群众年龄	int（3）	not null
受灾群众位置	Char（15）	not null

表7-8　仓库表

字段名	类　型	属　性
仓库编号	Char（25）	主键
仓库地址	Char（15）	not null
仓库存储价格	money	not null

表7-9　救灾物资或资金表

字段名	类　型	属　性
救灾物资或资金编号	Char（25）	主键
救灾物资或资金名称	Char（15）	not null
救灾物资或资金类别	Char（25）	not null
救灾物资或资金价格	money	not null
救灾物资或资金来源	Char（25）	not null

表7-10 募捐和采购表

字段名	类 型	属 性
募捐和采购编号	Char（25）	主键
募捐组织或采购编号	Char（15）	外键
救灾物资或资金编号	Char（25）	not null
募捐和采购时间	datetime	not null
募捐和采购地点	Char（15）	not null

表7-11 配送和运输表

字段名	类 型	属 性
配送和运输编号	Char（25）	主键
应急车队或物流商编号	Char（15）	外键
政府相关救灾部门编号	Char（25）	not null
救灾物资或资金编号	Char（25）	not null
募捐组织或采购部门编号	Char（25）	not null
配送和运输时间	datetime	not null
应急车队或物流商车辆编号	Char（25）	not null
配送和运输路径优化	Char（25）	not null

表7-12 分发表

字段名	类 型	属 性
分发编号	Char（15）	主键
政府相关救灾部门编号	Char（15）	外键
分发时间	Char（25）	not null
救灾物资或资金编号	Char（25）	not null
受灾群众身份证号	Char（25）	not null
受灾群众姓名	Char（25）	not null

表7-13　库存表

字段名	类　型	属　性
库存编号	Char（25）	主键
仓库编号	Char（15）	外键
救灾物资或资金编号	Char（25）	not null
库存时间	Char（25）	not null
所属政府相关救灾部门	Char（25）	not null

第四节　应急物流信息系统整体实施保障与评价

一、系统实施保障

应急物流信息系统的开发需要多种高科技手段，从而为应急物流顺利开展救援行动提供更有力的保障，保障社会经济稳步发展。全面分析现在应急物流信息系统的现状，明确存在的各种问题和不足，结合国家整体的社会经济发展水平，建立以物联网为基础的应急物流信息系统，具有重要的现实意义。系统实施保障如下：

第一，经费是基础，技术是核心，政策是关键。受制于现有的科技水平，自然灾害的发生往往难以被成功准确地预测。这种不确定性和突发性会在短时间内给人们造成巨大的生命财产威胁。应急物流信息系统的构建目的是满足突发性的物流需求。它需要一定的人力、物力、财力支撑。"凡事预则立，不预则废""养兵千日用兵一时"都强调了平时准备的重要性，以避免事到临头的手忙脚乱。

第二，完善政府为主、民间为辅的管理体系。众所周知，除了国家性质的救灾机构之外，民间的各类慈善机构、救灾组织以及个人救援都在应急救援方面发挥了不可忽视的作用。然而，由于监管制度的不完善，也出现了很多的问题，如红十字会的信用问题、民间救援的不规范问题，都影响了应急救援的效率。基于此，进一步理顺这些机构的关系，规范相应的制度，使救援工作实施更加顺利

第三，注重人才队伍建设。物流业发展起步晚，应急物流尚处于初级发展阶段，从而导致这方面的人才相对短缺。应急物流从业人员需要具备更加专业的理论知识和专业技能。培养应急物流人才是当务之急。

第四，加强基础信息数据的建设。由于应急物流信息系统所涉及的基础信息数据较多，包括参与救灾各个单位的信息、救灾人员信息、灾区气象信息、地质信息、医疗卫生、交通道路等，只有准确掌握这些基础信息，才能制订合理的救灾计划，开展应急救灾。同时，还必须利用现有的和灾时的应急网络资源，连通各个救灾人员、单位，实现与应急物流信息系统数据的动态交换，保证系统所需的基础信息是最新的；在制定计划和做决策时，确保所需要的基础信息数据是准确可靠的。

二、系统评价

（一）评价方法简介

1. 灰色系统理论（Grey System Theory）

这是由邓聚龙教授提出的，从系统工程学的相关知识发展而来，对解决含有未知信息的特殊问题具有重要的启发作用。该理论自 19 世纪 80 年代提出以来，一直都备受关注。其中的建立时间序列模型应用最为广泛，其就是从原始大样本中进行数据的整理和生成，然后按照一定的规律进行排序，形成新的数据数列。借助数据挖掘寻找统计规律是其典型特征。灰色系统理论在不同的应用领域得到了较好的应用效果。

2. 层次分析法（Analytical Hierarchic Process，AHP）

该方法是指将与决策有关的元素分解成目标、准则、方案等层次，从而对目标进行定量和定性分析的决策方法。通常而言，该方法会对所评价对象进行三个级别的划分，分别是目标层、准则层和方案层。这样的评价模式在指标的选取以及权重评价上具有重要的时间意义，能够把定性和定量评价的优点有效融合起来，具有操作简洁、对定量信息需求少的特点。

3. 贝叶斯理论（Bayesian Theory）

贝叶斯理论也被称为贝叶斯决策理论，主要解决随机事件中的条件概率问题。对于随机事件中的不确定性问题，通过相关条件的分析，推测相关事件发生的可能性，也可以进行未知状态的大致估算，进而做出最优决策。目前，这种理论模式被广泛应用在医疗诊断、风险评估、统计决策等领域，具有良好的应用价值。

4. 蒙特卡罗法（Monte Carlo method）

这是一种基于"随机数"的计算方法，也称为计算机随机模拟方法，起源于美国的曼哈顿计划。该方法模拟某一过程时，需要产生概率分布和随机变量。目前，蒙特卡罗法已经广泛应用于各种风险分析问题当中，它避开了结构可靠度分析中的困难，不管函数是否线性、随机变量是否正态，只要模拟的次数足够多，就能得到比较准确的概率和可靠性。但该方法计算工作量较大，且依赖于数学模型和数据概率分布，其应用范围具有一定的局限性。

5. 德尔菲法（Delphi）

这是一种定性估算方法，也被称为"专家意见法"，主要是通过请相关的资深人士和领域专家，借助不公开身份的方法，直接和调查人员对评估内容和对象进行相互讨论、相互沟通，最终通过多次讨论，总结专家组一致认同的观点，从而完成对问题的最终评价。这种方法的缺点就是耗时比较长、费用比较高。

6. 人工神经网络法（Artificial Neural Network）

该方法是一种模拟大脑神经结构和智能行为的数学模型工程。模型由许多彼此连接的节点构成，每个节点都有输出函数，节点间设为一定的权重，根据不同的权重和输出函数，能够对实际问题进行模拟和近似估计，具有并行分布处理、联想存储、自组织自学习的能力，可以对问题进行评估和预测。该方法应用的范围很广，如语言的识别、计算的优化、复杂系统的分析、模式的识别，以及知识推理专家系统和人工智能等。此外，还具有强大的处理能力和快速寻找优化解的能力，对于处理具有一定规律但存在模糊信息的问题具有较好的效果，但结果受样本影响较大，稳定性较差。

7. 故障树分析法（Fault Tree Analysis，FTA）

该方法是 1962 贝尔电报公司发明的，做定性和定量分析均可以，特点是直观明了，易用性和实用性较高，是安全系统工程的分析方法之一，具有较好的准确性、系统性和预测性。该方法是一种倒立的树状逻辑因果关系图，其中用事件的符号、逻辑符号和转移符号描述事件之间的因果关系，对风险进行系统的分析，识别风险的产生路径，确定它们之间的因果关系，求解风险发生的概率；但每个分析人员研究的范围不同，其分析的结论可相信程度也就不同。

8. 数据包络分析法（Data Envelopment AnalysiS，DEA）

该方法在 1978 年被运筹学家提出，是一种重要的评价方法，到目前为止，应用的范围很广。该方法基于效率的投入和产出分析，可以测算具有相同类型投入和产出的系统或部门（简称决策单元，DMU）的相对效率。其实质是根据一组关于输入输出的观察值，采用数学规划模型，来估计有效生产的前沿面，再将各 DMU 与此前沿做比较，进而衡量 DMU 的效率。此外，DEA 还可以判断各个 DMU 的投入规模的适合程度，给出各 DMU 调整其投入规模的方向和程度。

9. 马尔可夫过程理论

该方法于 1907 年由俄国数学家马尔可夫提出，该过程是指，在已知事件现在的状态下，事件未来的发展不依赖以往的演变，即无后效性，可以用变量的现值对变量的未来进行预测。在某个随机过程中，也就是系统的下一时刻状态概率仅由当前时刻状态决定，因此可以根据当前状态模拟系统下一时刻的状态概率。假设试验结果转移过程中的转移概率不变，当转移次数足够大时，结果会趋于稳定。

10. 熵权法与 G1 法相结合的组合赋权法

层次分析法强调已知经验和主动行为，通过人为赋值的方法，使整个评价过程更加条理化，使之按照一定的层次逻辑顺序展开，被广泛应用在内涵性权重确定方面。表面来看，人为干预会使计算评估的过程简单化，而实际上整个计算过程依旧复杂。其中，被比较的元素个数为 m，判断矩阵就需要根据元素个数和（元素个数 -1）/2 次两两比较的方法进行。可见，元素个数越大，比较次数就越大。另外，得出的结果也需要进行再三检验。基于此，本书引入了相对简单的操作方法，就是对层次分析法 AHP 进行改进，减少计算量，不用构造判断矩阵，也不进行统一性检验。熵是随机变量不确定性的度量，不确定性越大，熵值越大。借助指标值信息量的大小，确定指标权重的方法。本书采用熵权法计算指标的客观权重，采用 G1 法确定指标的主观权重，从而获得综合的权重评价。

（二）评价方法的选择

目前，具有多种评价方法和预测方法可供选择，它们各有优势和缺点。在综合比较之后，在没有特别条件的限制之下，熵权法与 G1 法相结合的赋权法相比而言可获得更加精准可靠的评价结果。

目前，这种评价方法已得到广泛应用，在众多行业和领域都体现出其优势，相关的实例不胜枚举。

熵权法与 G1 法结合的组合赋权法通常具有如下七个计算程序。首先假设条件，评价对象有 m 个评价方面，n 个评价指标，评价指标值为

$$M_{ij}(i=1,2,\cdots,n;\ j=1,2,\cdots,n) \tag{7-1}$$

1. 按 G1 法确定指标间的排列顺序关系

假设信息系统评价指标W_K相对于其评价准则的重要程度大于（或不小于）W_1时，则记为$W_K > W_1$。如果信息系统评价指标W_1，W_2,…，W_n相对于某评价准则具有关系式$W_1 > W_2$,…，W_n时，则称信息系统评价指标W_1，W_2,…，W_n之间按"＞"确立了序关系。W_K表示$\{W_K\}$按序关系排定顺序后确定的第k个评价指标（k=1，2，…，n）。

2. 给出W_{K-1}与W_K间重要程度的比值

专家给出指标W_{K-1}与W_K的重要程度之比（X_K）/X_{K-1}的综合得分，分别为

$$X_{K-1}/(X_K) = r_k, \quad k = n, n-1, n-2, \cdots, 3, 2 \tag{7-2}$$

r_k的值依据信息系统评价指标W_{K-1}与评价指标W_K的重要性之比给出，从1.0，1.1，1.2 直到 1.9，共 10 个值，r_k越大表示评价指标W_{K-1}比评价指标W_K更为重要。如r_k=1.0 表示评价指标W_{K-1}与评价指标W_K一样重要，r_k=1.9 表示评价指标W_{K-1}比评价指标W_K更为重要。

3. 计算评价指标的主观权重系数

计算评价指标的主观权重系数A_k，如公式（7-3）所示：

$$A_k = 1/(1 + \sum_{k=2}^{k=n} \prod_{l=k}^{n} rD) \tag{7-3}$$

4. 用熵权法对指标值进行归一无纲量化处理

对于信息系统评价矩阵$M = (M_{ij})mn$，进行归一化计算，得到公式（7-4）：

$$Q_{ij} = x_{ij}/\sum_{i=1}^{m} Q_{ij}, \quad (i = 1, 2, \cdots, m; j = 1, 2, \cdots, n) \tag{7-4}$$

Q_{ij}表示第j个评价指标下第i个指标值的比重。

5. 确定评价指标j的熵B_j

$$B_j = -k \cdot \sum_{i=1}^{m} Q_{ij} \ln Q_{ij} \quad (j = 1, 2, \cdots, n) \tag{7-5}$$

6. 计算客观权重

第j个指标的权重为公式（7-6）

$$X_j = 1 - B_j/\sum_{j=1}^{n}(1 - B_j) \quad (j = 1, 2, \cdots, n) \tag{7-6}$$

7. 计算组合权重

$$F_j = A_j X_j/\sum_{j=1}^{j=n} A_j X_j \quad \{j = 1, 2, \cdots, n\} \tag{7-7}$$

计算信息系统的评级指标的组合权重。

（三）评价指标的构建

根据应急物流的特点，评价指标的构建也应该全面考虑。重点是保证评价指标的科学性和合理性。本书遵循科学和全面的评价原则，确保具有可行性和可操作性，并展开独立的评价过程。评价指标具体如表 7-14 所示。

表7-14 评价指标表

一级指标	二级指标	备注
信息系统服务功能	A1 用户满意程度	百分数
	A2 应急物流开发目标实现程度	百分数
	A3 系统目标的科学性	百分数
	A4 人机界面的友好性	百分数
	A5 相关数据库包含程度	百分数
	A6 物联网技术覆盖程度	百分数
	A7 基础数据的更新周期	十分制
信息系统技术性能	A8 应急反应速度	十分制
	A9 物联网技术的效率	百分数
	A10 物联网数据的精确性	十分制
	A11 系统数据的共享程度	百分数
	A12 系统稳定性	十分制
	A13 安全保密性	十分制
	A14 可扩展性	十分制
信息系统辅助支持	A15 物联网相关辅助子系统的数量	十分制
	A16 物联网相关辅助子系统的质量	百分数
	A17 人机交互程度	百分数
	A18 预期社会成效	百分数

应急物流信息系统的具体评价指标如下。

1. 从最终的服务效果进行指标功能评价

信息系统的最终应用价值实现是根本目的，用户满意程度、应急物流开发目标实现程度、系统目标的科学性、人机界面的友好性、相关数据库包含程度、物联网技术覆盖程度、基础数据的更新周期都是信息系统构建的根本目的，因此其是细化出来的二级评价的具体标准。

2.从技术的可应用性进行评价

应急反应速度、物联网技术的效率、物联网数据的精确性、系统数据的共享程度、系统稳定性、安全保密性、可扩展性这七个方面是系统正常运行、有效运行、高度运行的必然保证，因此其是评价指标的二级评价的具体内容。

3.从信息系统辅助支持能力进行评价

物联网相关辅助子系统的数量、物联网相关辅助子系统的质量、人机交互程度、预期社会效益这四个方面是二级评价的具体内容。

第八章　形式创新：物流产业
健康发展的必由之路

第一节　第四方物流

一、第四方物流的概念

美国埃森哲咨询公司最先提出第四方物流的概念。学者 John Gattorna 提出：第四方物流供应商属于供应链集成商，主要对公司内部一些具有互补性的服务供应商提供的一些不同资源、能力和技术进行整合与管理，从而提供一整套供应链的解决方案。所以，第四方物流就是把自身的现有资源、技术进行有机整合。

（一）第四方物流是对企业内外物流资源的整合和管理

第四方物流既不是企业物流服务与管理的全部外包，又不是完全由企业自己完成物流服务的内部管理。第四方物流需要具备一定的管理能力和协调能力，通过把不同公司的现有资源进行集成整理，全面分析各个公司的特点，从而进行相应的调整，最终提供具有第四方物流特色的服务。物流业务外包一方面有利于企业经营管理，不仅能降低成本，提高服务水平，还能为企业节约时间成本，提高工作效率；另一方面，第四方物流有利于公司的物流资源配置，提升管理水平，为客户提供专业化的物流服务，提高客户满意度。

（二）第四方物流是通过签订协议形成的组织

第四方物流要实现委托客户企业内外物流资源和管理的集成，这意味着要进行多个企业的资源整合，这个过程是相当复杂且烦琐的；第四方物流提供完善的供应链解决方案，需要与主要委托客户企业或服务供应组织签订合资协议或长期合作协议，从而形成一种稳定的关系。

（三）第四方物流是在第三方物流基础上延伸和发展起来的

在实际运作中，第三方物流虽然增加了组合操作，但是还是把主要精力集中于运输和仓储上，缺乏使整个供应链与技术真正一体化连接的策略。企业为了实现建立一体化供应链以提高服务水平、保持效益持续增长的目标，形成了对第四方物流服务的需求。第三方物流企业长期从事物流供应链管理，已经在各种高附加价值活动的提供和管理方面具备了相应的管理知识和能力，第四方物流就是在第三方物流的基础上发展起来的。

（四）为顾客提供最佳的增值服务是第四方物流的重中之重

发展第四方物流需要平衡第三方物流的能力、技术、性能和贸易管理等，为客户提供最佳的增值服务。

二、第四方物流的基本功能

第四方物流在实际运作过程中，主要有下列四个功能。

（一）第四方物流可以为企业提供全面的供应链解决方案

第四方物流不仅集成了第三方物流功能，还具备信息管理和服务咨询的功能，可以向客户提供一系列系统、全面的物流服务，使所有相关企业资源在供应链体系中得到合理配置与运用。通过企业在进行物流活动时各个环节的合作与协调以改善供应链管理，第四方物流可以提供全面的措施以解决供应链上的问题，体现了流程再造、供应链过程协作和设计的要求。

（二）第四方物流具有强化供应链职能的功能

第四方物流可以集中调整与改善某一具体的供应链职能，包括作业方案、销售管理、采购计划、顾客反馈等。第四方物流充分应用新技术，加上战略思维、流程再造和卓越的组织变革管理，共同组成最佳方案，对供应链活动和流程进行整合和改善。第四方物流可以依据客户需求来提供相应的管理方案和解决措施，并且能够随时根据行业的发展状况及时进行调整。

（三）第四方物流具有系统集成功能

第四方物流服务商帮助客户实施新的业务方案，包括业务流程优化、客户公司和服务供应商之间的系统集成以及将业务运作转交给第四方物流的项目运作小组。第四方物流供应商承担多个供应链职能和流程的运作责任，工作范围远远超越了传统的第三方物流的服务与运作管理，有利于实现供应链系统管理的服务过程一体化。

（四）第四方物流可以为顾客提供增值服务

第四方物流充分利用一批服务供应商的能力，包括第三方物流企业、信息技术与服务供应商、合同物流供应商、呼叫中心、电信增值服务商等，再加上客户的能力和第四方物流自身的能力，通过提供一个全方位的供应链解决方案以实现增值服务。所以，第四方物流要及时掌握供应链活动流程，在优化自身管理系统的同时满足用户需求。

三、第四方物流和第三方物流的区别

（一）从服务范围看

第四方物流和第三方物流相比，服务范围更广，对从事货运物流服务的企业有更新、更高的要求，服务内容也更为具体化、个性化。第四方物流最为突出的特点是它可以更快、更好且更为廉价地进行货物运输。因此，第四方物流不只是在操作层面上借助外力，在战略层面上也会依靠外部力量，提升物流服务水平。

（二）从服务职能看

第三方物流侧重于实际的物流运作，在物流实际运作能力、信息技术应用、多客户管理方面具有优势。第四方物流则侧重于在宏观上对企业供应链进行优化管理，在管理理念创新、供应链管理方案设计、组织变革管理指导、供应链信息系统开发、信息技术解决方案等方面具有较大的优势。

（三）从服务目标看

第四方物流发展需要满足整个社会物流系统的要求，通过电子商务技术将整个物流过程一体化，最大限度地整合社会资源，在全球范围进行资源的合理优化配置，选择最优方案。而第三方物流面对的是客户需求产生的一系列物流信息化服务，通过把现有资源信息进行集成整理，再对供应链进行调整，最终客户需求。

（四）从服务的技术支撑看

发展前景广阔的网络经济成就了第四方物流。第一，互联网提供了一个广阔且国际化的发展大平台，可以实现高速、及时、快捷、安全的信息共享。第二，通过互联网平台，可以减少不必要的成本，用最小成本实现资源的高效配置。互联网信息共享平台更有利于减少信息不对称，使中小企业也能够获益。第三，互联网信息平台不受时间、地点限制，能够进一步减少企业成本，从企业自身经济角度出发，发展第三方物流公司或其他物流行业内部信任的物流联盟模式，最终实现物流资源的最优配置与行业集成。

四、第四方物流的运作模式

第四方物流具有三种运行模式，即协同运作模式、方案集成模式、行业创新模式。

（一）协同运作模式

协同运作模式需要第四方物流和第三方物流进行合作，结合两者优势，科学合理整合物流系统，实现最大限度优化；与相关方面的专家、学者合作，制定供应链战略①。第四方物流和第三方物流签订商业合同，选择组建战略联盟的方式进行合作。

（二）方案集成模式

方案集成模式将第四方物流作为一个枢纽，集成多个服务供应商的功能，为企业制定合理的供应链管理方案，并加以落实。第四方物流不仅可以依靠自身的资源和能力，还能借助第三方物流的力量，将周边的资源、技术、设备等有效集成，以更好地为客户服务。

（三）行业创新模式

行业创新模式是方案集成模式的升级与延伸，这一模式中的第四方物流连接着第三方物流企业和客户，可实现企业供应链的优化整合，为同一行业的多

---

① 宋嘉露.浅析我国第四方物流体系构建——以菜鸟网络为例[J].中国物流与采购，2020（18）：48-49.

个客户提供服务，并提出促进企业间合作的科学供应链方案。第四方物流还将促进第三方物流的优化发展，为供应链下游的客户提供优质服务。不难看出，在此模式中，第四方物流是重中之重，实现了行业资源的交互和共享。第四方物流可以通过高效运作能力实现供应链集成，从而进一步提高整个行业的经济效益。

第三方物流建立在企业物流业务外包的基础上，第四方物流则建立在第三方物流基础上的企业物流外包。第四方物流的快速发展使企业面临更少的物流层面的限制，让企业能够集中精力开展核心业务，进一步提高企业运作效率。

第二节　绿色物流

1996 年，美国密歇根州立大学进行了"环境负责制造模式"研究，首次提出了"绿色供应链"概念。这一概念包括绿色设计、绿色材料、绿色生产、绿色包装运输、绿色营销和绿色回收等模块，其中绿色包装运输和绿色回收是绿色物流的重要组成部分，而绿色设计、绿色材料、绿色生产和绿色营销则构成了绿色物流的重要外部条件。

绿色物流强调了全局和长远的利益，强调了全方位对环境的关注，体现了企业的绿色形象，是一种全新的物流形态，是物流发展的新方向，是 21 世纪物流管理的一种新思路和新理念。绿色物流的发展必然会导致污染严重的物流企业被社会所淘汰，而飞速发展的绿色市场也为绿色物流及实施绿色物流管理的企业带来了众多发展机遇和经济效益。

一、绿色物流的概念

（一）绿色物流的定义

目前，绿色物流还没有统一的定义，它是 20 世纪 90 年代提出的一个概念，目前已经受到广泛关注。国外的一些学者和研究人员对绿色物流的概念都有不同的理解与描述。

H.J. Wu 和 S. Dun 认为"绿色物流就是对环境负责的物流系统，既包括从原材料的获取、产品生产、包装、运输、仓储、送达最终用户手中的前向物流过程的绿色化，又包括废弃物回收与处置的逆向物流。"

约翰·保罗·罗德里格（Jean-Paul Rodrigue）、布莱恩·斯莱克（Brian

Slack）和克莱德·孔泰（Claude Comtois）认为"绿色物流是与环境相协调的物流系统，是一种环境友好而有效的物流系统"。

比约恩·彼得森（Bjorn.N.Petersen）和帕勒·彼得森（Palle Peterscn）合著的《绿色物流》中关于绿色物流定义："绿色物流就是对前向物流和逆向物流的生态管理。"

美国逆向物流执行委员会（Reverse Logistics Executive Council，RLEC）对绿色物流的定义为"绿色物流也称为生态型的物流，是一种对物流过程产生的生态环境影响进行认识并使其最小化的过程"。

从国外不同学者的定义可以看出，绿色物流实际上是一个内涵丰富、外延广泛的概念，凡是以降低物流过程的生态环境影响为目的的一切手段、方法和过程都属于绿色物流的范畴。

绿色物流中的"物流"是一个特定的形象用语，是对地球生态环境的活动、行为、计划和思想观念在经济活动中的总称。绿色包括两个方面的内容，一个是创造和保护和谐的生态环境，减少对资源的占用，另外一个是保合乎科学性、规范性，能保证永久通行无阻。

本书对绿色物流的定义主要是依据《中华人民共和国国家标准 物流术语》（GB/T 18354—2006）中规定，即"绿色物流指在物流过程中抑制物流对环境造成危害的同时，实现对物流环境的净化，使物流资源得到最充分利用"。

（二）绿色物流的内容

绿色物流系统结构如图 8-1 所示。

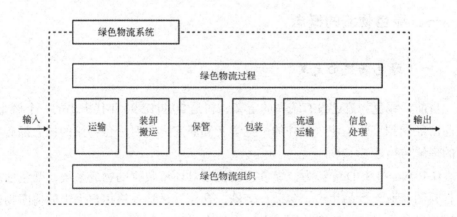

图 8-1　绿色物流系统结构

绿色物流的主要目的是让客户满意，然后达到连接绿色供给主体和绿色需求主体的目的，从而实现快捷、有效的绿色商品和服务流动的经济管理活动。绿色物流从理论上讲，是一个多层次的概念，不仅包括企业的绿色物流活动，还包括社会对绿色物流的管理、规范和控制。就绿色物流活动的范围来看，它不仅包括各个单项的绿色物流作业，还包括实现资源在利用而进行的废弃物循环物流。

二、绿色物流的特征

（一）学科交叉性

　　绿色物流是物流管理与环境科学、生态经济学的交叉。当今社会环境问题日益突出，物流活动与环境之间存在着密切的关系，在研究社会物流及企业物流时，必须把环境问题及资源问题考虑在内。但是由于生态系统与经济系统之间互相影响，生态系统必然会受到经济系统的子系统物理系统的影响。所以，必须将绿色物流与生态环境及生态经济学联合起来考虑分析。学科的交叉性让绿色物流的研究方法复杂，并且研究的内容也非常广泛。

（二）多目标性

　　绿色物流的多目标性体现在企业的物流活动要顺应可持续发展的战略目标要求。注重对生态环境的保护和对资源的节约，注重经济与生态的协调发展，即追求企业经济效益、消费者利益、社会效益与生态环境效益四个目标的统一。绿色物流的多目标之间通常是相互矛盾、相互制约的，一个目标的增长将以另一个或几个目标的下降为代价，如何取得多目标之间的平衡，是绿色物流要解决的问题。从可持续发展理论的观念来看，生态环境效益的保证将是前三者效益得以持久保证的关键所在。

（三）多层次性

　　一方面，我们可以把绿色物流分为三个层次，即社会决策层、企业管理层和作业管理层，从另一方面，也可以将其分为宏观层、中观层及微观层。社会决策层的主要任务是通过一些相关政策以及一些合理的法律法规传播绿色的理念，并在一定程度上指导企业的物流运营；企业管理层的主要任务是站在企业的角度，制定符合企业的战略目标及战略方案，为企业制定合适的绿色物流战略，从而建立有利于企业发展的物流循环系统；作业管理层主要目标是使物流绿色化，将产品的包装、运输以绿色为核心，生产安全、可持续发展的绿色产品。

从系统的角度出发，绿色物流系统是由绿色运输系统、绿色仓储系统、绿色包装系统等子系统构成的。

绿色物流系统有一个赖以生存发展的外部环境，这个环境包括促进经济绿色化的法律法规、人口环境、政治环境、文化环境、资源条件、环境资源政策等方面，它们对绿色物流的实施将起到约束作用或推动作用 [①] 。

（四）时域性和地域性

时域性指的是绿色物流管理活动贯穿于产品的全生命周期，包括从原材料供应，生产内部物流，产成品的分销、包装、运输，直至报废、回收的整个过程。绿色物流的地域性体现在两个方面：一是指由于经济的全球化和信息化，物流活动早已突破了地域限制，形成跨地区、跨国界的发展趋势，相应地，对物流活动绿色化的管理也具有跨地区、跨国界的特性；二是指绿色物流管理策略的实施需要供应链上所有企业的参与和响应，这些企业很可能分布在不同的城市，甚至不同的国家。

三、绿色物流与可持续发展

21 世纪，人类面临人口膨胀、环境恶化、资源短缺三大危机，绿色物流将备受关注。绿色物流作为可持续发展的一个重要环节，一定要与绿色生产、绿色营销、绿色消费等紧密衔接。现代物流的发展应首先关注可持续发展问题，形成良性发展态势，保护资源环境。

（一）不合理的物流方式导致严重的环境问题和资源浪费

物流是原材料或产品从供应地向接受地流动的一个过程，在这个流动过程中，需要经过很多的环节，如包装、运输、装卸搬运等，同时存在着资源的消耗和能量的消耗。假如物流方式选择不合适，就会产生很多的废弃物。比如，

---

① 李清水，李登峰，吴坚，等 . 基于后悔 - 欣喜值最大一致性的多属性决策及其在区域绿色经济评价应用 [J]. 数学的实践与认识，2020，50(18)：45-54.

物品在运输过程当中，因为破损或者变质而丢弃，运输包装器具消耗了大量自然资源的同时产生了很多的废弃物。

（二）可持续发展观强调经济的发展必须与资源环境的承载能力相协调

随着社会的发展、科技的进步，现在很多企业都以牺牲自然资源为代价赚取更多的利益，以自然资源高投入、高消耗为特征的经济行为被称为短期粗放型行为，这种行为对社会造成了很大的危害，存在着很多的弊端，严重阻碍了社会的可持续发展，在很大程度上威胁到了人类的生存和发展。基于可持续发展的绿色物流既可以适应社会的发展，又可以在一定程度上促进社会经济与环境保护。可持续发展的理念在一定程度上突破了狭隘的"经济资源论"，赋予了自然资源以经济学上新的意义与价值。

（三）可持续发展观要求必须摒弃粗放型生产方式

粗放型生产方式在生态经济上的表现就是视环境资源无价值，以牺牲环境价值来换取社会经济价值[1]。生态环境的污染又将加速动植物品种的减少，威胁人类生存环境。粗放型物流方式是指为实现某一主体的经济利益，过分依赖资源投入和能源消耗，不顾对环境造成的危害，这种物流方式应该摒弃。

绿色物流是将可持续发展理念融入企业物流战略规划和物流管理活动中，将生态环境与经济发展联结为一个互为因果的有机整体，强调物流系统效率、企业经济利益与生态环境利益的协调与平衡，是一种资源节约型和综合利用型的生产方式。这说明，绿色物流是社会经济可持续发展的必然选择，是可持续发展的一个组成部分，是绿色经济循环系统的重要一环[2]。

四、发展绿色物流的途径

（一）政府管理，制定政策法规

在发展绿色物流的起步阶段，政府要高度重视，积极支持并采取相应的措

---

[1]　郭健全，张孟可."一带一路"背景下绿色物流与环境及经济增长的关系[J].沈阳工业大学学报（社会科学版），2021，14（1）：28-34.
[2]　贾纯洁，赵居峰，尚猛，等.基于AHP的我国绿色物流发展的影响因素分析[J].中国储运，2021(2)：93-95.

施引导绿色物流的发展，使物流企业绿色化能够顺利进行。政府制定的相应的法律法规为绿色物流的发展提供了有利保障。政府通过制定法律法规对现有的物流市场进行合理的规范与管理，禁止非绿色物流行为，在一定程度上控制物流活动，促进物流活动的绿色发展。通过制定绿色补贴政策、税收扶持政策、贷款优惠等政策来激励企业以绿色物流为主，促进社会和谐发展。

（二）转变观念，树立全员参与意识

从消费者、企业出发推行绿色物流的理念。消费者要尽量选择有利于节约资源、保护环境的消费方式与生活方式，把节能、节源放在首要位置；物流企业要制定长远目标，而不是只转变"环保不经济、绿色等于消费"的传统理念，应该着眼于未来，将绿色发展理念贯穿各项工作中。

（三）实施绿色营销战略

绿色营销一方面可以通过自身的绿色形象提升产品市场竞争力；另一方面，企业自身承担着一定的社会责任，对消费者来说，企业可通过实时绿色营销战略侧面引导消费者的消费观念。由此看来，绿色营销能够在一定程度上促进绿色产品市场的开拓。

（四）企业物流流程的绿色再造

企业物流流程的绿色再造包括很多方面，如运输装卸的及时安全性、保管加工方面的保质保鲜性、包装信息处理方面的健康环保性。企业首先要选择绿色运输策略，使用联合运输的方式。联合运输指的是以单元装载系统为媒介，将各种运输工具进行合理的组合，从发货方到收货方都能保持货物的系统化运输方式。这种运输方式可减少总行车量，包括转向铁路、海上和航空运输，通过有效利用车辆，提高配送效率。使用绿色运输工具，降低废气排放量。另外，要开展共同配送，减少污染。共同配送是以城市一定区域内的配送需求为对象，人为进行有目的、集约化的配送。这种方式能够提高市内货物运输效率，减少空载率，降低物流成本。

第三节 电子商务物流

一、电子商务概述

结合学者的各类说法与全球各地电子商务的成功案例，可以将电子商务定义为企业利用计算机技术或网络技术等现代信息技术进开展的各种商务活动，其包括三个主要内容，即服务贸易、货物贸易、知识产权贸易。

（一）电子商务实质是一种采用先进信息技术的买卖方式

交易各方将自身的各类供求信息按照标准的格式要求输入电子商务网络，电子商务网络根据客户的需求，搜寻相关信息并将多种买卖选择提供给客户。客户确定后，就可以安排各项合同事宜，以及收付款、产品运输交易等流程。

（二）电子商务是一个用来进行虚拟交易的场所

电子商务跨越时间、空间界限，可以及时为客户提供各种优质服务，包括产品需求量与供应量以及交易各方的具体资料等，让交易各方便于分析市场，更准确地把握市场发展方向。

（三）从商务和现代信息技术角度理解电子商务

电子商务里的现代信息技术包含了各类以电子信息技术为基础的通信方式。另外，商务从宏观上理解，包括契约型或非契约型的所有商务性关系所导致的各类活动。电子商务是商务和现代信息技术的重合部分，就是电子商务会广泛提到的 Intranet 和电子数据交换（EDI）。

（四）电子商务并不单指将商务进行电子化

电子商务包括很多方面，包括公司前台业务电子化、后台所有工作体系的电子化与信息化，以及改善调整公司的业务经营活动。简而言之，真正意义上的电子商务，是指以公司整体系统信息化为主，利用电子方式对公司的一系列物流流程进行全面、系统的指挥。

狭义的电子商务是指依靠 Internet 进行的商务过程；相反地，广义的电子商务指通过 Internet 和 LAN 等很多不同类型网络进行的商务过程。不能简单认为电子商务只利用 Internet 进行商业贸易，而需要把通过电子信息网络进行的设计、开发、广告、销售、采购、结算等都归入电子商务内容中。从某种程度上说，电子商务不失为一种适应当代商业的发展形式。它为了满足企业、销售方和客户所需，不断提高企业经营效率和服务水平，从而减少成本。

传统企业只有对自身内部管理信息系统进行重组优化，才能实现企业的转型和开启电子商务之路。管理信息系统（Management Information System，MIS）是公司实现电子商务的出发点，MIS 实质是通过对公司内部所有信息的处理分析，系统地管理物流、信息流、商品流、资金流等，减少相关费用，提高企业经营水平和经济效益。

二、电子商务物流概述

（一）电子商务物流的定义

电子商务物流也叫网上物流，是基于互联网技术，旨在创造性地推动物流行业发展的新商业模式。物流企业利用互联网可以被更多客户知晓并与之进行贸易活动，进而能在全国甚至全球范围内开展企业活动。电子商务物流把全球有物流需求的客户以及可以提供物流服务的物流企业都集中在网络上，组成一个自由的网上物流交易市场，以方便交易双方进行贸易活动。

电子商务物流就是在电子商务特定的时间和空间内，由包装设备、运输工具、仓储设施、工作人员等若干动态要素构成的具有特定功能的系统整体。电子商务物流不同于一般物流，它具有电子化、信息化、自动化等特点。

电子商务物流的流程如图 8-2 所示。

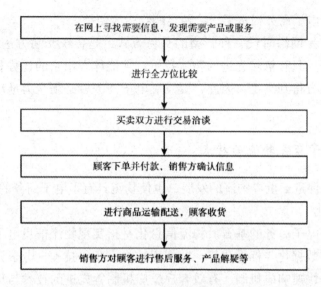

图8-2　电子商务物流的流程

（二）电子商务物流的作用

1. 物流是生产过程的保证

要进行生产，离不开物流活动，所以说一个产品的生产过程就是系统的物流作业过程。

（1）供应物流以采购原材料为出发点，采购好所需材料，才能为生产运行提供保障。

（2）不管是原材料还是半成品，生产物流一直存在于生产各环节。

（3）回收物流将生产环节中的剩余材料与尚可利用的材料——回收。

（4）废弃物物流就是对生产环节中的废弃物进行处理。

2. 物流服务于商流

商流的最终结果是将产品所有权从供应者移交到需求者。实际上，在签订合同后，产品实体并没有实现实时转移。顾客在网上购物，进行了交易，这只是出现了产品所有权的交付过程，直到客户实际上得到其所需产品或者服务时，才意味着产品所有权转移的结束，即交易的结束。物流服务于商流，物流服务于产品交易，电子商务离不开物流，二者相辅相成。

3. 物流是实现顾客至上的保障

电子商务满足了消费者对购物便利的需求，顾客只需打开 Internet，搜寻与挑选想要的商品。物流是电子商务实现"顾客至上"准则的保障，离开了先进

271

的物流技术，电子商务根本无法给顾客购物带去便捷。

电子商务是网络时代一种新型的交易方式，是传统交易方法的延伸发展。不过，电子商务只有依赖先进的物流技术，才能体现出它的优势和先进性，才能确保交易双方得到满足。因此，要发展电子商务就必须全力推动现代化物流的发展和完善。

（三）电子商务物流的特点

电子商务促进了世界物流的发展，也使物流具有了电子商务的特点。

1. 信息化

信息化是电子商务的基石。物流信息化是指实现物流信息电子化，以及物流信息存储的数据化与标准化等。数据库技术、条码技术、电子订货系统、电子数据交换、快速响应机制、有效客户反应机制等先进的技术与理论都将被广泛应用到物流行业中去。如果没有信息化，不管拥有的设备技术多么先进高端，最后都不可能将其运用到物流活动中。

2. 自动化

自动化的最大特点是可以实现无人化，节省人力；此外还可以增强物流活力，实现劳动生产率的提高，尽量降低人工的误差等。物流自动化设备很多，如条形码、语音、射频自动识别系统、自动分拣与存取系统、自动导向车、货物自动跟踪系统等。

3. 网络化

物流网络化包含两方面内容，一方面是物流系统的电脑通信网络，通过网络平台与交易各方进行联系。例如，物流配送中心向供应商发出订货通知，便可借助计算机通信手段，还可借助增值网上特有的 EOS（电子订货系统）、EDI（电子数据交换技术）。另一方面是组织的网络化，即企业内网（Intranet）。

4. 智能化

在进行物流活动时，会存在大规模的信息需要及时处理。仓储问题的控制、运输手段的正确选择、自动导向车的运行、自动分拣机的高效使用、配送资源的优化等，这些都要依靠智能化与信息化解决。所以说，只有依靠物流智能化，物流总体自动化才能得到更好的实现。现今，全球智能机器人等有关技术已有了较成熟的发展，在今后电子商务公司的物流发展过程中，物流智能化将会大放异彩。

5. 柔性化

生产柔性化是为了实现顾客至上的原则。要实现生产柔性化，就意味着要时刻关注客户的需求变化，进而以此为依据来调整生产环节和服务。在生产环节广泛应用的弹性制造系统、计算机集成制造系统、公司与生产制造资源规划，以及供应链管理的理念、技术等，将生产与流通环节进行集成，根据顾客所需进行生产，确定相应的物流流程，被称为新型柔性化物流模式。物流配送中心也要确定对应的配送方式，灵活开展配送工作，体现顾客对产品需求"品种全、批量小、批次多、周期短"的特性。

另外，在电子商务模式下，物流不只有信息化、自动化、网络化、智能化及柔性化等特点，物流设施、商品包装的标准化、社会化等也是其特点。

三、电子商务物流体系的组建模式

（一）制造商、经销商的电子商务与普通商务活动共同使用一套物流系统

制造商和经销商建立以 Internet 为基础的电子商务销售系统，能够将现有的物流资源进行优化利用。传统制造商的主要任务就是产品的研发与制造，如今随着电子商务的发展，更多的制造商进入网络销售行业，建立了庞大的销售网络。制造商使用原本就有的物流资源和广阔的物流配送网进行电子商务活动，减少了物流配送的成本。对物流资源做出合理的规划，并建立科学、可靠的物流配送系统，能够增加制造商的市场优势，提升制造商在市场上的竞争力。

（二）ISP、ICP 自己建立物流系统或利用社会化物流、配送服务

Internet 服务提供商（Internet Server Provider，ISP）、Internet 内容提供商（Internet Content Provider，ICP）在组织商流、信息流、资金流方面有着绝对的优势。我国企业在与国际物流企业合作成立新兴企业时，要掌握以下两种解决物流与配送问题的方法。

1. 成立属于自己的物流公司

在电子商务中，物流业务和信息业务两者完全不同，而国内的 ICP 和 ISP 物流能力相对较弱，这两类企业成立物流公司本身具有一定的风险。因此，在制定跨行业经营计划时，必须进行严格的风险评估活动，严格按照物流公司的

运作要求组建物流公司，警惕和避免出现"大而全，小而全"的现象。在还未形成完备的物流配送体系的初期发展阶段，不盲目追求过高的物流服务水平。

2.外包给专业物流公司

把物流外包给第三方专业物流公司是跨国公司管理物流的普遍形式。从企业供应链出发，把非主要业务外包给从事该业务的专业企业。这样的话，企业能够把时间和精力放在自己的核心业务上，提高了供应链管理和运作的效率。

（三）物流企业建立自己的电子商务系统

不论是区域性的第三方物流公司还是国际性的第三方物流公司，都具有物流网络竞争力，其发展到一定规模后，会把它的工作环节顺着主营业务向供应链的前后端发展。例如，1999 年美国联邦快递公司（FedEx），当时它是全球最大的快递公司，打算与一个专门提供 B2B 和 B2C 解决方案的 Intershop 通信公司进行合作。FedEx 开拓电子商务业务有三个原因：第一，FedEx 已经是世界领先的物流公司；第二，公司已有覆盖面广阔的物流网络，范围直达全球 211 个国家和地区；第三，企业内部已顺利实现信息网络覆盖，能让客户在世界范围内利用 Internet 浏览服务器掌握选购产品的情况。FedEx 认为，将信息网络与物流网络相结合，可以科学合理地为客户提供完整快捷的电子商务服务。若 FedEx 这种大规模第三方物流企业进行电子商务销售，那么它的成功是指日可待的，因为它是世界上最大的物流快递企业，可以将现有的物流和信息网络资源实现最大化利用，实现电子商务系统专业化、标准化，最大限度地利用企业资源。

四、电子商务条件下现代物流发展的决策

（一）把现代物流产业作为我国国民经济的重要产业

实际上，国外相当重视现代物流产业，甚至将其作为促进国民经济发展的主要动力。因此，我国将物流资源进行优化配置，实现物流系统的业务流程重组，以此加快物流产业的发展。第一，随着国民经济的不断发展，可利用的物流资源量较大，应尽量提高资源利用率，促进物流业从传统物流向现代化物流转型，从而实现国民经济的增长；第二，立足实际，合理配置物流资源，运用先进的科学技术进行物流行业的重组与优化，振兴现代物流行业，使其更具有生命力与创新力；第三，把现代物流产业作为推动国民经济发展的重要产业，

升级物流基础设备，加大研发力度，促进物流产业成长为新的经济增长点，为其在新兴行业领域立足提供有力保障。

（二）加强运输和保管

政府应加大对交通基础设施建设的投资，以此缓解交通拥堵问题；大企业可将运输业务外包给专门从事运输的组织，进行联合运输和托盘化运输，降低企业运输费用，也能满足客户对个性化需求。

企业引进更为先进的库存管理技术，如物料需求计划（MRP）和准时生产方式（JIT）等，有利于提高服务水平，提升仓储管理水平，降低库存率及提高公司的投资回报率。大企业还可以把自身传统仓库改造成配送型仓库，以满足客户需求，提升公司竞争力。

（三）按客户或产品的重要性依次进行有等级的物流服务

物流服务是通过节省成本费用为供应链提供重要附加价值的过程。ABC分析法可以帮助企业制订物流服务计划，使用合理的方式确保客户需求得到满足。按照所销售的产品进行物流服务的分配，为普通产品与战略产品提供不同的物流服务。对于产品发展前景较好的"明星商品"，应借助水平较高的物流服务以增加商品销售量；对于普通商品，则只需要维持当下的物流服务水平，稳定其销售量；对于处于衰退期的商品，可以将其放弃，退出市场竞争。

（四）进行物流信息系统的构建

物流信息系统是以信息技术为支撑所开发的信息系统，利用信息技术，与用户、制造商及供应商等进行资源共享，有利于对物流各个流程进行实时跟踪，以实现合理控制和有效管理。建立科研团队进行技术研发工作，可实现高效有序的信息管理，建立数据库信息系统，有效处理大量数据；加快物流信息处理速度，确保信息时效性，及时制定工作流程和工作方案；学习国外先进的物流管理技术，结合国情，加大研发适合的服务标准力度。

第四节 "互联网＋物流"

一、"互联网＋物流"概述

2015年，"互联网＋"被写入政府工作报告，"互联网＋"就是"互联网＋各个传统行业"，使互联网与传统行业深度融合。借着"互联网＋"的趋势，物流业也开始从中寻找新的突破口。

（一）"互联网＋物流"的概念

在当今"互联网＋"的大环境下，信息化的时效性使空间距离相对缩短。因此，需要调整原先的物流运作模式。物流市场格局将加快调整，全面推行信息化，实现智慧物流①。劳动密集是传统物流业的特点，企业更愿意加大对物流硬件设施设备的投入。随着物流活动逐步由制造业驱动的传统合同物流向快递、零担物流转变，小批量、多批次的物流作业成为主要趋势，从而导致市场需求与传统物流运营模式不匹配，服务内容同质化、服务水平低下、恶性竞争等问题频繁出现。"互联网＋物流"的出现在很大程度上可以解决这些问题。

"互联网＋物流"作为一种新的物流形态，即移动互联网与物流行业融合发展，充分发挥移动互联网在资源配置中的优化和集成作用，以实现信息共享、资源共用和流程可视化，重构物流的价值链。

（二）"互联网＋物流"的特征

1. 物流平台互联网化

根据互联网思维构建物流平台，将物流资源整合和价值链重构。例如，小米模式是一个整合上下游企业的物流平台模式，它的盈利点主要是在延伸服务和增值服务上，而不是在基础物流服务上。

2. 物流运营大数据化

"互联网＋物流"通过提供良好的客户体验汇集大量流量，通过整合客户资源，进一步利用大数据进行精准营销；建设平台辅助系统，打造一个为客户企业提供有价值服务的平台，提高客户黏性。

---

① 郭晶晶，尚猛，贾纯洁，等.新零售背景下对河南省智慧物流的发展形势分析[J].物流工程与管理，2021，43（3）：25-27.

3.物流信息扁平化

通过"互联网＋物流"可以实现物流信息的高效共享，将物流行业的供求信息进行整合，实现物流服务供需双方的交易扁平化、物流运营监控的可视化，提高物流人才供应的透明度。

4.物流资源众筹化

众筹模式在国外已取得很多研究成果，在国内市场，将互联网领域的众筹模式应用到物流行业，不管是资本的众筹，还是资源的众筹，都会带来很大的发展空间。

二、"互联网＋物流"的内涵

（一）物流资源整合

物流资源整合可以促进传统物流业的变革。互联网通过对物流资源整合可以达到两个目的：一方面可以加速打破传统物流组织的自我封闭状态，创造一个新的社会和经济环境；另一方面也可以加强物流组织同外部的沟通与联系，为物流组织整合外部资源提供有效的工具。

（二）价值链重构

在互联网与物流业进行深度融合时，必然会变革传统物流模式。因而，价值链重构从根源上为"互联网＋物流"提供驱动力。价值链的重构可以分为表层重构和深度重构。

表层重构主要是在传统互联网的基础上，重构物流信息的聚合和分发方式，如在信息层面上通过物流信息平台和手机 App 等对传统物流业进行重构。深度重构则是在移动互联网的基础上，逐一分析物流流程的各个环节，把能省的步骤都省去，利用互联网对物流行业进行重构。

正如价值链深度重构所阐述的，"互联网＋物流"可以为省去物流中间环节和节省中间费用等去中介化提供直接的驱动力。第一，在交易活动中供需双方直接通过互联网联系，省去了时间、人力、物力等中间成本；第二，由于物流信息扁平化发展，避免了过多的人力参与，还可以在互联网上记录交易过程，双方可随时审核查看，保证交易的透明度；第三，在去中介化以后，各种交易数据可直接和高效地通过互联网反馈给整个行业，利用"互联网＋物流"平台的大数据监测行业的发展走向。

三、"互联网＋物流"的模式

（一）平台模式

互联网的快速发展促使全国各大物流平台陆续产生，如物流园区管理平台、公路港物流电商平台、零担物流专线平台等。传化物流是国内最早采用平台经营模式对行业转型升级提出系统解决方案的企业之一。早在 2003 年，传化物流就建成了全国首个公路港——杭州公路港，在全国首创公路港物流服务平台模式。传化物流致力打造中国智能公路物流网络运营系统，发展物流大数据，形成中国物流大脑，同时应用互联网、云计算等信息技术，供应链、金融等服务手段，贯穿供应链全链条，成为中国物流行业新生态的品牌企业。物流平台经济是以生态为基础的新型商业模式，具有长远的战略价值。

（二）众包模式

京东众包是"互联网＋物流"众包模式的典型代表，是京东到家推出的新模式，该模式利用用户抢单，为附近的客户提供送货服务。众包模式可以充分地利用社会上闲置的劳动资源。京东众包是一个全社会化的物流体系，在这种物流体系的运作模式中，配送工作从原来快递员专职承包的形式，转变成了兼职人员利用互联网平台承接物流配送工作的形式，从而最大限度优化了社会资源的配置，极大地缩减了物流成本。在传统物流配送模式中，聘用专职快递员的费用较高，成本固定，而众包模式中能够做到灵活地变动物流配送人员的数量，有效降低了物流成本。

（三）跨界模式

在"互联网＋物流"的背景下，物流企业纷纷发展跨界经营模式，顺丰是进行跨界电商最早的快递企业之一。2012 年，顺丰优选正式上线，以全球优质安全美食为主，覆盖生鲜食品、母婴食品、酒水饮料、营养保健、休闲食品等品类。顺丰优选依托覆盖全国的快递配送网，从原产地到客户需求地进行全程冷链保鲜①。

---

① 邹宇飞."互联网＋物流"智能化仓储系统的现状与行业发展 [J].中国物流与采购，2021（5）：41.

参考文献

[1] 缪兴锋，别文群.物联网技术应用实务 [M].武汉：华中科技大学出版社，2014.

[2] 侯云先，翁心刚，林文，等.应急物流运作 [M].北京：中国财富出版社，2014.

[3] 董银红.突发事件下应急物流资源布局问题研究 [M].北京：知识产权出版社，2013.

[4] 李珍萍，周文峰.物流配送中心选址与路径优化问题建模与求解 [M].北京：机械工业出版社，2014.

[5] 杨磊，石永强，石园，等.物流信息系统与物联网 [M].西安：西安电子科技大学出版社，2015.

[6] 陈耀辉.谈物联网技术在智慧物流方面的应用 [J].全国流通经济，2021（3）：24-26.

[7] 黄逸昆，王继梅."智能 + 网联"背景下物流业发展问题与优化方案 [J].商业经济研究，2021（5）：98-100.

[8] 蔡凤翔，李群，李英浩.物联网技术发展现状浅析 [J].信息系统工程，2021（1）：25-26.

[9] 王敬欣，孟祥伟.三网融合发展及分析 [J].科技传播，2012，4（14）：179-190.

[10] 许晴，王雪，陈姝同，等.突发疫情环境下区域应急物流服务模式的研究 [J].中国储运，2021（4）：107-110.

[11] 杜坤，王堃.面向重大灾害的船舶应急物流运输线路规划方法 [J].舰船科学技术，2021，43（4）：208-210.

[12] 夏清华，李勤.中国应急物流建设的研究 [J].中国物流与采购，2021（1）：40-43.

[13] 万志鹏，师路路.基于 FCE-AHP 的河南省航空物流竞争力研究——以郑州航空港为例 [J].安阳工学院学报，2018，17（2）：4-7.

[14] 雷根平，魏晓梦.基于物联网技术的应急物流管理系统研究与设计 [J].智库时代，2018（38）：5-6.

[15] 许俊杰.可靠技术的应急物流供应链构建研究 [J].科技与企业，2015（21）：74.

[16] 胡世锋，谷世红.基于物联网技术的应急物流管理系统的设计与实现 [J].物流技术，2014，33（5）：452-454.

[17] 马清艳.基于物联网技术的电力应急物流信息系统设计与实现 [J].物流技术，2014（2）：105-107.

[18] 万志鹏，师路路.无人机配送客户满意度评价指标体系研究——以边远地区为例 [J].物流科技，2019，42（6）：34-36.

[19] 赵秋红.重特大突发事件分形应急物流管理体系建设及其保障机制 [J].江淮论坛，2020（4）：13-27.

[20] 薛晓东.应急物流系统及其快速反应机制分析 [J].商讯，2020（33）：164-165.

[21] 邓秀琴，倪卫红，陈太.新冠疫情下基于区块链的应急物流和物资保障体系研究 [J].物流技术与应用，2020，25（10）：176-179.

[22] 倪卫红，陈太.基于聚类——重心法的应急物流配送中心选址 [J].南京工业大学学报（自然科学版），2021，4（8）：1-10.

[23] 刘丽娜，刘宏志，李文正.基于 GIS 的区域应急物流中心选址模型研究 [J].软件导刊，2010，9（10）：94-95.

[24] 曾敏刚，余高辉.基于改进模拟植物生长算法的应急物流中心选址研究 [J].软科学，2011（10）：45-49.

[25] 吴竞鸿.基于灾害中后期的应急物流中心选址问题研究 [J].新余学院学报，2014，19（4）：47-50.

[26] 马荣华.基于物联网技术的城市突发公共事件应急物流联合信息平台构建 [J].物流技术，2014（24）：94-97.

[27] 卢冰原，吴义生，黄传峰.物联网环境下的城市应急物流联合体信息平台 [J].中国安全科学学报，2012，22（9）：160-165.

[28] 黄俊杰.面向大数据物联网的中间件技术研究 [J].科学技术创新，2021（3）：96-97.

[29] 申风平，蔡克绳 . 基于物联网的应急物流信息系统的可行性和必要性研究 [J]. 科技创新与应用，2013（31）：73.

[30] 朱坤福 . 电子商务时代的物流发展分析 [J]. 中国储运，2021（4）：136−137.

[31] 邹宇飞 . "互联网＋物流" 智能化仓储系统的现状与行业发展 [J]. 中国物流与采购，2021（5）：41.

[32] 郭健全，张孟可 . "一带一路" 背景下绿色物流与环境及经济增长的关系 [J]. 沈阳工业大学学报（社会科学版），2021，14（1）：28−34.

[33] 蔡延光，黄戈文，黄何列，等 . 物资缺乏情况下的应急物流运输与物资二次分配策略 [J]. 计算机应用研究，2021，4（8）：1−9.

[34] 宋嘉露 . 浅析我国第四方物流体系构建——以菜鸟网络为例 [J]. 中国物流与采购，2020（18）：48−49.

[35] 郭晶晶，尚猛，贾纯洁，等 . 新零售背景下对河南省智慧物流的发展形势分析 [J]. 物流工程与管理，2021，43（3）：25−27.

[36] 程艳，尚猛，王茹冰 . 消费者接受定制化物流服务的影响因素研究 [J]. 现代商贸工业，2021，42（12）：43−44.

[37] 尚猛，马聪，常琼航，等 . 基于郑州国际物流园的高校物流人才专业素质培养研究 [J]. 现代商贸工业，2021，42（7）：23−24.

[38] 贾纯洁，赵居峰，尚猛，等 . 基于 AHP 的我国绿色物流发展的影响因素分析 [J]. 中国储运，2021（2）：93−95.

[39] 雷杰，孙慧景，尚猛，等 . 航空物流领域研究热点及发展趋势分析 [J]. 中国储运，2021（1）：120−122.

[40] 李丹瑶，尚猛，周娟娟 . 基于 AHP 的危险货物道路运输风险评估研究 [J]. 中小企业管理与科技（中旬刊），2020（12）：168−170.

[41] 李梦秋，尚猛，雷杰，等 . 浅析安阳农产品物流配送的优化路径 [J]. 商展经济，2020（12）：65−67.

[42] 王新月，尚猛，周娟娟，等 . 基于因子分析法河南省农产品物流能力评价研究 [J]. 商展经济，2020（11）：65−67.

[43] 李清水，李登峰，吴坚，等 . 基于后悔 − 欣喜值最大一致性的多属性决策及其在区域绿色经济评价应用 [J]. 数学的实践与认识，2020，50（18）：45−54.

[44] 尚猛，曹峻玮 . 基于鲨鱼优化算法的农产品物流配送路径优化 [J]. 扬州大学学报（自然科学版），2019，22（4）：1−5.

[45] 陈潇.基于云平台的物流配送车辆调度系统 [D].西安：西安科技大学，2020.

[46] 徐敏.基于物联网技术的 PC 构件供应链中运输节点控制研究 [D].武汉：湖北工业大学，2020.

[47] 杨代君."智慧＋共享"背景下物流产业升级路径研究 [D].上海：上海工程技术大学，2020.

[48] 徐绅.考虑配送中心失效的应急物流选址—路径研究 [D].大连：大连海事大学，2020.

[49] 李孟良.混合不确定条件下应急物流多目标规划相关理论研究 [D].北京：北京交通大学，2018.